本书为广东省哲学社会科学规划项目"职业教育教师专业发展：国际比较与模式构建"（GD15XJY05）研究成果

职业教育教师专业发展
国际比较与模式构建

ZHIYE JIAOYU JIAOSHI ZHUANYE FAZHAN
GUOJI BIJIAO YU MOSHI GOUJIAN

李国杰　周红莉　郑莹　著

·广州·

版权所有 翻印必究

图书在版编目（CIP）数据

职业教育教师专业发展：国际比较与模式构建/李国杰，周红莉，郑莹著. —广州：中山大学出版社，2021.12
ISBN 978-7-306-07327-3

Ⅰ.①职… Ⅱ.①李… ②周… ③郑… Ⅲ.①职业教育—师资培养—对比研究—世界 Ⅳ.①G715

中国版本图书馆 CIP 数据核字（2021）第 262590 号

ZHIYE JIAOYU JIAOSHI ZHUANYE FAZHAN: GUOJI BIJIAO YU MOSHI GOUJIAN

出 版 人：	王天琪
策划编辑：	张 蕊
责任编辑：	张 蕊
封面设计：	曾 婷
责任校对：	袁双艳
责任技编：	靳晓虹
出版发行：	中山大学出版社
电　　话：	编辑部 020-84111997，84113349，84110283，84110779，84110776 发行部 020-84111998，84111981，84111160
地　　址：	广州市新港西路 135 号
邮　　编：	510275　　传　真：020-84036565
网　　址：	http://www.zsup.com.cn　E-mail: zdcbs@mail.sysu.edu.cn
印 刷 者：	广东虎彩云印刷有限公司
规　　格：	890mm×1240mm　1/32　9.25 印张　270 千字
版次印次：	2021 年 12 月第 1 版　2021 年 12 月第 1 次印刷
定　　价：	50.00 元

如发现本书因印装质量影响阅读，请与出版社发行部联系调换

序

在新一轮科技革命、产业变革的浪潮下，世界各国纷纷提出振兴实体经济。2014年以来，我国经济发展步入新常态，发展形态从粗放向集约、从简单分工向复杂分工转变，发展质量从中低端向中高端转变，需要加快推进产业供给侧结构性改革，实现由低水平供需平衡向高水平供需平衡的跃升。在新的发展阶段，习近平总书记强调："发展是第一要务，人才是第一资源，创新是第一动力。"产业结构持续优化升级，需要教育源源不断地为产业输出各类适配的创新型人才，以驱动经济创新发展、提升产业科技含量，这对加快推进教育侧结构性改革，从而提高人力资本质量、优化人力资本结构提出了新的历史任务。综观国内外社会产业和教育的发展演变，职业教育发展质量和水平与国家产业经济振兴关系紧密，具有重大的战略意义。大力发展和提高我国职业教育质量需要紧密对接产业发展需求。党的十九大报告提出"完善职业教育与培训体系，深化产教融合、校企合作"，为我国职业教育改革创新、内涵建设指明了基本方向和工作遵循。近年来，在"互联网+"、智能制造、"一带一路"倡议、粤港澳大湾区国家战略等新时代背景的影响下，职业教育与产业在供给和需求两侧持续深化合作，呈现出高质量发展的主旋律、内涵建设的主基调、协同创新的大格局。

"百年大计，教育为本；教育大计，教师为本。"新时期职业教育改革发展的关键是教师专业发展。随着我国经济社会发展进入新常态，新技术、新业态、新岗位持续涌现，教师专业发展面临着新的机遇和挑战。近年来，职业教育界对教师专业发展进行了研究、实践和探索，职业教育教师专业发展呈现出多种新趋势。但长期以来，关于职业教育教师专业发展的共性问题却依然缺乏有力的破解之道，如教师专业发展阶段分离、教师实践能力较为薄弱等，不能与当前职业教育改革和发展的需求相适应。不同的国家和地区有着各具特色的职业教育教师发展模式，对如何建设具有中国特色的职业教育教师发展模式，具有重要的比较借鉴意义。本书正是基于国际比较和现实思考对我国职业教育教师专业发展进行本土建构的成果。本书首先对职业教育教师专业发展的概念进行了梳理和界定，并基于国际比较的视野，从分析职业教育教师专业发展的内涵、特征、理论基础等入手，对比研究了美国、德国、英国、日本等国家的职业教育与教师专业发展历程、典型模式。然后梳理了我国职业教育发展历史长河中职业教师专业发展的脉络，探讨了职业教师专业发展的现状与主要问题。接着在国际经验借鉴中积极回应时代发展要求，对我国职业教育教师专业发展进行了本土建构。最后开展了中职和高职不同地区、不同院校、不同教师类型的专业发展个案研究，以期为职业教育的高质量发展提供重要参考。

  本书由笔者主持和指导。笔者从理论和实践，以及过去、现在与未来等方面对全书进行了构思，系统地确定了理论基础、研究目标、研究内容和主要研究方法及设计架构，并负责部分章节的撰写、修改与定稿。广东轻工职业技术学院高职所副研究员周红莉博士拟定了本书的写作目录，与郑莹负责相关内容的撰写并全程参与本书的统稿、修改与定稿。具体分工如下：第一、二章郑莹，第三、四章李国杰，第五至七章周红莉，第八章周红莉和李国杰。本书借鉴和参考了大量文献的理论基础、国际比较、政策分析、案例研究，文中引用了大量学者的研究观点作为佐证，在此向学者同仁们表示感谢。本书写作从确定研究思路、拟定研究框架到付梓出版，数易其稿，由于作者水平有限，难免存在思考不够深入、观点欠妥之处，恳请读者给予批评指正。

李国杰
2020年12月20日

目录

第一章 绪论

一、研究意义 …………………………………………… 1
　（一）促进职业教育教师专业化发展是完善现代职业
　　　 教育体系的迫切需要 …………………………… 2
　（二）促进职业教育教师专业化发展是落实"双高计划"
　　　 的关键指标 ……………………………………… 3
　（三）促进职业教育教师专业化发展是深化产教科
　　　 融合的重要抓手 ………………………………… 4
　（四）促进职业教育教师专业化发展是职业院校教育
　　　 教学质量提升的现实选择 ……………………… 6
　（五）选择合适的教师专业发展模式是职业院校教师队伍
　　　 素质提升的必由之路 …………………………… 8
二、概念界定 …………………………………………… 10
三、研究述评 …………………………………………… 13
　（一）职业院校师资队伍建设研究 …………………… 16
　（二）中职教师专业发展研究 ………………………… 17
　（三）产教融合视域下教师专业发展研究 …………… 19
　（四）兼职教师专业发展研究 ………………………… 22
　（五）青年教师专业化培养研究 ……………………… 23

（六）信息技术背景下职业教育教师专业发展研究 …… 24
　四、研究框架 ……………………………………………… 26

第二章　职业教育教师专业发展的理论基础

　一、需求激励理论 ………………………………………… 31
　　　（一）马斯洛的需求层次理论 ……………………… 33
　　　（二）奥尔德弗的"ERG"理论 …………………… 33
　　　（三）麦克利兰的成就需要理论 …………………… 34
　　　（四）赫茨伯格的双因素理论 ……………………… 34
　二、教师赋权增能理论 …………………………………… 36
　三、教师职业生涯理论 …………………………………… 41
　　　（一）教师关注阶段论 ……………………………… 42
　　　（二）教师发展时期（阶段）理论 ………………… 42
　　　（三）教师职业生涯循环理论 ……………………… 43
　　　（四）教师生涯发展模式 …………………………… 44
　四、教师合作理论 ………………………………………… 46
　　　（一）社会互依性理论 ……………………………… 47
　　　（二）学习型组织理论 ……………………………… 48
　　　（三）主体间性理论 ………………………………… 49

第三章　德、英、美、日职业教育与教师专业发展的演变

　一、德国职业教育与教师专业发展演变 ………………… 55
　二、英国职业教育与教师专业发展演变 ………………… 60
　三、美国职业教育与教师专业发展演变 ………………… 66
　四、日本职业教育与教师专业发展演变 ………………… 74

第四章 德、英、美、日职业教育教师专业发展的模式

一、德国职业教育教师专业发展模式 ············ 84
   （一）职业教育教师职前培养 ············ 85
   （二）职业教育教师继续教育 ············ 87
二、英国职业教育教师专业发展模式 ············ 88
   （一）职业教育教师专业标准与资格 ············ 89
   （二）职业教育教师职后培养课程体系 ············ 94
三、美国职业教育教师专业发展模式 ············ 97
   （一）美国职业教育教师专业标准与资格 ············ 99
   （二）美国职业教育教师培养的课程设置 ············ 106
四、日本职业教育教师专业发展模式 ············ 108
   （一）日本职业教育教师入职资格 ············ 109
   （二）日本职业教育教师职后培训进修 ············ 111

第五章 中国职业教育教师专业发展的历史嬗变

一、职业教育教师专业发展孕育阶段：明末至晚清时期 ······ 114
   （一）官绅出国考察教育 ············ 115
   （二）洋务派与维新派改革教育 ············ 116
   （三）晚清政府改革学制 ············ 118
二、职业教育教师专业发展启蒙阶段：民国至新中国成立前 ············ 120
   （一）职业教育制度逐渐取代实业教育制度 ············ 121
   （二）教师培养的科目与课程明确而具体 ············ 122
   （三）初设专门的职业教育教师培养机构 ············ 126
三、职业教育教师专业发展跌宕阶段：新中国成立至

"文革" ………………………………………………………… 129

四、职业教育教师专业发展成长阶段：改革开放至高校扩招 ………………………………………………………… 132

 （一）以国家名义确立职业教育与教师的法律地位 …… 132

 （二）不断加强职业教育教师专业发展的法律保障 …… 133

 （三）加大职业教育教师专业发展机构与基地的建设 ………………………………………………………… 135

五、职业教育教师专业发展定型阶段：高校扩招到示范校建设 ……………………………………………………… 139

 （一）摆正职业教育教师专业发展地位，加强政策保障 ……………………………………………………… 140

 （二）明晰专业发展内涵，与时俱进研制职业教育教师资格标准 …………………………………………… 142

 （三）优化整合职业技术师范院校，打造区域职业教育教师培养重镇 …………………………………… 147

 （四）适应整体质量提升需求，打造国家级职业教育师资培养培训基地 ………………………………… 149

 （五）坚持人才强教定位，拓宽职业教育教师专业发展路径 ……………………………………………… 151

六、职业教育教师专业发展转型阶段：产教融合创新发展至今 ……………………………………………………… 154

 （一）大力加强职业教育教师专业发展的特色顶层设计 …………………………………………………… 155

 （二）自上而下、分层分类开展职业教育教师专业发展路径创新 ………………………………………… 156

第六章　中国职业教育教师专业发展的现实审视

一、职业院校与教师队伍现状 …………………………… 160
　（一）职业院校数量与结构 …………………………… 160
　（二）教师数量与结构 ………………………………… 162
二、职业教育教师的培养 ………………………………… 164
　（一）培养机构与层次 ………………………………… 165
　（二）培养目标与内容 ………………………………… 168
　（三）培养方式与手段 ………………………………… 177
三、职业教育教师的资格及其认定 ……………………… 179
　（一）基本类别 ………………………………………… 179
　（二）资格内容 ………………………………………… 180
　（三）入职认定 ………………………………………… 182
四、职业教育教师的在职发展方式 ……………………… 185
　（一）依据动力特征：自发式和强制式 ……………… 185
　（二）依据学习时间：全日制式和非全日制式 ……… 186
　（三）依据教育形式：线下式、线上式和混合式 …… 186
　（四）依据主体结构：个体式和班组式 ……………… 187
　（五）依据主要途径：院校式和校本式 ……………… 188
五、职业教育教师专业发展的问题 ……………………… 190
　（一）职业教育教师的国家资格缺乏合理调整与
　　　　适时更新 ………………………………………… 190
　（二）高职教育教师的国家职业资格与专业
　　　　标准缺位 ………………………………………… 191
　（三）职业教育教师的实际素质低于任职资格要求 … 193
　（四）职业教育教师培养培训的体系不够健全 ……… 197

（五）职业教育教师专业发展的产教融合水平偏低 …… 199
　　　（六）在职教师专业发展缺乏系统化的自我
　　　　　 反省机制 ………………………………………… 200

第七章　中国职业教育教师专业发展的模式构建

　一、职业教育教师专业发展的时代背景 ……………… 203
　　　（一）全球转型注入教师发展新内涵 …………… 203
　　　（二）科技革命推动教师专业新发展 …………… 205
　　　（三）终身教育加速教师角色新转变 …………… 206
　　　（四）职业教育改革再造教师发展新动能 ……… 207
　　　（五）生源特征提出教师能力新期望 …………… 209
　二、职业教育教师专业发展的国际经验 ……………… 210
　　　（一）当前发展特点 ……………………………… 210
　　　（二）面临重大挑战 ……………………………… 212
　　　（三）比较中的启示 ……………………………… 213
　三、职业教育教师专业发展的本土构建 ……………… 215
　　　（一）健全职业教育教师专业发展政策体系 …… 217
　　　（二）构建一体化职业教育师资培养培训体系 … 221
　　　（三）拓宽产教融合型职业教育教师专业发展路径 … 226
　　　（四）建立分层分类的教师专业发展支持系统 … 227

第八章　中国职业教育教师专业发展的特色案例

　一、天津职业技术师范大学：创新高水平师资
　　　培养模式 …………………………………………… 231
　　　（一）形成以"工学＋教育学"为主线的学科专业

    结构 ································· 232
  （二）创新职业教育师资人才培养模式 ············· 232
  （三）首创高层次师资培养 ····················· 233
二、浙江工贸职业技术学院：构建"管、培、促、帮"
  一体化教师专业成长体系 ······················· 235
  （一）突出教师专业发展的核心问题导向 ············ 236
  （二）构建一体化教师专业成长体系 ··············· 237
  （三）着重青年教师综合能力提升 ················· 237
  （四）不断增强教师专业发展经费保障 ············· 238
三、扬州工业职业技术学院：构建高职教师分级认定
  制度 ··· 239
  （一）建立分层分类教师专业发展体系 ············· 239
  （二）建立教师分级认定制度 ····················· 240
四、绍兴市中等专业学校：构建"一链多径"纵横教师
  专业发展系统 ································· 244
  （一）构建跨界整合、纵横结合的教师专业发展
    系统 ··································· 244
  （二）构建"一纵三横"青年教师专业发展模式 ········ 245
五、浙江工商职业技术学院：打造兼职教师专业发展
  特色模式 ····································· 247
  （一）建立教师专业发展激励机制 ················· 248
  （二）以项目为纽带打造兼职教师队伍 ············· 249
  （三）首创"带徒工程"制 ························ 250
六、广东轻工职业技术学院：首创高职教师资格
  认定制与"263"计划 ··························· 251
  （一）首创高职教师资格认证制度 ················· 252
  （二）首创"263"教师专业发展计划 ··············· 252

　　　　（三）构建校企交替型教师专业发展模式 …………………… 253
　七、宁夏职业技术学院：与企业共建示范性教师专业
　　　发展基地 ……………………………………………………… 254
　　　　（一）多元方式落实教师专业发展的关键地位 …………… 255
　　　　（二）深入推进教师企业实践工作 ………………………… 256
　八、长沙航天学校：与高校共建校本特色教师行动
　　　研究基地 ……………………………………………………… 257
　九、无锡职业技术学院："四化"推进教师专业发展 ……… 258
　　　　（一）"信息化+终身化"推进教师专业发展 …………… 259
　　　　（二）校企协同促进教师专业发展 ………………………… 260
　　　　（三）打造国际化教师专业发展平台 ……………………… 261
　十、陕西工业职业技术学院：实施名师引领的梯队化
　　　教师队伍专业发展 …………………………………………… 262
　　　　（一）树立梯队化教师队伍专业发展目标 ………………… 263
　　　　（二）构建梯队化教师队伍专业发展制度 ………………… 263
　　　　（三）着力打造梯队化教学名师队伍 ……………………… 264
　　　　（四）推进教师专业发展的国际化 ………………………… 265

参考文献 ………………………………………………………………… 266

绪 论

一、研究意义

新中国成立以来,我国职业教育逐渐走出了一条具有中国特色的发展道路,正从规模化发展向内涵式发展迈进,国家有关部门启动实施了一系列推动职业教育发展的重大举措,为职业教育发展保驾护航。目前,我国职业教育发展已进入黄金时期,不仅拥有了世界上最大规模的职业教育体系,还培养了世界上最大规模的职业教师队伍,数以百万计的教师工作在国民经济各领域、各部门、各行业的专业教育岗位上,我国中职、高职专任教师总数达到133.2万人。[①] 在新的历史时期,实现职业教育高质量发展,教师专业发展是关键因素。改革开放以来,我国社会经济发生着日新月异的变化。职业教育的本质属性和发展定位决定了其需要服务支撑区域经济发展、密切联系科学技术进步和精准对接市场需求变化。与普通教育相比较,职业教育教师专业化发展要具备"跨界"与"融合"的特征,对职业教育教师队伍建设在专业化、技术性和服务型等方面提出了更高的要求。

面对生源结构日益多元化和复杂化的特点,对人才培养的要求不断提高,职业院校学生不仅要掌握相关岗位群知识与技能,还需具备创新创业能力、职业迁移能力等综合素质。而在面对深化产教融合的新诉求下,职业院校与经济结构的紧密对接,对教师在实训技能方面的要求也越来越高。"现代产业学院""产教科联合中心"等新事物

---

① 中国教育在线:《鲁昕:70年,中国职业教育发展的历史轨迹》,见中国教育在线(https://baijiahao.baidu.com/s? id = 16535468603893258 78&wfr = spider&for = pc,2019 - 12 - 22)。

在高职院校应运而生,对教师授课技能、教学能力均提出了新的要求。

为深入落实中共中央、国务院印发的《关于全面深化新时代教师队伍建设改革的意见》和《深化新时代教育评价改革总体方案》,教育部等部门联合发布了《关于加强新时代高校教师队伍建设改革的指导意见》(教师〔2020〕10号),这是新中国成立以来党中央出台的第一个专门面向教师队伍建设的重要文件,为进一步加强教师队伍改革与建设提出了指引方向。该文件涉及20项与教师发展密切相关的指标,其中包含了健全高校教师发展制度和夯实高校教师发展支持服务体系两个方面。产业结构转型升级、职业院校生源结构变化、职业本科试点等一系列新形势、新变化对职业院校教师发展提出了前所未有的挑战。教师队伍是教育事业高水平发展的人才支撑,承担着立德树人的使命。建设高校教师发展平台,着力提升教师专业素质能力,将有助于建设高素质、专业化、创新型教师队伍,为我国推进教育现代化、建设教育强国打下坚实基础。只有教师队伍素质不断提升、结构不断优化、规模不断扩大,才能有力支撑起世界最大规模的教育体系。

(一)促进职业教育教师专业化发展是完善现代职业教育体系的迫切需要

2014年,教育部等六部门印发了《现代职业教育体系建设规划(2014—2020年)》,提出要"形成适应发展需求、产教深度融合、中职高职衔接、职业教育与普通教育相互沟通,体现终身教育理念,具有中国特色、世界水平的现代职业教育体系"。基于上述建设目标,国家要求职业院校立足"双师型"教师培养体系,改革教师资格制度、编制制度、用人制度,完善教师培养制度和教师培训制度,依托高水平学校和大中型企业建立"双师型"职业教育师资培养基地。

随后,《国家职业教育改革实施方案》《职业教育提质培优行动计划(2020—2023年)》的相继出台和实施,进一步明晰了我国现代职业体系建设的路线图。面向职业教育现代化发展,建设世界最强大的现代化职业教育体系，需要推进"产教融合—校企合作—工学结合—知行合一"，全面提升职业教育品质和人才培养质量，打造现代化职业教育升级版，为世界制造业强国提供人才和智慧支撑。要求建设一支世界级水平的现代化教师队伍，形成一支品德高尚、理念先进、素质一流的高水平教师队伍。① 这不仅是建设现代职业教育体系、推动职业教育向内涵式、高质量发展的重要因素，更是新时代推进教育现代化、建设教育强国的有力支撑。

现代职业教育体系的建立呼唤教师职能观的革新与教师职能的重新定位。而树立现代职业教育教师职能观是提高职业教育质量的重要保障和教师全面发展的必由之径。这些教师职能包含教育职能、研究职能与服务职能，即履行教育职能，秉承"立德树人"；发挥研究职能，推进产学一体；拓展服务职能，联通校企行社。研究教师职能定位，树立现代职业教育教师职能观，是建立现代职业教育体系不可或缺的一环。②

（二）促进职业教育教师专业化发展是落实"双高计划"的关键指标

2019 年 4 月，教育部启动中国特色高水平高职学校和专业建设计划（以下简称"双高计划"），"双高计划"是继国家示范校、骨干校后我国高职教育界又一重大举措，明确了我国高职院校未来的发展方向。在遴选管理办法中，"教师获得过国家级奖励"成为申报学校 9 项标志性成果之一；在打造高水平"双师型"队伍的过程中，明确提出要建立健全教师职前培养、入职培训和在职研修体系，重视教师专业发展。在"双高计划"背景下，如何提升教师专业发展水平、推动"双师型"队伍建设、加强教师混编团队建设是当前高职院校办学发

---

① 高书国：《中国教育现代化六大趋势》，载《人民教育》2020 年第 8 期，第 36—41 页。
② 郝俊杰：《现代职业教育体系下的教师职能定位》，载《无锡职业技术学院学报》2016 年第 15 卷第 2 期，第 5—8 页。

展面临的重大而紧迫的问题。推进"双高计划",教师是第一资源和关键性建设主体,其专业水平直接关乎"双高计划"的进度和效度;教师的专业发展与"双高计划"具有统一性和同步性,二者相互依存,相互促进,共同发展。以"双高计划"为契机,探析职业教育教师专业发展的逻辑与推进策略,对于打造新时代高水平的"双师型"队伍具有重要意义和价值。[1]

打造高水平"双师型"队伍既是"双高计划"的重要任务,更是"双高计划"的"第一资源"。因此,高职院校如何以"四有"教师为标准,打造一支专兼结合、数量充足、师德高尚、技艺精湛、结构合理的高水平"双师型"教师队伍,培养在行业、企业有权威,对社会有影响,同类院校都认可的专业领军人才和大师、名师,整体提升院校师资队伍的人才培养、技术研发、社会服务等能力,成为新时代"双高计划"的一项重大课题。[2] 高水平高职学校建设要充分发挥教师作为"第一资源"的核心作用,遵循高等职业教育规律和教师成长发展规律,深入推进人事与绩效制度改革,从"师德为先、分类培育、分类遴选、分类发展、分类考核"等维度构建凸显高等职业教育特色的教师分类管理和培育体制机制,打造一支师德高尚、业务能力强、有行业权威、有国际影响的高水平"双师型"教师队伍,为提高人才培养质量、服务经济社会发展和产业转型升级提供坚实的人才支撑和智力保障。[3]

(三)促进职业教育教师专业化发展是深化产教科融合的重要抓手

职业教育的本质属性决定了其必须与市场需求精准对接、必须服

---

[1] 贺星岳、曹大辉、程有娥等:《"双高计划"建设背景下高职院校教师专业发展的逻辑及推进策略》,载《现代教育管理》2019年第9期,第96-101页。

[2] 古光甫、邹吉权:《"双高计划"背景下高职院校教师队伍分类管理培育研究》,载《教育与职业》2020年第16期,第62-69页。

[3] 郭天平、陈友力:《"双高计划"建设视域下高水平教师队伍分类管理培育机制研究》,载《现代教育管理》2019年第8期。

务和支撑区域经济、必须与终身教育发展并进。自《国务院办公厅关于深化产教融合的若干意见》公布实施以来，各地区大力研究和推进企业深度参与产教融合、校企合作的方式方法。2019年，国家发展和改革委员会、教育部印发了《建设产教融合型企业实施办法（试行）》，为深入产教融合提供了落地之策，要求产教融合型企业在职业院校、高等学校办学和深化改革中发挥重要主体作用，在校企协同育人、产学研合作、促进就业中发挥带动引领的示范效应。

职业院校教师在校企合作关系中发挥着纽带和桥梁的作用，校企协同育人的重要前提是教师能够了解企业一线岗位需求，能够参与企业技术研发等，从而在课堂和实践中对学生实施更有针对性的指导；基于产教融合开展课堂改革，促进真实学习，重构师生关系，实现专业设置与产业需求对接、课程内容与职业标准对接、教学过程与生产过程对接、毕业证书与职业资格证书对接，全面提升高层次技术技能型人才培养质量。

探索职业教育师资定向培养制度和"学历教育+企业实训"的培养办法，如建立一批职业教育教师实践企业基地，实行新任教师先实践、后上岗和教师定期实践制度，专业教师专业实践的时间每2年累计不少于2个月；鼓励职业院校教师加入行业协会组织，促进职业院校教师专业化发展。① 2020年7月，教育部办公厅、工业和信息化部办公厅印发《现代产业学院建设指南（试行）》，提出依托现代产业学院，探索校企人才双向流动机制，设置灵活的人事制度，建立选聘行业协会、企业业务骨干、优秀技术和管理人才到高校任教的有效路径。探索实施产业教师（导师）特设岗位计划，完善产业兼职教师引进、认证与使用机制。加强教师培训，共建一批教师企业实践岗位，开展师资交流、研讨、培训等业务，将现代产业学院建设成"双师双能型"教师培养培训基地。开展校企导师联合授课、联合指导，推进

---

① 中华人民共和国教育部：《教育部等六部门关于印发〈现代职业教育体系建设规划（2014—2020年）〉的通知》（http://www.moe.gov.cn/publicfiles/business/html-files/moe/s8159/201406/170737.html）[2014-06-16]。

教师激励制度的探索，打造高水平教学团队。

多措并举打造"双师型"教师队伍。从2019年起，原则上，职业院校、应用型本科高校相关专业教师从具有3年以上企业工作经历并具有高职以上学历的人员中公开招聘，特殊高技能人才（含具有高级工以上职业资格人员）可适当放宽学历要求，2020年起基本不再从应届毕业生中招聘。加强职业技术师范院校建设，优化结构布局，引导一批高水平工科学校举办职业技术师范教育。实施职业院校教师素质提高计划，建立100个"双师型"教师培养培训基地，职业院校、应用型本科高校教师每年至少1个月在企业或实训基地实训，落实教师5年一周期的全员轮训制度。探索组建高水平、结构化教师教学创新团队，教师分工协作进行模块化教学。定期组织选派职业院校专业骨干教师赴国外研修访学。在职业院校实行高层次、高技能人才以直接考察的方式公开招聘。建立健全职业院校自主聘任兼职教师的办法，推动企业工程技术人员、高技能人才和职业院校教师双向流动。职业院校通过校企合作、技术服务、社会培训、自办企业等所得的收入，可按一定比例作为绩效工资来源。① 目前，职业教育师资力量主要来源于相应专业毕业生和企业兼职教师，只要打通学校与企业之间的"最后一公里"，培养具备高素质、专业化和创新型的职业教育师资队伍，教师专业发展大有可为。因此，对职业教育教师专业发展进行系统性研究势在必行，这有助于构建具有中国特色新时代职业教育教师专业发展模式。

（四）促进职业教育教师专业化发展是职业院校教育教学质量提升的现实选择

《国家职业教育改革实施方案》提出了"三教"（教师、教材、教法）改革的任务。"三教"改革中，教师是根本，教材是基础，教

---

① 中华人民共和国中央人民政府：《国务院关于印发国家职业教育改革实施方案的通知》（http://www.gov.cn/zhengce/content/2019 - 02/13/content_5365341.htm）[2019 - 01 - 24]。

法是途径，它们形成一个闭环，解决教学系统中"谁来教、教什么、如何教"的问题。① 以教师改革为关键，提升教师技术服务能力，推进教师专业教学能力建设。以专业所面向的学生的就业岗位（群）需求、企业的技术服务需求、生产的流程优化需求等为导向，挖掘教师技术服务的着力点；以教师技术服务效能、水平提升为基础，提高新技术条件下高职学校教学对于产业需求的满足能力；以教师核心能力提升为抓手，增强教师课程建设、教材建设、教法改革方面的能力，打造满足产教科一体化发展需要的高水平"双师型"素质教师队伍，全面提升教师能力，更好地实现教师在"三教"改革中的关键作用；以提升教师的科研创新能力及技术服务能力为目标，形成与高端产业、产业高端的新兴岗位高度契合的学生与企业员工技能培训包，全面实施寓研于教、寓研于训、育训并举的高素质技术技能人才培养模式。建设"强教学、强科研、强服务"的跨界混编高水平教师团队，为打造人才培养高地、科研与社会服务高地提供支撑，构建职业教育教师可持续发展支撑体系。

"十三五"时期，我国培养了一大批支撑经济社会发展的技术技能人才。在服务国家战略上，全国职业学校共开设1200余个专业和10余万个专业点，基本覆盖了国民经济各领域，每年培养1000万名左右的高素质技术技能人才。2019年，教育部等六部门印发了《高职扩招专项工作实施方案》，文件中指出要做好分类教育管理工作。针对应届与非应届、就业与未就业、不同年龄段等生源的多样化特点，分类编制专业人才培养方案，采取弹性学制和灵活多元的教学模式，对退役军人、下岗失业人员、农民工和新型职业农民等群体可单独编班。对于不同年龄段、不同职业等多样化的生源，在具体专业框架下，要求教师采用灵活多元的教学模式，根据生源特点因材施教。从学校教学管理方面来看，为最大化地提高办学效益，要求有机组合师资力量，匹配生源特点，这对教师专业发展提出了新的要求。教师

---

① 李忠华：《"三教"改革的三个核心问题》（http://www.jmi.edu.cn/ac/af/c928a44207/page.htm）［2020-04-08］。

最主要的工作在于教学，而教师专业发展评价的最主要目的是协助教师改进教学，透过诊断、辅导的方式，进行教师自评以及同行评价，协助教师了解其教学之优劣得失及原因，提供教师教学自省的机会，协助教师教学改进，以激励教师教学士气，并提升教学质量。

教师作为"三教"改革中有关人的唯一要素，是改革的核心。教材和教法都是通过教师呈现的，教师的综合素质是决定教育质量的关键因素。教育部各种相关文件都把师资队伍建设列为一项必不可少的内容。"职教20条"第12条提出，要致力于建设"双师型"教师队伍，提出"双师型"教师除具备社会活动、校企合作、课程开发、教学方法改革、沟通协调、科研和社会服务的基本能力外，还需具备更高的职业素养，包括高度的政治觉悟、对行业发展的把握、职教改革精神的理解和贯彻等各方面能力。2019年起，高职院校对农民工、下岗职工、退役军人、新型职业农民推行扩招政策，加大了"谁来教"的压力，对职业教育教师提出了新挑战。师资建设可以从优化上层培养机制，以教师选拔聘用、双师培养、轮岗轮训及教师标准化考核方式等方面为入口，深入探索教师培养机制。①

（五）选择合适的教师专业发展模式是职业院校教师队伍素质提升的必由之路

在各种国际重要会议中，世界各国组织有提及与教师专业发展相关之议题。例如，1966年，联合国教科文组织（United Nations Educational, Scientic and Cultural Organization, UNESCO）于法国巴黎举行的"教师地位之政府间特别会议"（Special Intergovernmental Conference on the Status of Teachers）对教师专业发展做出重要决议；1990年，世界教师职业组织联合会（World Confederation of Organization of the Teaching Profession, WCOTP）在联合国大会中提倡教师专业发展的重要性。在终身教育社会，教师是一个终身学习者，不断学习是未

---

① 赵楠、杨满林：《高等职业教育"教师、教材、教法"改革实施问题与策略》，载《现代职业教育》2020年第39期，第78-79页。

来教师唯一不变的属性。面对层出不穷的新领域、新观念、新岗位，面对与时俱进的新思维、新工具，教师如果不学习，要如何理解学习本身，又怎么设计学习任务与学习评价呢？因此，教师的专业发展需要教师持续不断地学习，不仅仅是丰富知识，更重要的是保持一种学习、创造、探索的状态。终身教育的理念既是以人为本的理念在职业教育领域的具体体现，也是教育为生产劳动服务、为人的发展服务的客观要求。它强调教育的深远影响和人的可持续发展。现代职业教育体系有以下六个基本特征：第一，它是一个独立的体系，与普通教育并行推进，成为一种地位相对独立、内部自成体系的国民教育类型。第二，它是一个开放的体系，面向全社会。第三，它是一个多功能的体系。第四，它是一个协调的教育体系，包括中高职之间的协调和职业教育与普通高等教育之间的协调。第五，它是一个与社会共生的体系。第六，它是一个具备高度成长性的体系。①

近十年来，职业院校发展以规模扩张和投入增加为特征，教师数量扩张了近十倍。这种粗放型发展模式重教师数量的扩张而忽视教师素质内涵的提升，教师难以形成对学校的价值认同，缺乏归属感和责任心，难以进行有效沟通与共同学习。而职业院校投入大量的经费和人力资源成本，组织教师开展形式多样的培训进修，却难以将其转化为教师教学水平的有效提升。本书将在实践层面为职业教师、职业院校以及政府管理部门提供有效的发展咨询与理论支撑，提出职业教师生涯管理策略、反思型与学习型教师成长策略，制定专业化、个性化的培养方案以及符合职业教育特色的职业教育教师资格条件等。

职业院校应服务于区域经济发展的需要，特别是在全球经济化发展的今天，更应着眼于为企业培养优秀的实用型人才——既具有较强的专业知识，又具有一定的操作技能，有利于帮助企业参与国际竞争，并获得可持续性发展。在这样的大趋势下，培养学生一专多能是职业教育发展的趋势。我国职业教育教师迫切需要从前期的经验化发

---

① 周建松：《关于全面构建现代职业教育体系的思考》，载《中国高教研究》2011年第7期，第74–76页。

展模式进入专业化发展模式阶段,这也是提高职业院校教师队伍质量的必然选择。

二、概念界定

教师专业化发展是现代教师教育发展的必经之路和有效手段。1966 年,联合国教科文组织与国际劳工组织提出教师是专门的职业;20 世纪 60 年代以来,"教师专业发展"逐渐成为世界上许多国家教育与发展的核心;20 世纪 80 年代后,我国教师专业化发展逐渐成为教育改革的热点问题,而我国明确提出教师专业化发展问题并对其加以介绍和研究是从 20 世纪 90 年代开始的。

国内外的学者对教师专业化发展的概念和内涵均有不同的理解和认识。从教师心理学角度来看,教师专业化发展是指教师作为专业人员,在专业思想、专业知识、专业能力等方面不断发展和完善的过程,即从新手型教师到专家型教师的过程。主要内涵包括:①教师的专业发展首先强调教师是潜力无穷、持续发展的个体;②教师的专业发展要求把教师视为"专业人员";③教师的专业发展要求教师成为学习者、研究者和合作者;④教师的专业发展要求教师具有发展的自主性。教师的自主发展强调发展教师个体的个性和特长,使个体的潜质充分发挥出来。[1] 著名教育家华东师范大学教授叶澜认为,教师专业素养有三个特点:一是有专业知识理论,二是承担社会责任,三是具有专业性自主权。[2] 厦门大学潘懋元教授认为,教师发展是其学科专业水平、职业知识、师德修养三个方面的发展与进步。[3] 台湾教育学者陈碧祥认为,大学教师专业发展是大学教师在从事教学、研究及服务工作时,引导自我反省与理解,增进教学、研究及服务等专业知

---

[1] 胡谊、杨翠蓉、鞠瑞利等:《教师心理学》,中国轻工业出版社 2009 年版。

[2] 叶澜:《新世纪教师专业素养初探》,载《教育研究与实验》1998 年第 1 期,第 41-46 页。

[3] 潘懋元、夏颖、胡金木:《教师发展与教师教育:访潘懋元先生》,载《当代教师教育》2018 年第 1 期,第 1-3 页。

识与精神，从而促进个人自我实现，达成学校教育目标，提升整体教育质量。国外学者霍伊尔提出，教师专业化发展是指教师的成长过程，以及在成长过程中逐渐形成的教师专业发展的职业标准。佩里指出，教师专业化发展包括教师信心的增强、教学技能的提高，以及教学效能与教学质量的提升。又如，富兰和哈格里夫斯认为，教师的目标意识、教学技能在其与同事合作时得到全面进步。① 综合国内外学者的观点，笔者认为教师专业发展这一概念具有两方面内涵：一是专业性，即教师是专门从事知识教学和研究的专业群体，其专业是指专业知识、专业能力、专业情意，具体包括学科知识、通识文化、传递知识和育人的能力、学术道德与伦理水平等。二是发展性。教师职业是不断发展的，教师在其职业生涯中，通过个体终身学习，依靠所在组织机构的培训机制、评价制度、学术氛围等条件，维持其专业发展的成长过程。②

从高校教师专业发展的特点来看，其涵盖了以下三个方面：①多样性。高校历来就是更新知识、创造知识的基地，教师除承担着为社会源源不断地输出人才的责任之外，还担负着专业领域内的科研工作。教师工作的复杂性决定了教师专业发展的多样性。②自主性。由于高校改革对教师队伍的高要求，教师的学历水平普遍较高，并且高校作为知识更新与创新的发源地，教师较易接触教育及学术的发展前沿，相对来说，这种先天性优势更能有利于促进教师专业发展。此外，教师的教学对象是思维活跃、朝气蓬勃的大学生，他们具有较强的创新意识及思维能力，较易接受新的思想及知识，促使教师也要不断接受新鲜事物，不断追求前沿知识，拓展知识领域，开阔视野。另外，在学习型社会的时代背景下，终身学习观得到社会的普遍重视，教师更是终身学习的直接实践者。这些因素均能促使教师自主学习，

---

① 高芸：《高等学校青年教师培养的理论与实践》，中国地质大学出版社2008年版，第76页。

② 谭茗心、王少媛：《"一流本科"建设视域下地方高校青年教师专业发展对策研究》，载《现代教育科学》2020年第4期，第84－88页。

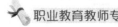

主动参与各种途径的学习、培训,不断促进教师自身专业发展。③持续性。一方面,教师专业发展是一个持续不断、循序渐进的动态过程;另一方面,教师专业发展贯穿于教师的整个职业生涯。①

随着我国职业教育改革的深化,教师专业化发展的重心不仅从教师群体向教师个体转移,而且越来越强调教师作为单个个体的专业发展。叶澜教授指出,教师专业发展更多是教师个体的专业提高,教师专业发展的关键在于教师群体的专业能力与水平的提升,这是一个教师的专业成长或教师内在专业结构不断更新、演进和丰富的过程。②何阅雄等认为,教师专业化是指按照教师特定的职业要求、标准、专门的培养和管理制度,对所任职教师的学历标准、教育知识、教育能力和职业道德等方面采取相应的制度与措施予以保证的过程。③ 研究者从不同的视角与层次对教师专业发展进行了概念界定,有四类具有代表性的观点:第一类观点认为,教师专业发展是指教师群体专业化发展的历程,其研究对象是整个教师职业群体;第二类观点认为教师专业发展是指教师提高自身,实现非专业化到专业化转变的过程,研究对象是个体的发展状况;第三类观点认为教师专业发展是指教师职业与教师教育形态的历史演化。除了上述三种观点之外,有少数学者认为教师专业发展应包含以上三种观点。但对文献进行深入分析,笔者发现教师专业发展的内涵大多以第二类观点为基础进行延伸,拓展教师专业发展的内涵,进而深入分析教师专业发展的阶段和发展规律等。唐玉光(1999)认为,教师专业发展是指教师担任教育教学专业职责时需经历的,由不成熟到相对成熟的发展过程,发展的内涵不仅包括知识技能层面,还包括能力的提高、情意的发展等。朱旭东构建了教师专业发展内涵框架,认为教师专业内涵包括教会学生学习、育人和服务三个维度,而教师专业发展的层次则以"主体层次"建构,

---

① 冯塔纳:《教师心理学》,王新超译,北京大学出版社2004年版。

② 叶澜、白益民、王枬等:《教师角色与教师发展新探》,教育科学出版社2001年版,第205-277页。

③ 何阅雄、蒋云良、马志和等:《教学型高校青年教师教学能力"三阶段四协同"发展模式的探索》,载《高等工程教育研究》2013年第6期,第97页。

即"前经验主体""经验主体""认识主体""价值主体"和"审美主体"。① 崔允漷等从实践视角认为教师专业发展是专业实践的改善。② 还有学者认为教师专业发展是指教师以其自觉意识为动力,通过教师教育培养途径,促使个人专业技能素质和心理素质等方面动态发展的过程。

综上,对教师专业发展的表述尽管不尽相同,但仍存在部分共通特质:一是强调教师发展机体的主动性,二是重视教师发展过程的长期性,三是强调教师发展历程的阶段动态性。教师专业发展是教师作为专业技术人员,通过各种正式的和非正式的、线上的和线下的教育途径,拓展自身专业素养、提升心理素质、增长业务技能,持续提升专业化水平的一个动态过程。③ 教师的专业化包括教师的专业知识、专业能力和专业精神三方面的专业化。职业教育教师的专业成长是指教师从准备进入职业教育这一领域,由没有教学经验的新手型教师到成为一名经验丰富的专家型教师,直到退出这一领域的整个成长过程。④

三、研究述评

1966 年,联合国教科文组织与国际劳动组织发表《关于教师地位的建议》,提出"应该把教育工作视为专门的职业,这种职业要求教师经过严格、持续的学习,获得并保持专门的知识和特别的技能"。自此,教师职业在世界范围内被认定为一种专业性职业。之后,英、

---

① 朱旭东:《论教师专业发展的理论模型建构》,载《教育研究》2014 年第 6 期,第 81－90 页。

② 崔允漷、王少非:《教师专业发展即专业实践的改善》,载《教育研究》2014 年第 9 期,第 77－82 页。

③ 吴胜秋、李婷:《教师专业发展研究动态与展望》,载《教育导刊》2018 年第 6 期,第 21－25 页。

④ 周景坤:《高校教师专业成长阶段研究》,载《教育评论》2015 年第 3 期,第 80－82 页。

美等国学者从社会学等角度对教师专业化进行了一系列研究与实践探索，涵盖教师社会地位保障、职前培养、在职培训、职业准入等主题，促使教师发展专业性与学术性逐步走向统一。受终身教育思想的影响，职后教育成为促进教师专业化的重要手段，在美国等国得到蓬勃发展。20世纪80年代以后，世界的多极化与经济的全球化促使资本经济逐步向知识经济过渡，世界各国纷纷进行教育改革，目标在于提高教育质量和学生综合素质，这对教师的素质也提出了更高要求。以美国为代表的西方发达国家开展了大范围的"教师专业化"讨论，把培养"研究型"和"反思型"教师确定为教师教育与发展的新目标。

随着国际对教师专业发展研究的深入，我国教育专家与学者也对教师专业化研究做出了不懈的努力。一方面，介绍国外研究成果和教师专业化经验，如陈永明的《国际师范教育改革比较研究》，陈永明、李其龙的《教师教育课程的国际比较》等，着眼于体制的转变、理念的转变、机构设置等宏观方面的内容。另一方面，从教师质量保障体系构建、影响教师专业发展的因素、教师专业能力标准、专业化实施模型、在职培训、专业学习共同体等视角对教师专业发展进行了更为具体细化的研究，如孙二军的《教师专业发展中的自我认同》、李金奇的《对教师职业属性和教师素质结构的再认识》、叶澜的《教师角色与教师发展新探》等。

自2000年以来，"教师教育"这一概念得到广泛应用与快速发展，成为教师教育创新进步的目标。我国明确指出"教师专业发展"这一概念是在20世纪末期。以北京师范大学的林崇德、申继亮为代表的专家进行了大量的实验，从而确定了教师的知识、理念、自控能力的产生过程。经过调研后，教师素质构成理论得以形成，该理论提供了教师专业发展的理论依据，并给出了可依靠的心理学基础。钟祖荣认为教师的成长可分为准备期、适应期、发展期和创造期四个阶段。叶澜教授在对教师专业发展状况进行调研后，构建了教师专业发展的基础知识框架，这是站在教育学理论的根本之上搭建的，她所提出的教师专业发展五个过程是客观的，得到教育界的普遍认可，即以

"非关注"为起点,到"虚拟关注",再到"生存关注"和"任务关注",以"自我更新"收尾。①

我国职业教育起步较晚,近120万职业教育教师中的大多数是在21世纪前10年我国职业教育规模快速增长阶段入职的,在准入口径上缺少统一的标准和严格的考核,师资来源比较宽泛,缺乏系统而连贯的培训体系,且培训课程脱离实际等,使得职业教育教师整体素质与当前职业教育发展极不适应。针对职业教育教师专业发展困境,国内一些学者进行了一些研究。一是从教师队伍建设的角度对"双师"素质教师培养进行了研究。二是对职业教育发达国家,如美国、德国、澳大利亚、日本等职教师资建设和教师专业发展经验进行介绍。三是从教师专业发展的角度对国内职业教育教师专业发展进行一些有益的探索,但局限较大,如对于国外经验的介绍多、借鉴少,国内教师专业发展模式研究缺乏,整体性的实证分析和研究较少。我国职业教育正步入创新发展、内涵提升的新阶段,加强职业教育教师队伍建设的任务异常迫切,而职业学校教师的专业化有其特质。近年来,关于职业教师专业发展的研究较多,集中于"双师型"教师、职业倦怠、职业生涯规划、某些学科教师专业发展路径等主题,多为碎片化的研究,缺乏系统性、整体性,以及对国外职业教师专业发展模式的研究,缺乏对国际职业教师专业发展规律、特征与最新发展趋势的综合考量。

当前,随着互联网等新技术不断涌现,世界各国纷纷提出振兴实体经济,职业教育的发展与质量的提高成为人们普遍重视的焦点。教师专业发展是职业教育质量提高的关键,对于职业教育教师专业发展的关注也随之而来。通过对与职业教育教师专业发展相关的高频关键词的搜索与分析,当前,职业教育教师专业发展研究呈现出以下几个方面的研究特点。

---

① 张海燕:《新时期中职教师专业发展存在的问题与对策研究》(学位论文),江西科技师范大学2018年。

（一）职业院校师资队伍建设研究

徐金华①提出，高职院校师资队伍培养工作应以教学质量提升为落脚点，以学术本位为理念，以学科交融发展为导向。具体可通过发挥政府重要职能，完善师资队伍建设保障体系；明确院校主体地位，优化师资队伍培养体系；重视行业企业作用，开拓师资队伍建设渠道；调动教师的积极性，提高师资队伍建设效果等路径进一步实施。古光甫等从分析高职院校教师队伍分类管理培育的必要性入手，梳理了当前高职院校教师队伍存在的问题，提出了"双高计划"背景下，高职院校加强师德师风建设、实施教师分类培育、明确人才分类遴选标准、打造人才分类发展平台及强化人才分类考核五项措施，为新时代高职院校打造高水平教师队伍建设提供了新思路。② 许鑫③则从创新创业行业指导教师队伍建设入手，探索高职院校构建评聘、培训、考核、激励"四位一体"的创新创业行业指导教师队伍建设模式的各项条件。

樊玉成④认为，新时代职业院校教师必须承担专业教学、企业实践和社会培训三种职责，切实履行好教师、技能大师和培训师"三师合一"角色，做到"以专业育专才"。在明晰教师、企业和学校三方面问题成因的前提下，构建"三师合一"指向的职业院校教师专业发展的校本研修"四有"模式，开创"三个结合"的研修通道，形成"师企校"的研修"三元合力"，最终实现校本研修"回归教师本位、回归职业教育主场、回归教师工作世界"的"三个回归"，不断发挥

---

① 徐金华：《新形势下高职院校师资队伍培养的基本方向与多维路径》，载《教育与职业》2020年第18期，第67–70页。
② 古光甫、邹吉权：《"双高计划"背景下高职院校教师队伍分类管理培育研究》，载《教育与职业》2020年第16期，第62–69页。
③ 许鑫：《高职创新创业行业指导教师队伍"四位一体"建设探究》，载《教育与职业》2020年第18期，第71–75页。
④ 樊玉成：《引领职业院校教师专业发展"三师合一"的校本研修指向》，载《中国职业技术教育》2020年第9期，第48–51页。

"三师合一"指向的校本研修教师专业发展孵化器的作用。

结合现有材料进行分析,当前职业院校师资队伍建设的研究主要面向高职院校教师队伍。新形势下,培养一支基础扎实、结构合理、思维活跃的高素质师资队伍是职业院校可持续发展的前提。如何进一步明确不同类型师资的评聘条件,厘清师资队伍培训内容,完善不同专业教师的考核方式,实施有效的激励措施,是推进职业院校师资队伍建设的重要而紧迫的任务。

目前,我国的职业教育教师专业发展仍然面临一系列的困境,诸如教师专业标准不健全,欠缺相应的制度保障;职前培养与职后培养断层,没有系统的培养体系;教师实践经验不丰富,缺乏专业的锻炼平台;专业发展动机不够强,缺少自主发展的意识等。陈丁玮[①]针对高职教师专业化发展面临的困境提出了如下对策:健全教师专业标准,提供坚实的制度保障;衔接职前培养与职后培养,创新一体化培养体系;提高教师实践能力,搭建专业的锻炼平台;增强自主发展动机,培养自主发展的意识。

(二)中职教师专业发展研究

中职教师专业发展直接关系到中职教育质量的提升及教师个人职业生涯发展规划等问题。关于"中职教师专业发展的途径"方面的研究,我国学者比较关注"双师型"教师培养。此外,有些学者认为,同行交流和教育叙事也是促进教师专业发展的有效途径。例如,李彦芳、张光磊认为教师博客能够有效地提高教师的教学水平;袁仕勋则认同运用教育叙事来有效促进教师专业发展。同行交流的主要方式还包括与教师群体对话、听课、评课、观摩、研讨等。总的来讲,通过了解有关教师专业发展的理论资料得出,欧美等发达国家更多是把改革放在国家政策层面上,并对公共服务予以高度关注,但是针对教师个人发展的研究却不多,对于学校的研究也不常见。我国学者对中等

---

① 陈丁玮:《高职教师专业化发展的困境及有效对策》,载《教育与职业》2017年第4期,第76-79页。

职业学校的教师专业发展的认识及理论研究都是沿着时间来划分阶段的,并未将其从普通教育教师专业发展中彻底剥离。所以,对中职教师专业发展进行调研还是很有必要的,能够从各个不同的层次及方面,结合中等职业教育的特点,融合教师专业特性,形成独属于中职教师的专业发展认知。①

李银敏等通过对 2007—2016 年国内公开发表的学术及学位论文中与"中职教师专业发展"主题相关的研究成果进行文献计量分析和内容回顾,发现我国中职教师专业发展研究文献数量逐年递增,但文献总量依旧偏少;发表在核心期刊上的成果较少,其研究质量和研究水平有待提升;尚未形成核心研究群,研究力量有待加强;方法以理论研究为主,实证研究较少;研究内容大都集中在问题与对策方面,需扩大研究范围,加强实证研究、比较研究等,从而提高研究成果的针对性和科学性。②

张海燕③采用问卷调查法、文献综述法等对某中等职业学校教师专业发展的情况进行分析,从教师专业发展意识、专业发展能力以及发展途径等角度进行整体剖析,从而提出国内中等职业教育尤其是中职教师专业发展面临的诸多问题,而这些问题主要体现在薄弱的职业教育发展意识、参差的教师专业水平、缺乏合理的发展途径等方面,而专业评定机制的不合理和教师主体性被忽视等问题也是阻碍教师专业发展的重要原因。最后,针对以上问题,从教师个人层面、教育行政部门层面以及学校层面提出了促进中职教师专业发展的对策:中职教师需要不断提升自身的专业水平和思考能力。相关管理部门应通过各种方法如提高教师福利等措施提升教师工作的积极性。中等职业学校通过营造良好的外部环境,给予教师更多的发展空间等。

---

① 张海燕:《新时期中职教师专业发展存在的问题与对策研究》(学位论文),江西科技师范大学 2018 年。

② 李银敏、李晖:《我国中职学校教师专业发展研究的十年回顾》,载《潍坊工程职业学院学报》2017 年第 30 卷第 6 期,第 10 – 14 页、第 25 页。

③ 张海燕:《新时期中职教师专业发展存在的问题与对策研究》(学位论文),江西科技师范大学 2018 年。

蒲文静以现代学徒制下我国中等职业学校教师专业发展的问题及策略为研究对象,通过理论与实践相结合的研究方法,分析了我国中等职业学校教师专业发展的必要性及存在的问题。在终身教育理论和教师专业发展理论的指导下,结合实践调查反映出的问题,从政策的顶层设计和学校、企业、教师的落实两个层面,提出了促进现代学徒制下我国中等职业学校教师专业发展的有效策略。[①] 夏谦启[②]则对技师学院教师专业发展困境及其原因进行分析,提出技师学院教师专业提升策略。

周昊昊[③]、李茜[④]等基于信息化环境视域,研究信息技术发展与中职教师专业发展之间的关系。通过文本分析和实证研究等方式探索中职教师专业发展水平,研究围绕中职教师专业发展现状,结合信息技术的作用,总结出信息技术支持下中职教师专业发展的五条路径。针对调查中职教师专业发展水平的各个维度表现出的不同差异和特点,分析调查中出现的问题并提出建议,以期为促进中职教师专业发展提供实证依据。

(三)产教融合视域下教师专业发展研究

产教融合的人才培养模式赋予教师专业发展新内涵。产教融合、校企合作的办学模式要求职业院校的教育教学活动必须坚持与社会实践相结合,切实做到人才培养和产业链相融合。为此,职业院校教师专业发展不仅体现在知识和技能,更重要的是对职业教育人才培养目标、人才培养规律、人才培养模式的深刻理解和把握。必须熟悉相关

[①] 蒲文静:《现代学徒制下我国中职教师专业发展研究》(学位论文),四川师范大学2019年。
[②] 夏谦启:《技师学院教师专业发展困境与提升策略》,载《中国培训》2019年第11期,第42-43页。
[③] 周昊昊、张棉好:《信息技术支持下中职教师专业发展研究》,载《职教通讯》2017年第34期,第10-15页。
[④] 李茜、李高祥:《信息化环境下中职教师专业发展现状调查研究》,载《中国职业技术教育》2018年第3期,第70-74页。

企业的岗位设置、业务流程、技术规范、生产环节和企业文化，且能把它融入教育教学过程中，能帮助企业解决生产过程中产生的相关技术问题，这些是职业院校教师在专业发展中必须具备的特有素质。产教融合、校企合作人才培养模式给职业院校教师专业发展注入了新的内涵。[1]

以高职教育为例，实现"双高计划"的预期目标必须深化产教融合。"双高计划"高职院校深化产教融合具有多重维度与价值意涵，在产教技术融合、资源融合、利益融合、制度融合与文化融合五维向度上均有独特的利益诉求与融通路径。基于此，通过加强专业与产业的对接逻辑、发挥教师教学创新团队的结构效应、优化校企优质资源的联结路径、寻求产教主体的价值同构、完善现代职业教育的治理体系以及形成命运共同体的文化关系，能有效满足校企双方诉求，实现"双高计划"高职院校深化产教融合的目标。[2]

吴杨伟[3]从"双高计划"背景下高职"双师型"队伍建设的定位、问题与路径等方面进行了研究，提出我国高职院校"双师"队伍建设存在产教融合平台功能与"双师"队伍成长需求不匹配、职后培训体系规划与双师队伍建设目标不协调、教师评价制度导向与"双师"队伍主体地位不一致等问题。高职院校要通过打造产教融合平台的"升级版"、双师素质项目的"增强版"、教师评价制度的"组合版"，构建起教师可持续发展生态圈、教师多元化职后培训模式和"双师型"教师评价考核体系，为实现技术技能人才培养和创新服务夯实"双师"基础。

---

[1] 李国成：《"产教融合"背景下高职院校青年教师专业发展研究》，载《南昌教育学院学报》2016年第1期，第71-73页。

[2] 刘晶晶、和震：《"双高计划"高职院校深化产教融合的维度及内涵研究》，载《教育发展研究》2020年第40卷第17期，第52-58页。

[3] 吴杨伟：《"双高计划"背景下高职"双师"队伍建设的定位、问题与路径研究》，载《职教论坛》2020年第36卷第8页，第99-103页。

张晓玲、罗秋兰[①]基于教师专业发展的视角，对"双师型"教师认证标准进行了研究。开展"双师型"教师认证是促进教师专业发展的重要举措，在标准建立的实践中，考虑职教师资的实际情况，可优先行业标准；针对区域特点、教师专业发展的不同阶段，需协调标准的稳定性和灵活性，并设置不同层级的标准；同时，标准的制定应充分吸纳专业团体参与。

杨润贤等[②]阐述了师资队伍在高职院校高水平骨干专业建设中的重要性，深刻剖析了高职院校教师专业发展面临的困境，进而结合试点专业建设经验提出了产教融合背景下高水平骨干专业建设中教师专业发展的路径建议：健全教师专业标准，提供切实可行的制度保障；制定教师发展规划，建立系统、连贯的培养体系；校企共建实践平台，不断提升教师的实践能力；拓宽国际教育交流合作，提升教师国际化水平；构建教学评价体系，不断激发教师的科研热情。

依照产业（链）或岗位（群）等组群逻辑，组群专业存在跨专业大类、跨学科基础等的情况，单一背景的教师团队难以适应专业群的发展需要，跨界组建师资团队是专业群健康发展的关键。专业群对二级学院的组织管理提出了更高要求，教师之间的交流合作增多，更多的项目和任务需要多人协作完成。从主要业务分析，教师团队主要可以分为教学创新团队、教学管理团队、技术研发团队等。其中，教学创新团队侧重探索教师分工协作的模块化教学，建设数字化的教学资源，编写活页式、手册式教材等，推进课堂教学改革；教学管理团队侧重专业建设的教务、考务等日常事务，保证正常教学活动的运转；技术研发团队侧重专业群技术研发、工艺改进、流程再造及企业研究项目等。卓越的教师团队才能造就高水平的专业群，在打造高效"双师"队伍过程中，需要根据工作组建跨界教师队伍，坚持背景多

---

① 张晓玲、罗秋兰：《"双师型"教师认证标准研究》，载《中国职业技术教育》2019年第27期，第36–40页。

② 杨润贤、李建荣：《论产教融合背景下高水平骨干专业建设中的教师专业发展》，载《教育与职业》2019年第24期，第57–61页。

元、专兼结合、结构合理的组建原则,注重对团队负责人的选拔和培养,强调团队成员之间的分工与合作,着重培育团队精神。①

(四)兼职教师专业发展研究

《关于大力推进职业教育改革与发展的决定》和《国务院关于大力发展职业教育的决定》(国发〔2005〕35 号)都提出支持职业院校面向行业企业聘用兼职教师。《教育部关于全面提高高等职业教育教学质量的若干意见》(教高〔2006〕16 号)提出逐步加大职业院校聘请兼职教师授课的比例,逐步形成职业院校实践技能课程主要由具有相应高技能水平的兼职教师讲授的机制。为完善职业院校兼职教师聘用政策,2012 年教育部等四部委印发了《职业学校兼职教师管理办法》(教师〔2012〕14 号),界定了兼职教师范畴,并从人员条件、聘请程序、组织管理、经费来源等方面对兼职教师的聘任管理进行了规范。《国务院办公厅关于深化产教融合的若干意见》提出允许学校依法依规自主聘请兼职教师和确定兼职报酬。《国家职业教育改革实施方案》进一步提出应建立健全职业院校自主聘任兼职教师的办法,推动企业工程技术人员、高技能人才和职业院校教师双向流动。这一系列文件要求职业院校聘请兼职教师的工作不断规范化、自主化。②构建专兼职混编教师团队,在校企合作背景下探索"混编型"师资队伍的协同机制,建立科学的师资管理制度,利用"双驱动"提高教学水平与科研生产水平,建立"双评效"的考评模型,有效地探索与实践了"混编型"师资队伍建设模式。该模式能够适应职业院校的办学发展,符合教育教学规律,并能有效地完成培养人才的任务,满足服务地方社会经济发展的需求。

2019 年《国家职业教育改革实施方案》(国发〔2019〕4 号)提

---

① 王玉龙、刘晓:《以院建群还是以群建院?:兼论高职院校高水平专业群建设的基层治理模式》,载《职教论坛》2020 年第 36 卷第 7 期,第 34 - 39 页。

② 古光甫、马小霞:《产教融合视角下高职教师专业发展制度的建设》,载《南通职业大学学报》2019 年第 33 卷第 2 期,第 41 - 44 页。

出,职业院校的教师招聘要求教师应具有三年以上的企业工作经历,并同时具备高职及以上学历,强调高职教师需专业教学能力和专业实践能力并存。梁珺淇[1]对具有企业工作经历的高职教师进行访谈,利用扎根理论分析法对访谈内容逐级编码,形成具有企业工作经历的高职教师职业适应要素表;结合已有研究,编制"具有企业工作经历的高职教师职业适应性"调查问卷,对505名具有企业工作经历的高职教师进行问卷调查,结合教师访谈内容对调查结果加以补充,提出高职教师在育人、教学和科研角色的转换上存在职业不适应,以及人文环境和物质条件影响其职业适应的假设,并对假设进行验证。在此基础上,梁珺淇提出提高这类教师职业适应水平的对策建议。

(五)青年教师专业化培养研究

贺美娜等[2]从专业实践能力、学术研究能力、课程开发能力、职业指导能力、专业精神和职业道德、社会交往能力六个维度研究当前高职院校青年教师专业发展现状,并结合支架理论,从教师个人、政府、行业企业以及高职院校等角度探讨促进高职青年教师专业发展的举措。袁静[3]从行动学习的视角来分析高职院校青年教师专业发展。行动学习是一种团队合作的学习形态,个体在学习过程中具有主动性,将工作中遇到的实际问题带到学习小组互动交流。行动学习作为一种学习的特定组织形式,具有很多应用的场域,如课堂教学、培训研修、社会服务等。为了更好地促进行动学习在高职院校青年教师成长发展中的应用,高职院校应该建构机制与文化,创造行动学习的氛围,激发行动学习的动力,青年教师个体应积极行动,提升行动学习

---

① 梁珺淇:《具有企业工作经历的高职教师职业适应及其影响因素研究》(学位论文),华东师范大学2020年。
② 贺美娜、何雪莲:《基于支架理论的高职青年教师专业发展研究》,载《柳州职业技术学院学报》2020年第20卷第3期,第73-77页。
③ 袁静:《行动学习视野下的高职院校青年教师专业发展》,载《太原城市职业技术学院学报》2020年第2期,第98-100页。

实效。杨军①从生态学的视角分析了高校青年教师专业发展的问题与推进策略。青年教师处于事业的起步阶段，国家和高校需要关注其专业发展。文章从教师专业发展的现状、岗位培训制度、教师评价制度和专业发展环境等方面分析了高校青年教师专业发展过程中存在的问题，并基于教育生态学理论，提出推进高校青年教师专业发展的相关策略，以期提高我国高校青年教师的专业素质，促进高校的健康发展。谢明明②对高师院校的青年教师专业发展路径进行了探索。青年教师校地协同践习不仅是落实政府关于教师专业发展要求的具体举措，也是高师院校继续保持培养基础教育教师优势的关键切入点，更是实现高师院校青年教师专业发展的创新路径。青年教师校地协同践习的实施可从以下几方面展开：一是遴选高水准的践习基地，二是制定职责明晰的运行机制和共管机制，三是研制践习效果评价方案。三者有机衔接、相互支撑，共同确保践习工作取得实效，最终促进青年教师的专业发展。

（六）信息技术背景下职业教育教师专业发展研究

为了更好地探求我国职业教育教师专业发展研究的现状及发展趋势，李文静、马秀峰③通过文献计量法对21世纪以来我国职业教育教师专业发展进行了研究，文章以中国知网期刊数据库为数据来源，利用 Citespace 5.0、SATI 和 SPSS 软件进行数据处理和分析。研究发现，目前我国职业教育教师专业发展研究的重点聚焦在职业院校师资队伍建设研究、中职教师专业发展研究、高职院校教师专业发展研究、产教融合视域下高职教育发展研究以及"双师型"教师培养路径研究等方面，并有向深化"双师型"教师培养研究、聚焦兼职教师专业发

---

① 杨军：《论生态学视角下高校青年教师专业发展的问题与推进策略》，载《教育教学论坛》2020年第5期，第28－31页。

② 谢明明：《校地协同践习：高师院校青年教师教育者专业发展路径的新探索》，载《高教论坛》2020年第2期，第51－53页。

③ 李文静、马秀峰：《新世纪以来我国职业教育教师专业发展研究透视：基于CNKI的文献计量分析》，载《职教论坛》2020年第3期，第69页、第76页。

展、与"产业发展"深度融合、重视青年教师专业化培养等方面演进的趋势。陈衍等研究了职业教育教师专业化发展的国际变革,职业教育教师作为各国技能人才供给库的锻造者,在培养和培训方面备受国际重视。近年来,联合国教科文组织、欧盟、经济合作和发展组织等纷纷将关注点从职业教育本身拓展到职业教育教师的生存与发展上。在国际上,基于"工程师"和"教师"的特殊角色构成,职业教育教师的专业化发展在内容上多集中于结构类型细分、能力框架建立以及阶梯式教育开展三大方面,并呈现出专业持续化趋势和信息便捷化趋势。①

唐瑗彬等认为,现代先进的智能设备、智能系统和智能技术改变了我们的产业业态,"互联网+教育"为教育提供了前所未有的机遇,产生了新的教育方法和学习教学策略,服务于校内和远程学习。职业院校教师在新时代需要重新定位自身专业发展目标与角色,作为学习促进者、反思实践者、技术创新者、终身学习者等角色,通过信息技术手段,实现专业发展,以推动实现培养复合型高技能、创新性人才的目标。以职业院校教师专业标准与信息化2.0时代特点为基础,明确职业院校教师专业发展的重点内容,进而构建新时代职业院校教师个体专业发展路径,为"双师型"教师个体成长和"双师型"教学团队建设提供技术思路。② 无论"互联网+教育"如何发展,教师永远是首位。随着AI教育时代的到来,如果教师自身专业能力不提升,再深刻的教育变革也难以实现。未来,教师除了传授知识以外,还应担负起懂学生、重组课程和联结世界的职责,这既是时代赋予教师的新使命,也是教师专业发展的新要求。

---

① 陈衍、劳倩颖、祝叶丹:《职业教育教师专业化发展的国际变革》,载《现代教育管理》2020年第7期,第94-100页。
② 唐瑗彬、石伟平:《教育信息化2.0时代的职业院校教师专业发展路径研究》,载《中国职业技术教育》2020年第21期,第46-53页。

四、研究框架

《中国教育现代化2035》提出，到2035年，职业教育服务能力将显著提升。实现新时代职业教育服务能力提升，于社会发展而言，意味着届时我国职业教育高水平服务能力能够满足国家经济社会发展与时俱进的需要，能够支撑世界经济强国的人才需求；于教育发展而言，意味着职业教育的全纳性充分体现，职业教育人才培养层次贯通，以技术技能为主体、融专业技术于一体的应用型人才成长渠道通畅，教育法制化常态发展，新增教育经费向职业教育倾斜；于学校发展而言，意味着我国职业院校布局将更加合理，职业教育经费投入将更加充足，职业教育教学设施建设达标率、"双师型"教师达标率、职教人才培养社会满意度等均达到高水平；于学生而言，理想信念、创新精神、工匠精神、文化素养、健康意识得以养成，爱国主义情怀、品德修养得以增强，知识、见识、实践动手能力、合作能力、创新能力得以增长。[①] 改革开放40多年来，我国职教师资已经发生了重大变化，逐渐从以满足数量为主的应急状态过渡到以提升综合能力和综合素养为目标的平稳状态。从"量"到"质"，教师的专业发展成为当前阶段职教师资建设的首要任务。[②]

2011年，教育部印发《教育部关于进一步完善职业教育教师培养培训制度的意见》（教职成〔2011〕16号），提出为大力加强职业教育"双师型"教师队伍建设，要充分认识加强职业教育教师培养培训制度建设的紧迫性，推进职业教育教师培养培训制度建设的主要任务和主要措施。本书将职业教育教师专业发展分为入职前的教育、入职时的考核与评价、入职后的职业发展三个阶段。由于我国职业教育

---

① 张元：《我国职业教育现代化2035发展探析》，载《教育与职业》2019年第9期，第16－19页。

② 张晓玲、罗秋兰：《"双师型"教师认证标准研究》，载《中国职业技术教育》2019年第27期，第36－40页。

教师来源方向多，许多教师入职前不具备职业教育教师资格，如不仅不具备教育学科背景，缺乏教育方法与理论的学习和实践，而且缺乏企业实践经验等；同时，我国教师资格认证工作改革滞后。正是在这样异常复杂的背景下，本书试图探讨适合我国发展的职业教育教师专业发展模式。

职业院校教师专业发展可分为三个阶段，如图1-1所示。

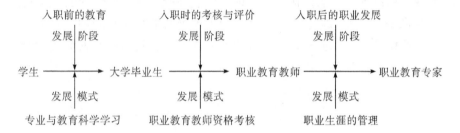

图1-1　职业教育教师专业发展阶段

国内外职业教育发展的阶段不同、经济社会文化环境不同，应在比较中进行批判性地研究，形成对我国职业教育教师专业发展有用的借鉴。本书正是在这一全新背景下，基于当前职业教育的发展阶段与文化特征，立足国际视野，采用多种研究方法，对职业教育教师专业发展进行系统研究，创新发展模式与管理机制，在提高教师专业水平的同时推动其从"教书匠""传话筒"式的教师向"智慧型""学习型"教师的转变，进而促进学生高素质的养成与教学质量的提高。通过比较研究和实证分析，探索构建适合我国职业教育发展特色的职业教育教师专业发展模式，是我国职业院校内涵建设的重要内容，将为社会培养高素质技能应用型人才发挥关键的不可替代的作用。

本书从探讨职业教师专业发展的内涵、特征入手，比较研究国内外职业学校教师专业发展的现实背景、规律、做法与趋势，深入研究我国职业教育教师专业发展的主要问题，进而构建适用于中国职业院校现实的教师专业发展模式；综合采用文献分析法、比较法、个案研究法等方法，从理论与实践、国际与国内相结合两个方面进行探讨；立足职业教育教师专业化发展研究的时代背景，通过比较分析国外职业教育教师专业发展模式，总结国外先进经验，探讨国际职业教育教师专业发展规律与大趋势；立足国内现实背景，通过整体研究、实证研究和个案研究，探讨我国职业院校教师专业发展模式的演变、现状与问题；提出具有我国职业教育鲜明特色的职业教育教师专业发展模式及相关配套措施，提升职业院校教师的专业化发展水平。主要内容包括：①职业教育教师专业发展的内涵与路径；②国际职业教育教师专业发展的演变；③发达国家和地区职业院校教师专业发展的先进经验与做法；④我国职业教育教师专业发展模式的现状与问题；⑤构建适合我国国情的职业教育教师专业发展模式；⑥我国职业教育教师专业发展的特色案例。

第二章
职业教育教师专业发展的理论基础

新时代赋予高职教师新的角色与新的任务,在教育改革发展历程中,要释放更多的权力给教师,让学校有更大的自主权;但在赋予权力的过程中,也要考虑教师的专业知识、能力及素养等能否跟上时代的脚步。教师专业发展需要终身学习,不是一蹴而就的,也不能通过短期培训来达成,教师的终身学习需要在教学现场中经过长期的观摩、学习、训练和反省,是教师发自内心的学习。许多学者认为,如果能够通过教师的自我评价,让教师能针对自己教学上的弱点,通过适当地进修课程及计划,倡导自发、主动和自我提升的教师自我评价。高职教师需具备理论基础与实践操作能力才能教导学生,胜任未来的工作。这些技能除了有赖于教师经常参与培训、汲取新知识、日益充实自身的能力外,还需要师资培训提供足以令教师应对未来的实质内容,最重要的还有教师本身要具备自我成长的信念。

从人力资源发展的角度上来看,教师的职业生涯发展、师资培训和学校办学发展是相互补充的。从成本效益观点来看,教师专业成长是可以最直接提升学生在校学习能力的。对教师个体而言,提升学生学习能力可以增加收入、提高职称和改善生活等。对社会而言,提升学生学习能力可以促进经济发展、降低犯罪率等。在教师专业发展中,尤其是在培训模式与方法上却依然延续了常规教育的范式,缺乏对教师实际需求的专业关照,长期以来,这是一直困扰教师继续教育工作的难题。影响教师专业成长的因素错综复杂,协助教师专业成长的工作是一项艰巨的挑战。但国内外以往的一些研究显示,在规划教师专业发展模式上,对于组织和个人有两个层面的因素需要考虑,并以了解教师需求与现状的差距作为基础;而促使教师进修培训的动力主要是来自课程改革或教学评价等外在因素。

教师学习是复杂的系统工作,如以"冰山理论"的角度来看教师专业成长,能察觉出的只是冰山露在海面上那1/8的外显问题,其他7/8内隐在海面下,值得深思探讨。弗洛伊德把心灵比喻为一座冰山,浮出水面的是少部分,代表了意识,只是整体心灵的表层;埋藏在水面之下的大部分,则是潜意识,是储存了个人的经验、记忆及被压抑的部分,很难被发掘。情绪冰山理论又说明外在的行为,其实内隐着情绪、信念、压力、期待、渴望、自我认同及大我的内涵。

教师专业发展是一项覆盖全体教师并贯穿教师职业生涯全过程的工作,"全覆盖"意味着不同教育背景、不同来源、不同部门的教师都能够受益于教师发展项目;"一贯性"意味着教师从入职到退休的每个环节都需要受到制度化和非制度化教师专业发展的影响。但也正是这两个特征决定了高职院校教师专业发展在内容设计和执行上的复杂性。高职院校教师主要由普通高校毕业的硕士、博士毕业生和企业技术人员两大主体构成,这些教师以不同的教育背景和工作经历,分布于不同的专业和部门,从事着管理、教学、科研等工作。此外,教师还可分为新入职人员、中层干部、专家型教师等类型,处在不同的发展阶段,需求也不尽相同。在如此复杂的组织人员构成背景下,单一类型的发展路径和发展资源必然无法满足多元化的发展需求。[①] 国内外众多学者为进一步探索职业教育教师专业发展的路径,基于不同理论对职业教育教师专业发展的溯源进行了剖析。本研究基于教师专业发展所需的内外动力,从需求激励理论、教师赋权增能理论、教师职业生涯理论、教师专业发展阶段理论和教师合作理论等对教师成长的需要、教师技能提升、教师可持续发展和教师专业共同体进行探究。

---

① 李政:《高职院校教师专业发展的三维模型及其应用》,载《中国高教研究》2020年第2期,第98页。

一、需求激励理论

需求是人缺乏某种必需的东西时在心理上产生的一种具有紧张感的主观状态，是人积极性的基础和根源。激励往往是通过满足人的某种需求而发挥作用的，通过激励来实现目标的过程首先是由一种未满足的需求带来紧张，从而产生内驱力，再由内驱力激发行动，通过行动来实现目标。[1] 在日常管理中，激励机制的运用十分重要。人具有自然和社会的双重属性，作为社会或者组织中的一分子，激励机制可促使个人和集体为实现共同的目标而不断努力，通过各种有效的手段激发人的热情，激发人的积极性、主动性，发挥人的创造精神和潜能，为实现组织目标而充分发挥自身的主观能动性。心理学认为，激励是指人的动机系统被激发后，处于一种活跃的状态，对行为有着强大的内驱力，促使人们向希望的目标进发。[2] 美国管理学家贝雷尔森（Berelson）和斯坦尼尔（Steiner）给激励下的定义是："一切内心要争取的条件、希望、愿望、动力等都构成了对人的激励。……它是人类活动的一种内心状态。"[3] 作为社会组织的高校，肩负着培养人才、发展科学文化和服务社会的职责，履行好这些职责、提高教育质量是高校的目标，也是高校的生命线，而高校职责的履行和提高教育质量的要求构成了对教师的激励。由于管理是管理者使被管理者同自己一起工作并通过被管理者来达到组织目标的过程，也就是调动被管理者工作积极性的过程，因此，从管理的角度来看，有效激励教师，最大限度地调动他们的工作积极性，乃是高校管理的重要任务，也是值得研究者探讨的课题。

一方面，研究基于高校教师需求的激励具有重要的理论意义。虽

---

[1] 顾卫杰：《需求层次理论下的高职教师激励管理探究》，载《教育与职业》2015年第5期，第96–97页。

[2] 宫向阳：《新时期我国高校教师激励机制研究》（学位论文），苏州大学2004年。

[3] 小詹姆斯·H. 唐纳利、詹姆斯·L. 布吉森、约翰·M. 伊凡赛维奇等：《管理学基础：职能·行为·模型》，中国人民大学出版社1982年版。

然一定的激励行为是由激励主体施加的,需要考虑组织管理的需求,但由于其作用的对象是高校教师,因此应更多地考虑教师的需求。然而,现有的高校教师激励理论大多从高校管理角度出发提出教师激励手段,构建激励模型和激励机制等,形成了基于高校需求的一系列高校教师激励理论,较少真正从激励客体——教师的需求角度展开研究。本研究鉴于这一现实,阐述基于高校教师需求的激励的内涵、优势和理论依据,分析高校教师的需求和高校教师激励的现状,深入地研究高校教师激励对策,形成基于高校教师需求的激励理论,有助于丰富和完善现有的高校教师激励理论。①

另一方面,研究基于高校教师需求的激励具有重要的实践意义。本研究的重要意义不仅在于阐述基于高校教师需求的激励之内涵、优势和理论依据,分析教师的心理需求,描述高校教师的激励现状特别是指出当前高校教师激励问题,还在于面向高校管理的实际,解决高校教师激励和管理实践中面临的现实问题,提出基于高校教师需求的激励对策。第一,有助于高校管理者分析和正视教师激励存在的问题,意识到基于高校教师需求的激励的必要性,采取有效的基于高校教师需求的激励对策,从而调动教师工作的积极性。第二,有助于调动高校教师的工作积极性。研究教师需求,提出基于高校教师需求的激励对策,能使高校关注教师需求,有效地激发教师奋发工作的内在动力,极大地调动教师的教学和科研工作积极性。第三,有助于激发高校教师的创造力和创新能力。创新是高等教育发展的不竭动力,高校创新在整个国家创新体系中占有非常重要的地位,教师创新是高校创新的主力军。基于高校教师需求的激励不但可以实现教师个人价值目标,还可以实现其高层次的追求——创新需求,是培养和激发教师创造力和创新能力的直接途径,有助于提高高校教师知识创新的数量和质量,为社会知识创新提供条件和保障②,最终促进教育创新。第

---

① 彭鹏:《基于高校教师需求的激励研究》(学位论文),湖南大学 2007 年。
② 赵恒平、汤梅:《高校教师激励效能最大化及其权变分析》,载《学术交流》2006 年第 5 期,第 184 – 185 页。

四，有助于提高教学质量和学生素质。高校教育质量的焦点应是高校的教学质量和学生素质。一般来说，在学生能力基本稳定的情况下，高校教师的激励程度将直接影响到他们的教学积极性，进而影响教学质量和所培养学生的素质。激励是教育固有的构成要素，如果激励缺位，就连基本的知识传播都难以实现，更谈不上学生素质的提高了。

因此，对职业教育教师进行激励管理，首先要分析教师的需求，对这些需求进行分类，根据不同类型的需求制定相应的激励办法，将物质激励和精神激励相结合，全面地去激发教师的积极性和创新性，这样才会取得较好的激励效果，不仅有助于提高教师激励水平，还有助于提高教学质量和学生素质。

（一）马斯洛的需求层次理论

马斯洛将人的需求按照重要性和先后次序划分为生理的需求、安全的需求、归属和爱的需求、尊重的需求和自我实现的需求。根据马斯洛的观点，人的这五种需求是按照从低级到高级的顺序排列的。一般来说，人的低级需求较之于高级需求更容易得到满足，越往上去，需求越不易得到满足；如果最低级的需求得不到满足，其他更高级的需求就不会发生作用。马斯洛的需求理论揭示了人的需求本质，对激励理论和激励管理产生了积极的影响。[①] 在实际生活中，人的需求常常是复杂的、模糊的，需求的顺序排列可能因人而异、因时而异。因此，要激励他人，就要知道其现在处于需求层次的哪个水平，然后去满足这些需求。激励的基础是研究、分析被激励者的需求，特别是被激励者的主导需求，并予以满足。

（二）奥尔德弗的"ERG"理论

奥尔德弗对马斯洛的理论进行了修正，提出了"ERG"理论，他在大量调查的基础上指出人的基本需求不是五种而是三种：一是生存的需求，二是关系的需求，三是发展的需求。生存需求是指人在衣食

---

① 宫向阳：《新时期我国高校教师激励机制研究》（学位论文），苏州大学2004年。

住行方面的基本需求，一般只有通过金钱才能满足，相当于马斯洛需求层次理论中的生理的需求和安全的需求；关系的需求是指与他人和睦相处、建立友谊、寻找归属的需求，相当于马斯洛需要层次理论中的归属和爱的需求；发展的需求指一个人在事业方面有所成就和发展，相当于马斯洛需求层次理论中的尊重的需求和自我实现的需求。奥尔德弗的"ERG"理论强调了人的生存关系和发展，对劳动人事管理和现代企业激励管理都有着深刻的启迪意义。① 也就是说，各种需求可以同时具有激励作用，人们可以同时追求各个层次的需求，而且由低到高的需求层次顺序也不一定那样严格，可以越级上升。只要能满足人们的需求，就可达到激励的目的。

（三）麦克利兰的成就需要理论

美国行为科学家麦克利兰在其著作《促使取得成就的事物》中提出了成就需要理论。他认为人的需要有三类：一是对权力的需要，二是对社交的需要，三是对成就的需要。权力需要强烈的人一般会追求领导者的地位，热衷于参加辩论演讲，喜欢对别人施加影响和控制；喜欢社交的人常常从与他人、社会的融洽交往中体会快乐，展现自我价值；对成功需要强烈的人愿意接受挑战，常常为自己设定一个较高的目标并愿意为此而不懈努力。他们更愿意在一个符合自己意愿的良好工作环境下承担工作责任并通过自身的努力解决问题，他们更多地在工作中体会到快乐和成就感。麦克利兰认为高成就需求的人是人类的精华。在他看来，激励就是要满足激励客体的成就需求，因此，激励主体要为激励客体取得成就创造条件。此外，他还认为，对成就需求程度不同的人，激励的方法应该相应不同。

（四）赫茨伯格的双因素理论

20 世纪 60 年代，美国心理学家赫茨伯格在他的《工作与人性》（*Work and the Nature of Man*）中提出了影响员工绩效的激励因素——

---

① 宫向阳：《新时期我国高校教师激励机制研究》（学位论文），苏州大学 2004 年。

双因素理论。他将企业中的有关因素分为满意因素和不满意因素,其中,激励因素是指能让员工感到满意的因素,保健因素是指造成员工不满的因素。激励因素的满足可以提高员工的满意程度,缺乏激励因素,员工也不会产生不满意。保健因素缺乏会导致员工的不满意,但是如果具备了保健因素,也不一定会调动员工的积极性。激励因素一般属于心理成长因素,与工作本身关系紧密,如成就、领导赞赏、工作内容本身、责任、进步等,如果提供这些因素,就会调动员工工作的积极性。保健因素一般与工作环境有关。比如公司政策与管理、工资、监督、同事关系、工作条件等。如果改善这些条件,会维持公司的生产工作效率不致降低,但也不会产生激励作用。[1] 他认为真正能激励员工的有下列因素:①工作表现机会和工作带来的愉快;②工作上的成就感;③由于良好的工作成绩而得到的奖励;④对未来发展的期望;⑤职务上的责任感等。这些因素是积极的,是影响人的工作动机并长期起主要作用的因素,是职工工作动机的源泉。据此,赫茨伯格认为,为了增加激励因素,提高生产效率,需要用"工作丰富化"的管理方法来取代"流水作业线"的生产程序和管理方法,这样可以减少工人的不满情绪,降低旷工率,提高产品质量。激励主体研究激励客体工作中的因素或在工作中的需求,强调成就、认可、工作本身、责任、晋升、发展,通过改善工作或满足激励客体在工作中的需求来实现激励,调动激励客体的积极性。[2]

从职业院校教师的激励主体来看,主要包括职业院校行政管理部门、职业院校及职业院校管理者和职业院校教师自身。一般来说,前两者的激励属于他励,后者的激励则属于自励。通常情况下,职业院校行政管理部门的激励是国家宏观政策的具体实施,是针对职业院校教师激励存在的普遍问题和情况所采取的相应措施。职业院校教师自身的激励实质上就是一种自我激励,这种激励取决于教师自身,并不是外部因素可以控制的。职业院校及职业院校管理者是教师激励最直

---

[1] 宫向阳:《新时期我国高校教师激励机制研究》(学位论文),苏州大学2004年。
[2] 彭鹏:《基于高校教师需求的激励研究》(学位论文),湖南大学2007年。

接的主体，对职业院校教师来说，激励的过程实际是一种由外到内的心理作用过程，激励措施的可控性强，激励效果最明显。职业院校管理者通过多种激励方法的有效结合，持续激发教师的工作动机，使他们的积极性得到最佳发挥。职业院校教师激励隶属于职业院校管理范畴，从职业院校的管理实际出发，其根本目标是调动职业院校教师的工作积极性，保证职业院校的高效运行和迅速发展。可以说，职业院校教师激励是高校管理的核心，是职业院校教育管理系统的活力之源。

有效的教师激励必须符合教师心理活动和行为活动的客观规律。由于需求是激励的内在基础或源泉，所以职业院校教师的激励必须从教师的需求出发。基于职业院校教师需求的激励是指职业院校管理者结合办学管理实际，在充分考虑和引导教师需求的基础上，通过多种激励方法的有效结合，合理且充分地满足教师需求，最大限度地持续激发教师的工作动机，使他们的积极性得到最佳发挥的过程。简言之，就是职业院校管理者合理且充分满足教师需求、激发教师动机、调动教师积极性的过程。基于职业院校教师需求的激励是对忽视教师需求的激励、未同时关注并满足职业院校需求和教师需求的激励以及只片面满足教师需求的激励的超越，因而是职业院校教师激励的新发展。

二、教师赋权增能理论

"赋权"（empower）一词最早是在西方的工人运动、女权主义和社区组织建设中出现的，此概念的使用已经有50多年的历史了。"赋权增能"一开始主要是针对管理界的，强调必须要让企业雇员积极参与到与其工作内容关系密切的相关事务的决策中去，否则将会影响企业雇员的工作效率和工作质量。自20世纪80年代初，"赋权增能"一词成为当时教育文献中的一个重要术语。而后，"赋权增能"一词又发展出了"教师赋权增能"（teacher empowerment）这一术语。20世纪80年代，美国的第二次教育改革浪潮在总结上一次教育改革失败的原因时提出了"赋权增能"一词:第一次教育改革所采用的革新方案,忽略了对教师的赋权增能。因为无论是规划层面还是执行层面,都采用了自上而下的运作方式,忽略了教师、学校及地方改革者等角色,这些角色由于不受重视而冷漠应付教育改革,造成美国第一次教育改革失败。1986年,美国学者莱特福特发表了《论学校教育中的善:赋权增能的主题》一文,首次运用赋权增能理论来研究教育领域的问题。同年,耀谬若发表了《对教师赋权增能和教师教育的反思》一文,是第一篇以"教师赋权增能"作为标题的文章。[①] 20世纪80年代后期以来,对教师赋权增能的研究逐渐成为欧美国家教育学理论研究领域中的一个重要分支。

由于研究者的视角不同,不同研究者对教师赋权增能的内涵有不同的理解,这种理解的不同更多地体现在对"赋权"意义的认识差别上。美国学者绍特(Short)和瑞内哈特(Rinehart)总结了以往学者对"教师赋权增能"的研究,认为"教师赋权增能"的内涵主要包括六个维度:"①在直接影响教师工作的重要决策中,教师的参与程度;②作为影响学校工作的指标,教师所具备的影响力;③从同行对其专业的尊敬角度来考虑教师地位;④教师自主性,在工作中可以由教师自己控制和确定的因素;⑤推进继续学习发展专业技能的专业发展机会;⑥自我效能感,认为自己有能力指导学生学习。"[②] 我国学者曾文婕和黄甫全则认为,"教师赋权增能"包括政治、社会和心理三个维度,核心是要让教师享有一定的决策权、影响力和自我效能感。[③] 对这些观点进行梳理后,我们发现教师赋权增能的含义实际上也可以从两个维度来进行理解:一个维度就是如何理解"赋权"和"增能"两个术语的内涵,即它们具体包括哪些内容;另一个维度则是强调

---

① 康晓伟:《西方教师赋权增能研究的内涵及其发展探究》,载《比较教育研究》2010年第12期,第87页。

② 汪晓明:《赋权增能:教师专业自主权实现的保障》,载《教育探索》2009年第6期,第144页。

③ 曾文婕、黄甫全:《美国教师"赋权增能"的动因、涵义、策略及启示》,载《课程·教材·教法》2006年第12期,第75–76页。

"赋权"和"增能"的来源在哪里——包括外界对教师的赋权增能以及教师的自我赋权增能。前一个维度强调赋权增能是"权"与"能"的辩证统一；后一个维度则强调赋权增能是"外在赋予"与"内在接受"的有机结合。①

关于教师赋权概念的内涵，不同的研究者提出了不同的分析框架和模式。如绍特和瑞内哈特从参与决策、专业成长、专业地位、专业自主权、教师的影响力、教师自我效能感六个维度阐释其含义。② 操太圣和卢乃桂则从教师专业发展角度将教师赋权增能分为四个方面：①教师自我发展；②教师专业发展；③教师角色调整；④决定和投入。③ 周淑卿指出，"教师赋权所蕴含的意义并不只是'中央机构'授予教师课程上的自主权，同时也包括'教师有能力行使其自主权'的意义。简言之，'赋权'所包含的其实是'权力'与'能力'两个内涵"④。斯普拉格（Sprague）曾提出扩大社会参与权力与提升专业能力对促进教师专业化发展有着极为重要的意义。在他的研究分析中，教师常常处于"缺势""无权"的地位，例如，职业女性化、孤立的工作环境、繁重而琐碎的工作性质等使教师的专业性受到质疑，并由此导致教师的专业自主权越来越小。⑤ 因此，有学者认为从某种程度上说，赋权即是专业化的代名词。赋权旨在改进教师专业形象、提升教师地位、促进教师发展。王丽云和潘慧玲指出，从个人、环境和结果三个向度分析教师赋权增能的实现后果，其本质目的在于提升教师的专业性：①个人部分。个人在获得充分发挥能力的机会的同

---

① 赖锦隆：《赋权增能：地方高校教师转型发展的重要选择》，载《三明学院学报》2015 年第 5 期，第 2 页。

② SHORT P M, RENEJART J S. *School participant empowerment scale.* Educational and Psychological Measurement, 1992, 54: 951-960.

③ 操太圣、卢乃桂：《伙伴协作与教师赋权：教师专业发展新视角》，教育科学出版社 2007 年版。

④ 周淑卿：《课程发展与教师专业》，九州出版社 2006 年版，第 36 页。

⑤ SPRAGUE J. *Teacher empowerment under "ideal" school-site autonomy.* Education Evaluation and Policy Analysis, 1992 (14): 69-82.

时，能够学习新技能、扩充知识技能、提升专业素养。②环境方面。组织机构能够提供机会，使个人拥有权力，个人在享有选择权与自主权的同时，也能享有参与决策权。③结果部分。赋权增能的结果是民主参与的表现，是集体感、责任感与互动关系的建立，是影响力的发挥，是行动意愿的体现，最终也是地位的提升。① 钟任琴则认为教师赋权增能不仅是"一种动力的专业发展历程"，而且是"一种专业权力的结果"。就过程而言，赋权增能是指教师具备专业自主能力；就结果而言，赋权增能是指教师具有丰富的专业知识和教学效能，拥有专业自主权，能参与校务决策，并以此提升教师专业素养。②

教师具有"权力"意味着其并非被动地适应环境，而是强调在拥有正式的参与权或控制力的同时，有能力和信心对环境做出选择，并在此基础上创造出新的环境。所以，本书所述的教师赋权是指在学校职场中，赋予教师决策权和自主权，帮助其专业成长的过程。教师的赋权过程是贯穿于学校教育全过程的一个连续不断、周而复始的提高过程。教师赋权的结果是激发教师自我发展意识，帮助教师通过自身实践自主构建知识，这也是教师专业发展的核心要素。赋权增能从一个维度上包含"赋权"和"增能"两个方面的含义；从另一个维度上又包含外界对教师赋权增能以及教师心理上的自我赋权增能感。本书所述的教师赋权的外部赋权是指学校和社会赋予教师在教育活动中的主动权和决策权，是提高教师自身专业成长的把握能力的过程。内部赋权是指教师全面提升自身素质和自我效能感，肯定自我价值，相信自身能力，积极主动地参与课程改革和学校决策的过程。赋权不仅仅指外界赋予教师的自主权，同时也包含教师自身有能力行使自主权的含义。外部权力的行使需要通过"增能"来不断发展和激活内在权力。赋权增能中的"权"即"权威""权力"，它是指教师能够参与

---

① 王丽云、潘慧玲：《教师彰权益能的概念与实施策略》，载《教育研究集刊》2000 年第 44 期，第 173–199 页。

② 钟任琴：《教师专业全能之研究：理论建构与实证分析》，台湾五南图书出版有限公司 2000 年版。

学校决策,并对学生产生影响力,是教师凭借国家、社会、学校赋予的教育权力和个人因素共同产生的能够影响和改变学生心理、行为的一种支配力量。赋权并非纯粹让渡国家、学校的某种权力,而是使教师具有权力感,唤醒教师专业自主权并实现回归。"赋权"的目的在于促使教师不断"增能",充满信心地做出决策并付诸行动,为教师实现专业自主提供机会。

从这两个维度上厘清对"教师赋权增能"的理解,使我们清楚地认识到,真正意义上的赋权增能既不能是"有能无权",也不能是"有权无能","权""能"二者缺一不可。此外,"外在赋予"与"内在接受"的相互统一才是真正有效的赋权增能。由此可见,赋权增能理论对于促进教师发展有重要的现实意义。众所周知,教师发展受到两方面因素的影响:外部环境因素和教师个人因素。当社会支持系统、学校管理体系、领导、同事、学生等外部环境因素和教师个人因素如性情、动机、认知、自我效能等产生积极向上的驱动力时,就能从各个方面极大地促进教师总体素质的发展和专业地位的提升。而通过上文对赋权增能理论的梳理,我们不难看出,该理论正是经由外部和内部两个方面,为教师创设优越的环境和氛围,激发其主观能动性,促使其不断向更高目标发展的;而这种积极的变化将进一步增强教师的责任感,提升他们的自信心和自我认同感,使之继续不断寻找发展契机。如此周而复始,会产生不断追求发展的螺旋上升的良性循环。由此可见,实现教师赋权增能的过程,必然也伴随了教师发展诸目的的实现过程。①

赋权增能既是教师专业发展的策略,也是教师自我提升的过程,是 20 世纪 90 年代美国教育界最为响亮的声音。为教师赋权增能可以让教师以"探索者"和"行动者"的姿态从事教育活动,在行动中不断反思,在反思后采取改进行动,从而走上专业发展之路。受我国传统教育观念、管理体制的约束以及自身能力尚待提升等因素影响,

---

① 胡洁雯、李文梅:《赋权增能:教师专业发展的新视角》,载《中国矿业大学学报(社会科学版)》2011 年第 2 期,第 95 - 96 页。

我国许多职业院校教师赋权增能意识淡薄,因此,如何使其在专业化发展的道路上有权有能,是职业院校亟须解决的问题。

　　教师是教育质量提高的关键性因素,一所学校的师资力量决定了整个学校的教育科研水平和发展提升空间,因此,在职业院校中提倡为教师赋权增能有着极其重要的意义和作用。传统职业院校的教育管理多是一种"独白式"管理模式,学校的管理者对学校的建设、发展、经营与决策发挥主要作用,教师只是决策的执行者与行动者。为教师赋权增能,要求职业院校要从以往的"独白式"管理模式走向"对话与合作"管理模式。教师要参与学校的经营与管理,成为学校建设与发展的中流砥柱,因为处于教学一线的他们的声音更有代表性与适切性。目前,职业院校教师的工作多处于被动状态,他们按照领导的指示与规范开展日常工作。同时,在"以学生为中心"的理念下,教师的地位被不断边缘化。为教师赋权增能,可以使教师在参与学校事务决策与管理时从被动走向主动,这有利于教师主体身份的构建与形成。此外,职业院校教师不仅要能参与学校的建设与管理,更重要的是要在教学过程中建立起专业自信。这种自信来源于自己和他人两种途径,只有得到他人的承认与认同,高职院校的教师才能表现出越来越强的专业自信心,这也是教师提高自我效能感的有效途径。因此,对教师赋权增能的内涵,一方面包括"我给教师相应的权利",另一方面也包括"我相信教师有能力",有利于高职教师从"妄自菲薄"的处境中走出来,从而促进其专业发展。[①]

三、教师职业生涯理论

　　20世纪初,美国职业指导运动的兴起极大地促进了职业生涯管理理论的发展,西方各国产生了丰富多样的职业生涯理论和模型。西方

---

① 樊改霞:《赋权增能:为教师专业化发展铺平道路》,见中国职业教育与成人教育网(http://www.cvae.com.cn/zgzcw/yjdt1/201809/53eddaed1fb44201b7732778f8cfb97b.shtml)[2018-09-05]。

职业生涯理论依据个人的成长过程,从生理、心理、社会和文化等角度研究个人的职业选择、调整、发展,主要代表人物有萨柏、金斯伯格、施恩、格林豪斯等。① 教师的职业生涯是指教师本身从事教师职业的整个过程,以人的生命自然老化的过程与周期来看待教师的职业发展阶段。教师职业生涯理论以生命变化周期为标准,在人的生命周期的框架下对教师职业成长过程进行描述,来研究教师这一职业本身专业素质不断成长和追求成熟的过程。教师的职业生涯管理也可以被理解为教师与职业环境间的相互适应:教师对环境的适应表现在依据学校对教师的评定标准的自我调整;环境对教师的适应表现为教师管理要在一定程度上依据教师的阶段性需求特点予以实施。

(一)教师关注阶段论

傅乐(Fuller,1969)根据教师的心理关注点,将教师的成长阶段划分为教学前关注阶段、早期生存关注阶段、教学情境关注阶段、关注学生阶段。从职业教育教师发展来看,傅乐的观点强调对教师职前培训的关注,对于关注学生、与学生的互动关注较少。职业教育教师专业发展不仅需要教师积累自身专业素质,也需要教师了解基础教育教学理论知识、实践知识等,这对教师的专业发展提出了更高的要求,要求教师对于自身专业的更新和发展有更多的关注。

(二)教师发展时期(阶段)理论

卡茨(Katz,1972)将教师的发展划分为求生存时期、巩固时期、更新时期和成熟时期,该理论较为强调具体任教时间的变化对教师专业发展的影响。将教师作为发展主体,通过教龄积累分析了教师从新手到专家的成长历程。这一理论较多地运用于学前教育领域。伯顿(Burden,1979)等一批学者将教师发展划分为求生存阶段、调整阶段和成熟阶段。可以看出,卡茨和伯顿等学者的理论均较为关注教

---

① 缪佩君:《从职业生涯理论看教师的成长》,载《福建论坛(人文社会科学版)》2007年第S1期,第211-212页。

师从入职开始的专业发展过程,教师专业发展的阶段性清晰可见。但上述理论并未具体指出教师专业发展可能存在的非线性因素,即教师发展阶段理论是教师专业发展较为理想的一个结果,对于发展过程中可能存在的停滞、倒退和反复等情况并未说明。

(三) 教师职业生涯循环理论

20世纪80年代,教师教育在世界各国得到蓬勃的发展。费斯勒(Fessler,1985)基于对教师日常的观察,提出了教师职业生涯循环理论。他将教师发展划分为职前教育阶段、引导阶段、能力建立阶段、热心和成长阶段、生涯挫折阶段、稳定和停滞阶段、生涯低落阶段、生涯退出阶段八个阶段。该理论较为完整地涵盖了教师职业生涯的全过程,并对具体实际情况有了更为详尽的描述,总结了其他学者的前期研究成果,同时借用社会学的研究方法,将教师的发展回归到教师的现实世界中去,即将教师作为发展的个体放在各种对其产生影响的背景情境中,从而表达了教师生涯的发展是一种动态的、变化着的,回应各种影响因素的、此消彼长且与之循环互动的历程的观点。[1]教师的职业生涯规划是对有关教师职业发展的各个方面进行的设想和规划,目的在于让教师更有效地达到专业的成长。首先要明确影响教师专业发展的因素,这样才能更有针对性地创造发展的有利条件。其次是要了解教师职业生涯发展阶段,包括在不同阶段的发展任务和发展目标,这样才能把握教师职业生涯规划的基本框架。最后要掌握制定教师职业生涯规划的步骤和方法,具体包括对教师职业的选择,对教师职业目标与预期成就的设想,对工作单位和岗位的设计,对成长阶段步骤以及环境条件的考虑,最终形成一份完整的职业生涯发展规划。通过制定适合教师自身发展的职业生涯规划,教师的各方面技能

---

[1] 杨秀玉:《教师发展阶段论综述》,载《外国教育研究》1999年第6期,第36—41页。

都将得到充分的发展,从而实现教师的不断成长。①

(四) 教师生涯发展模式

司德菲 (Steffy, 1989) 在费斯勒等学者的研究基础上,依据人文心理学派的自我实现理论,将教师发展划分为预备生涯阶段、专家生涯阶段、退缩生涯阶段、更新生涯阶段和退出生涯阶段。司德菲的教师生涯发展模式分为五个发展阶段,结合其中某一阶段的实际进行了更具体的划分,较为完整地包含了教师专业发展的全过程。此外,更新生涯阶段是司德菲在前人研究基础上的创新和超越。他提出教师在发展过程中,可通过自身和外界的力量度过退缩生涯阶段,获得新的专业成长。有学者强调职业生涯尤指与个体工作经历相关的内容,如教育或培训活动、个体价值观、目标愿望、职位发展、工作经验等;有学者认为职业生涯应具有更广阔的维度,除了职业生涯经历,还包括其他非职业角色、家庭生活、休闲娱乐以及社会与人际关系等各方面。② 可见,职业生涯不仅与个人的工作经验直接相关,还受社会环境、其他生活角色及个体自身价值观、期望等方面的影响,是贯穿于人一生的历程。职业生涯是人们过去、现在和未来的发展延续,更是生活的核心组成部分。

根据职业生涯理论,可以有针对性地引导职业教育教师专业发展,例如,高职院校师资中有许多是高校毕业生,学校可采取助教制,选派教学、科研水平高,师德高尚、责任心强的指导教师担当新任教师的角色示范,指导帮助新任教师发展能力,提升自尊和专业意识;协助新任教师做出自己的职业规划。对处于非师范类专业毕业的教师,由于他们缺乏教育学、心理学的系统学习,在课堂语言的表达能力、教学的组织能力上有一定的欠缺,学校可组织专门力量于从教

---

① 缪佩君:《从职业生涯理论看教师的成长》,载《福建论坛(人文社会科学版)》2007年第S1期,第211-212页。

② 孔春梅、杜建:《国外职业生涯发展理论综述》,载《内蒙古财经学院学报》2011年第3期,第5-6页。

之初加以培训，以增强新教师的职业适应感。对处于转型困惑期或职业倦怠期的教师，学校要提供机会帮助他们更新知识和技能，同时建立咨询机构，畅通咨询渠道，组织建立支持体系，有针对性地帮助教师解决在转型中遇到的具体问题。教师产生挫折感与危机感，通常是因为没有得到足够的认可，也可能是缺乏教学的有效感等，因此，组织要给予足够的关切与支持，倾听他们的心声，分享经验，要让教师参与决策及各种活动，对教师的教学给予反馈与表扬，鼓励其充任新角色，向他们展开同行指导，帮助教师做好这一时期的职业发展规划。[1]

综上所述，教师职业生涯理论是基于人生发展的历程，遵循专业发展的规律，对教师职业发展阶段进行探讨的理论。因职业教育发展的"跨界"和"融合"等特性，职业教育教师发展存在自身的特殊属性，要求职业教育教师培训需涉及多方面的因素。例如，针对不同类型的职业教育教师选择不同的专业培养模式，以高职院校的发展目标来对职业生涯管理系统的目标进行设定，进而完成以下管理任务：①设定学校职业生涯规划的总目标与帮助教师设定职业生涯的个人发展目标，力求个人的目标与组织的目标相配合；②建立职业发展通道：为教师设计其个人职业生涯目标的可实现途径，制定具体的职业道路相应实施计划；③分化与甄选，分化高职院校的总体发展目标与方向，确定晋升的标准，提供职业通道，并通过公平竞争，确认有潜力的教师，然后晋升其中的优秀者；④随时提供绩效评估给教师和学校双方，包括工作表现评估、工作调查报告等情况的相关反馈信息；⑤发展教师个人职业生涯，提供多种职后培训与再教育机会，工作岗位的调换或内容的丰富化，赋予更大的权责给教师，以及完善配套的激励机制等；⑥提供适时的职业生涯状况评估报告给教师，明确给出教师自身的优缺点与学校优劣势对照分析图示，为教师分析职业发展的状态与计划实施的可行性，帮助他们有效达成职业目标；⑦调适工

---

[1] 代晓冬：《发展性评价：高职教师专业发展的催化剂》，载《咸宁学院学报》2011年第2期，第86-87页。

作与职业生涯,根据评估绩效和职业生涯发展的结果,适当做出对教师工作或职业生涯目标的调整,使其现实状态与目标状况融合得更为密切;⑧职业通路疏通,有效且及时地扫除教师职业通道上的阻碍,灵活处理职业生涯管理中的意外状况。①

四、教师合作理论

教师工作是一项古老的工作,但是专门的教师教育机构和制度的产生以及教师教育事业的大规模发展,距现在只有 300 多年的历史。教师教育作为一种社会实践活动,是伴随着大工业的发展和教育的普及而产生的。"经过几百年的时间,教师教育经历了从初等教师教育到中等教师教育再到高等教师教育发展和变化的三个阶段,并且呈现出从数量增加到质量提高,从单一封闭到多元开放的发展规律。"② 与教师教育及教师专业发展的历史演变相似,教师合作也经历了由缓慢到迅速,由单一到多样的发展过程。教师合作,从广义上讲,是指教师主体之间发生的多种形式、内容及程度的积极互依、互动互促,以实现教师共同发展的协调沟通活动。从狭义上讲,教师合作则仅指教师与教师之间为了实现共同的目标,通过多种方式进行教学上的相互交流和理论上的探讨,以实现团体和个人共同获得最大化专业发展的方式与过程。③ 教师是教育工作中的实践者与参与者,在整体教育场域中扮演着一个联系的角色,教育质量的提升有赖于教师持续的专业成长。教师素质是影响教育质量的关键力量,教师素质愈高,其教学效能愈高,教学质量愈佳,学生的学习效果也会愈好。教师素质的提升与教师专业发展是一脉相承的。教师专业发展是一个持续不断的过程,教师专业化既是一个发展的概念和状态,又是一个教师与教师、

---

① 徐敏:《高等职业教育专业课教师职业生涯管理研究》(学位论文),重庆师范大学 2011 年。
② 周洪宇:《教师教育论》,北京师范大学出版社 2010 年版,第 13 页。
③ 张敏:《教师合作学习》,浙江大学出版社 2013 年版,第 8—9 页。

校长、教育专家就教学问题共同互动交流学习，从而促进教师个人与群体发展的过程。

（一）社会互依性理论

戴维·约翰逊的社会互依性理论的内涵是指在特定的社会情境中，人们所追求的目标结构决定自身的互动方式，而互动方式反过来又在很大程度上决定了该情境的结果。该理论将互依类型与其心理过程、互动方式和结果等联系起来，并解释了互依类型、互动方式、心理过程和结果的因果联系。该理论认为，就互动的效率而言，处于积极互依情境下的个体为了实现共同的目标，更愿意共享信息资源，更愿意为目标的实现与其他个体积极合作。而处于消极互依社会情境下，个体间相互竞争，只关注个体的成功，有时为了个人的成功不惜以他人的失败为代价，因此常在与其他个体竞争并打败别人的情况下才能达到目标。无互依性是指个体在目标达成上与其他成员没有关系，个体更关心的是怎样依靠个人奋斗获得成功，这意味着不会产生互动。就互依的心理过程而言，戴维·约翰逊主要是从投入的心理能量、替代性和诱惑性三个心理层面进行分析的，具体分析如下：在积极互依的情境下，合作者投入的心理能量比较大；在消极互依的情境中，合作者的心理能量投入较少。从替代性分析看，在积极互依的情境中，个人所做工作的好坏与群体内的其他成员密切关联；而在消极互依的情境中，则无替代性可言，只有挫败对方，才能获取个人的胜利。从诱惑性分析来看，积极互依中蕴含了双方的开放性，互依的双方相互影响；在消极互依的情境中，互依的双方更多表现为竞争、抵制、对立的关系；而无互依性不会对心理过程产生影响。就互动的方式而言，处于积极互依情境下的个体间比较容易产生促进式的互动，因为个体间通过树立共同的愿景，并为实现目标进行积极的合作，在合作的过程中增进了个体间的了解，形成了良好的人际关系。而处于消极互依情境下的个体产生的是阻碍式的互动，个体以自己的目标作为奋斗的动力，缺乏有效的沟通与协作，易造成个体间的冷漠，而处于无互依性情境下的个体不产生互动。①

从互动的结果来看,积极互依带来的是积极的结果,这不仅能增进个体间的有效交流和友好关系,而且有助于创造友好的合作氛围,提高个体的合作技能;反之,消极互依带来的是消极的结果。无互依性不会产生结果。学校场域内教师之间的合作可以被视为一种特殊社会环境中的人际互动,这种合作符合社会互动的一般特征和基本要求,用社会互动理论重新解读教师合作的基本意蕴,提炼教师合作的应然之义,具有较强的适切性。教师作为一个特殊的职业群体,长期以来受专业个人主义和专业自主传统的影响,其教学工作有着较强的独立性、个体性和自主性,迫切渴求与他人开展有效的合作,在合作互动中了解他人对自己的态度、评价、期望,通过理念更新、知识共享、智慧互惠以及能力提升等不断整合,向着相互期待的方向发展。②

通过分析社会互依性理论三种互依情境下个体间的互动过程、互动方式、互动效率以及带来的不同互动结果,揭示出创造积极互依情境的重要性。创造积极的互依情境,让个体在合作的过程中将个体的利益与合作群体的利益有效结合,让个体学会维护个体利益但不局限于个体利益,并在合作中与他人形成良好的人际关系,提高自身的合作技能,在合作中成长。这正是社会互依性理论分析不同互依情境下个体间的互依状况,它是合作文化建构的理论基础。③

(二)学习型组织理论

1900 年,美国麻省理工学院教授彼得·圣吉(Peter M. Senge)在其所著的《第五项修炼——学习型组织的艺术与实务》一书中首倡学习型组织的理念,并提出创建学习型组织的五项修炼,即自我超

---

① 胡中锋、曾土花:《社会互依性理论视角下的教师合作文化》,载《当代教育论坛》2012 年第 3 期,第 55 - 59 页。

② 杜静、王晓芳:《论基于社会互动理论的教师合作》,载《教育研究》2016 年第 11 期,第 113 - 118 页。

③ 胡中锋、曾土花:《社会互依性理论视角下的教师合作文化》,载《当代教育论坛》2012 年第 3 期,第 55 - 59 页。

越、改善心智模式、建立共同愿景、团队学习和系统思考。作为管理理论的新典范，学习型组织理论融合了当代终身教育思想，在管理界引起了强烈反响并被付诸实践，也深刻地影响了教育的理论与实践。①

在教育实践中，一方面是教师以"独行者"的角色出现，不愿意观察和干涉别人的工作，也不愿意被观察和被干涉，羞于与同事合作，缺乏教师合作的要求和习惯，这种不合不作的心理与态度钳制了教师合作，也限制了教师自身的专业发展。另一方面是教师被动的、流于形式的行政性的合作。合作是学校落实上级精神的标志，是自上而下的人为的合作，自然也成为教师被动履行的行为义务。在行政权力的僭越下，教师是迫于无奈而勉强合作，教师在合作中是消极的、抵触的，也是沉默的，合而不作的。造成现实中教师不合不作、合而不作的原因是多方面的，其中重要的原因之一在于教师缺乏合作的内在动力和自我超越的精神需求。合作首要是见人，是源自主体的主动与自愿，是否构成合作关系，首先取决于教师是否自愿地参加。而自我超越的精神需求激起的无穷动力能促使教师不断理清并加深个人的真正愿望，集中精力，培养耐心，并客观地观察现实。"精神'自我超越'的人，能够不断实现他们内心深处最想实现的愿望，他们对生命的态度就如同艺术家对艺术作品一般，全心投入、不断创造和超越，是一种真正的终身'学习'"②。因此，就"五项修炼"对教师合作的动力、方法、途径以及培育教师合作文化上的启示进行探讨，从一种全新的理念和视角审视教师合作这一重要而现实的问题，有利于促进教育实践中教师间的有效合作。

（三）主体间性理论

传统主体性哲学是主客模式，以自己为主体，他人则被视为客

---

① 李海艳：《学习型组织理论的五项修炼对教师合作的启示》，载《淮北煤炭师范学院学报（哲学社会科学版）》2010年第3期，第149–151页。
② 彼得·圣吉：《第五项修炼：学习型组织的艺术与实务》，上海三联书店1997年版。

体，这容易导致人与人之间关系的异化。而现代主体间性哲学对人的生存方式进行了重新理解，认为人的发展已经由单个式的生存状态转向共生的生存状态。主体间性指的是两个或两个以上主体之间的关系，主体与主体之间通过沟通相互理解、相互影响、相互作用，平等地在现实世界中交往。主体间性哲学给我们的启发在于它不仅仅认为主体间性是人与人沟通的手段，更重要的是强调主体间性就是人的生存方式。在人与自然的关系问题上，强调自我与世界的融合排在第一位，主客关系排在第二位，人是自然的守护者而不是掠夺者；在人与人之间的关系上，强调交流与对话、理解与沟通。基于主体间性哲学的理论指导，职业教育教师合作文化应突破传统单一的教师文化，超越"主—客"之间的关系，构建与他人、与社会共生存在的文化。主体间性关系的主体是多级主体间为共同目标而构成的主体间交往关系。在这种关系中，各主体在人格上是平等的，是相互影响、相互渗透、相互促进的。职业教育教师的合作文化，从本质上讲应该是教师、学校管理人员、学生、社会等不同主体间的平等对话沟通。在主体间性教师合作关系中，每个教师都不是孤立的主体，都不排斥对方，与对方以平等尊重的方式构建一种互相参与、共同活动的对话关系。在此关系中，各主体之间交流共享着彼此的想法、经验和情感，以便有效推动职业教育教师的专业成长和职业教育的发展。[①]

教师合作作为一种理念和行动方式，在学校变革和教师发展等领域得到高度认可。哈格里夫斯认为，教师文化是指在一个特定的教师群体内，各成员共享的实质性的态度、价值、信念、观点和处事方式，而教师合作文化作为教师文化的一个重要内容，被分为人为合作文化和自然合作文化。实际上，真正的教师合作文化没有严格的人为与自然的区别，而是融合人为合作文化和自然合作文化，在教师自愿

---

① 袁莉：《主体间性理论的高职教师合作文化构建研究》，载《湖北函授大学学报》2016年第14期，第5—6页。

合作与自觉合作整合的基础上生成的一种合作文化。① 在教师合作文化中，教师基于共同发展的事业和梦想而形成共同的价值观念和教学行为模式。② 崔允漷、郑东辉的研究指出，真实的教师合作必须具备主体的意愿、可分解的任务、共享的规则、互惠的效益四个要素。③ 邓涛从教师个体、学校环境和工作性质三个维度对影响教师合作的因素进行了理论和实证分析。④ 对教师团队合作行为的研究多为合作机制与对策分析，鲜见定量分析和动态分析。教师在团队中有合作的自由，也有不合作的自由，教师作为有限理性的决策者，什么情况下才会做出个人理性和集体理性一致的团队合作行为呢？即如何分析多因素影响下的教师合作的动态过程呢？⑤ 曾土花等学者认为，在教师的专业发展中，为了寻求更好的发展，除了专家和骨干教师的专业引领之外，教师们还会在小组教研或者是团队合作中，寻求相互间的理解与支持，自发形成教师同伴的引领和教师自身的引领。这种在教育专家引领基础上产生的教师同伴的引领和教师自身的引领属于非正式的教师引领范畴。它强调的是教师组织的成员通过不断参与，寻求理解和创造意义的一种互动过程，是团队合作引领而非角色引领。它突出的是引领、合作和关爱，而不是团队中的正式角色和合法权力。⑥

国内外的教育改革事实表明，教师合作为教育革新和教师发展提供了方向和精神支持。从本质上讲，深层次的教育改革必然首先从学校开始，新的教育理念需要教师将其付诸实践。"学校教育的成功与

---

① 张千帆、李晓艳、刘妞：《教师团队合作行为的影响因素研究》，载《高等工程教育研究》2016 年第 1 期，第 113 – 117 页。

② 袁莉：《主体间性理论的高职教师合作文化构建研究》，载《湖北函授大学学报》2016 年第 14 期，第 5 – 6 页。

③ 强健、梅强：《高校教师隐性知识共享的主要影响因素研究》，载《科技管理研究》2020 年第 4 期，第 9 – 10 页。

④ 邓涛：《教师专业合作的理论与实践研究》（博士学位论文），东北师范大学 2018 年。

⑤ 同①。

⑥ 曾土花、胡中锋：《教师合作文化视角下的教师专业引领》，载《当代教育科学》2013 年第 3 期，第 30 – 32 页。

否,取决于有无一支高水平的教师教学队伍。换句话讲,就是该校是否存在教师们合作教与学的氛围。"① 教师作为教育改革的直接实施者,在合作中共同学习新的教育理念,共同探索行之有效的教学方法,并在合作中形成促进自身能力提高的思维观念、价值取向和行为方式。除此之外,教师间的合作对于学生素质的提高、整个教师队伍的建设以及学校的发展也有着重要的作用。所以说,教育改革需要教师之间的合作。

教师的专业化发展是教师从青涩走向成熟,不断发现问题、解决问题,不断学习、不断创新的过程。教师发展不仅在教师职前职后的学习、实践以及教学活动后的反思中进行,还在与其他教师的合作交往中进行。因为教师个体不仅在知识、能力方面存在差异性,教师的经验体会也各不相同,只有通过教师之间的互动交流,才能将这些不同转变成能够促进教师快速提高自身专业素养的资源。教师合作有利于改变特殊的工作环境所造成教师派别化、孤立化的局面,从而进一步改变教师的思维方式和行为方式,也为教师发展认知、提高教学能力、交流情感提供了平台。此外,教师合作还能提高教师与人互动沟通的能力,促进教师之间构建良好的人际关系,在一定程度上减轻教师的工作压力。因此,教师之间的高效合作能够满足教师在工作中的成长需求,为教师创造和谐健康的工作环境,最终促进教师的专业化发展。②

如今,大家都已清楚地认识到教师合作对教师专业发展的重要性,教师合作维度在不断扩大。特别是近些年来,互联网的普及使越来越多的国家重视教师在线虚拟合作在教师合作中的地位,网络等社交媒体拓宽了教师交流互动的时间和空间,延伸了教师同伴对话的深度和广度。校内教师间的同伴互助、授业研究,校际教师间的专业发

---

① 丁钢:《同济互助:教学创新的内在动力》,载《课程与教学(台湾)》2003年第2期,第1—9页。

② 闫慧杰:《基于西方社会互动理论的教师合作研究》(硕士学位论文),河南大学2015年。

展，这些合作活动打造了各种各样的教师学习共同体，集教师个人反思、同伴互助、专家引领、领导者推动于一体。教师同伴之间以及校际互动中教师与教育专家之间，中小学教师与大学教师之间相互支持、共同持续学习，互相分享知识和实践，帮助解决困惑难题，共同承担责任，致力于自身专业的发展，带动整个教师群体、学生群体、学校甚至社会的发展。由以上可以看出，随着时代的发展，教师合作内容及形式日益丰富，并朝着创新性和多样化方向发展。①

2019年，国务院印发《国家职业教育改革实施方案》（国发〔2019〕4号），成为继2014年《国务院关于加快发展现代职业教育的决定》（国发〔2014〕19号）后又一项国家推动职业教育改革发展的重大政策。《国家职业教育改革实施方案》明确指出，探索组建高水平、结构化教师教学创新团队，教师分工协作进行模块化教学，到2022年要实现分专业建设一批国家级职业教育教师教学创新团队的具体目标，并提出多措并举打造"双师型"教师队伍。2019年6月5日，教育部印发《全国职业院校教师教学创新团队建设方案》，对从教师教学创新团队建设的目标任务到团队立项遴选的基本条件，再到团队建设的主要工作内容均做出了战略性部署。② 至此，建设一批国家级职业院校教师教学团队的宏伟蓝图已然绘就，面向中等职业学校、高等职业学校和应用型本科高校的高素质"双师型"教师队伍建设意义重大，影响深远。当前急需从理论上对教师教学创新团队组织形式等关键环节开展多方面研究。在《全国职业院校教师教学创新团队建设方案》中，关于职业院校教师教学创新团队的组织形式建设贯穿始终，厘清什么是职业院校教师教学创新团队的组织形式以及如何构建职业院校教师教学创新团队的组织形式，对于打造高水平职业院

---

① 闫慧杰：《基于西方社会互动理论的教师合作研究》（硕士学位论文），河南大学2015年。

② 参见《教育部关于印发〈全国职业院校教师教学创新团队建设方案〉的通知》（http://www.moe.gov.cn/srcsite/A10/s7034/201906/t20190614_385804.html）［2019-06-05］。

校教师教学创新团队起着至关重要的作用。

卡曾巴赫和史密斯曾说:"团队是由少数有互补技能,愿意为了共同目的、业绩目标和工作方法而相互承担责任的人们组成的群体。"组织形式即现实中不同的组织通过一定的方式结合起来的一种形式。"组织形式"这一概念在进入经济、政治、教育等很多领域之后都衍生出新的发展,如企业组织形式、生产组织形式、政权组织形式、教学组织形式等。在职业院校教师教学创新团队建设中,组织形式建设主要指团队协作共同体的建设。《全国职业院校教师教学创新团队建设方案》中指出,"各职业院校教师教学创新团队建设团队协作共同体。按照不同的专业领域,若干院校之间建立实践共同体,促进团队建设整体水平的提升;增强立项院校之间的人员交流、研究合作、资源共享,在团队建设、人才培养、教学改革、职业技能等级证书培训考核等方面协同创新;院校与企业之间形成命运共同体,共建高水平教师发展中心或实习实训基地"。职业院校教师教学创新团队的组织形式指在团队共同体运作的过程中按计划、目标组合团队,以最大限度地发挥团队效率,促进职业教育教学实践的构成方式。职业院校教师教学创新团队是从开展系统性教学工作的教学组织层面对教师教学群体的表述,其最终目标在于组建一批高水平、结构化的"双师型"教师队伍,通过团队协作实施模块化教学,加强职业院校"双师型"教师队伍的整体建设,推进职业院校教育教学的全面改革。在组织形式方面,应特别关注教师教学创新团队的师德师风、构成结构、负责人能力、专业化水平、教师来源,以及团队成员是否优势互补、相互协作,是否具有共同愿景、共同目标等。① 职业院校教师教学创新团队的打造,不仅能够促进教师个人专业发展,还能够实现人才共享、资源共用,从而实现团队合作效益最大化。

---

① 和震、刘若涵:《职业院校教师教学创新团队的组织形式研究:基于首批立项团队 20 份申报书》,载《中国职业技术教育》2021 年第 6 期,第 5—11 页。

第三章
德、英、美、日职业教育与教师专业发展的演变

从发达国家的普遍经验来看,职业教育教师专业发展与职业教育的发展历程密切相关。本章对德、英、美、日四国不同历史时期职业教育及教师专业发展历程进行梳理,在不同国别职业教育发展背景下阐述职业教育教师专业发展的演变。

一、德国职业教育与教师专业发展演变

欧洲中世纪,由于商业和手工业的发展,古村落公社的衰落,在城市逐渐产生了一种新的组织即行会。手工业行会是从事同种作业的手工业者组织。回溯德国职业教育历史,有组织的职业教育与培训起源于手工业行会组织的传统学徒制,在传统学徒制时期,只有行会中的师傅才能教育和培训学徒。从启蒙运动到工业革命时期,尽管这种职业教育传统逐渐向更广泛阶层开放,但是仍然只有行会师傅才有将其知识和技能传授给自己的学徒的特殊权利。

19 世纪初,德国社会出现了以职业为导向的新型学校(实业补习学校),这种新型学校起源于宗教改革时期的星期日学校,属于进行一般文化教育、道德教育的复习(补习)学校。19 世纪中后期,受启蒙教育家影响,星期日学校逐渐分化为纯粹宗教性质的学校和具有经济动机的补习学校。"19 世纪,考虑到工作条件的日益复杂,针对 14 岁以上的青少年,人们已意识到扩展理论教育的必要性和紧迫性。"[①] 适应地方实业需求的星期日工艺技术学校逐渐发展起来,成为

---

① JOACHIM H. KNOLL. *The German Education System*. Cologne: German Dumont Press, 1967: 47.

提高与训练初等学校毕业生的技术学校,为学徒传授企业师傅无法传授的其他技术知识和技能。"到1846年,各城市乡村里面的工艺学校,总数有69处,学生达4500人,其中有46校每星期上课2小时。"[①] 德国双元制职业培训出现了,结果是企业师傅对职业培训的独有权利不复存在了。19世纪上半叶,这种新型学校满足了训练初级职业人才的需求,随着德国工业革命的发展,这种新型学校无法适应培养和训练中高级人才的需要。

在产业革命带动下,到19世纪后半叶,得益于民众技术教育主张的推动,以职业为导向的新型学校呈现出强大的生命力。著名工程师兼教育家吕克林(F. Rücklin)认为,民众工艺技术学校有助于振兴中小手工企业,"它应是一种'职业学校',一种'振兴我们中小手工企业'的义务教育学校"[②]。在实业补习学校基础上,凯兴斯坦纳(G. Kerschensteiner)于1887年建立了慕尼黑第一所职业学校,其首先提出把进修学校转变为定向的学生职业培训机构,作为德国职业教育哲学,区别大多数简单的工作培训模式,并引领了欧美20世纪职业教育改革潮流。在这一时期出现了新的教师类型,即职业技术教育与培训(technical and vocational education and training, TVET,简称职业教育)教师。从1895年到1914年,学校的改革者集中围绕奥斯卡·帕赫(Oskar W. Pache)和凯兴斯坦纳的思想改革国家官僚主义作风,强化资本主义自由思想,扩大进修学校职业定向范围;对于手工业者的培训,强制实行统一的新方式。学校与企业紧密结合,既扶助中产阶级,又提供平民培训。整体而言,19世纪的德国,传统的学徒训练获得新生,各类补习学校日益兴盛,实业性质的补习学校和企业开办的训练工厂逐渐走向结合,为德国"双元制"职业教育的形成奠定了基础。(如图3-1所示)

---

① 孟普庆:《德国职业教育发达史》,"国立中央大学"新声社推广部1931年版,第3-5页。

② 孙祖复、金锵:《德国职业技术教育史》,浙江教育出版社2000年版,第39页。

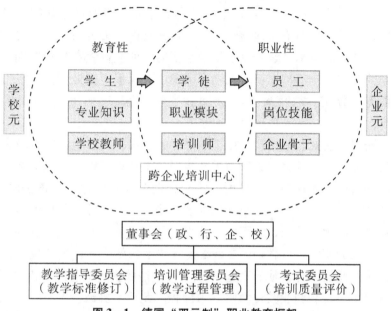

图3-1 德国"双元制"职业教育框架

随着职业教育的持续发展，职业学校的社会职责和内涵发生着新的改变，其社会职责与不同的时代要求相结合，内涵建设与新的社会职责相适应，最终产生了培养职业教育教师的不同标准和模式。在德国"双元制"职业培训的形成阶段（19世纪初至1920年），随着手工业培训的恢复和教育新兴职业学校（进修学校）的诞生，新兴教师（职业教育教师）的出现，在不同的专业领域形成了不同的教师教育模式。在商业领域，职业教育教师教育开始仅在大学层次中开展，如1898年创建于德国莱比锡的开展职业教育教师教育的第一个商学院，是现存的商业领域中职业教育教师教育的形式。20世纪20年代，这些商科类大学开始向接受经济与商业教育的教师授予"商务教师"硕士学位。在不同的地区、技术领域，出现了各具特色的职业教育教师教育模式：西南地区工程师模式、普鲁士研讨班模式、汉堡和图林根独立的职业教育教师教育模式。

工程师模式。依据政府的行业促进会政策开展职业教育教师教育，主要目的是为劳动力市场培养高级技术工人，职业教育教师的任务是传授专业理论。1834年至1857年,卡尔斯鲁厄理工学院开设了一门以科学为导向的职业教育教师学习课程。20世纪20年代,巴登-符滕堡的技术大学开设了学术水平层次的职业教育教师培训。以科学为导向的全部理念反映到学习课程中,课程内容强调科学或工程学的专门分支。教育科学也被加进了学习课程中,但学时安排比较少。

研讨班模式。依据凯兴斯坦纳倡导的公民教育思想,职业教育学校的功能是公民教育,必须向学徒传授基本技能以确保其能够在日益兴旺的行业中胜任工作,同时,需要帮助劳动青年融入普鲁士政府。在研讨班模式初期,部分小学教师在接受行业技术课程的培训后成为职业教育教师。后来,工程师、技术人员和行业师傅取代了这些小学教师,成为职业教育教师。"专业教学技术娴熟、具备充分技术知识应该是对职业教育教师的完整诠释。"[①] 夏洛滕堡的工艺美术和技工学校开设了全日制职业教育教师学习课程。此后,机械、手工业、建筑业领域开始了较为系统的职业教育教师培训。1922年,研讨班的时间从1年延长至2年,只有具备3年以上工作经验的优秀技术人员和师傅,或是职业学校有教学经验的小学教师才能参加。在这种模式下,职业教育教师教育的核心是职业实践,而不是科学课程。

独立的职业教育教师教育模式。在魏玛共和国时期的汉堡和图林根,学校作为教育性机构,目的在于推行全面教育。职业教育的目的是依据全面教育的原则,培养不受传统观念束缚的、与社会融合的技术工人。在此理念指引下,职业教育教师的培养放在了大学开展,大学为其提供为期6个学期的职业教育教师教育项目,项目课程内容由教育科学、社会科学和专业科学三部分构成,每一部分容量基本相当。其中,专业知识内容按专业方向确定,由各领域中以行业为导向的特定机构提供。州的文教部门制定了详细的入学资格要求,除了具备高校入学资格外,至少须有2年的实际工作经历,才有条件进入职

---

① 菲利普·葛洛曼、菲利克斯·劳耐尔:《国际视野下的职业教育师资培养》,石伟平译,外语教育与研究出版社2011年版,第119页。

业教育师范课程项目学习。

"双元制"培训的巩固时期（1920—1970年），随着前期工业类型的学徒制培训和职业学校的建立，以及青少年教育政策改革，职业学校的公共性得到强化，职业教师由职业训练者发展为教育者。20世纪20年代，德国社会就职业教育教师教育的学术化、向大学层次转移的问题进行了广泛讨论。1922年的一次会议中，职业教育教师联合会通过了一些有关现代职业教育教师教育体系的原则，即大学层次的科学课程是职业教育教师教育的核心部分。教师联合会还提出两项主张："第一，职业教育教师教育要向高中毕业生开放，从而限制那些普通教育接受不足的从业人员进入职业教育教师行列；第二，提倡更为全面的理论知识基础以及职业教育教师教育的专业化，提高该职业的吸引力和社会地位。"[①] 与此同时，政治、工业、手工业、工会组织、科学团体等其他一些社会群体并不支持教师联合会的主张，如凯兴斯坦纳批判了这种"学术狂热"和职业教育教师的"大学病症"，他担心职业学校会失去自己的实践方向。研讨班模式仍旧作为职业教育教师教育的一种模式被保留了下来。

"二战"结束后，特别是1957年苏联人造卫星计划的成功，在德国引发了教育系统的全面改革和扩充。教师联合会在早期曾提出的上述两点主张，得到了政界和经济团体的广泛支持，终结了职业教育教师教育的研讨班模式，个别州实行了全国范围的、大学层次的学术性学习课程。20世纪20年代到60年代是德国职业教育教师专业化形成的重要时期。1969年8月14日，德国《职业教育法》颁布实施，助推了职业教育教师教育专业化的实现。

"双元制"职业培训体系的发展阶段（1970年以后），德国进行的职业教育改革进一步提升了职业学校教师地位。1973年，为给职业教育师范教育制定一个全国统一的基础和最低标准，德国教育和文化事务部常务委员会为职业学校中各职业科目教师的教育和考核制定了

---

① 菲利普·葛洛曼、菲利克斯·劳耐尔：《国际视野下的职业教育师资培养》，石伟平译，外语教育与研究出版社2011年版，第120-121页。

一个全国性的框架，1995年又对该框架进行了改革。各联邦州的师范教育课程都必须遵循这些结构性的条件。职业学校教师与国家公务员地位一样，是一种高等服务类职业。

二、英国职业教育与教师专业发展演变

英国职业教育可以追溯到中世纪行会学徒制，如1261年英国伦敦的马具师行会开始使用学徒制一词。学徒契约明确规定了学徒的条件、不能从事的活动及其希望获得的技术，师傅具有教学者的责任。学徒制是"根据一种规定有师徒关系、训练年限和条件的合法契约进行的技艺、职业或手艺训练"[①]。学徒制制度从13世纪前后开始，契合了当时行会的组织规范，形成了规范学徒训练的一系列规定。在学校职业教育产生以前，"学徒制被看作职业教育的最初形态"[②]，十四、十五世纪行会学徒制制度日益繁荣完善，形成了稳定的职业训练管理和技术技能人才培养模式，承载着传承技艺和知识的重要功能，为近代职业教育发展奠定了基础。行会通过契约约定师徒的权利和义务，"每一个想当师傅的人都必须全盘掌握本行手艺"[③]，师傅作为当时工业领域经验丰富、技术扎实的权威人士，对学徒负有全面的教育责任，不仅要承诺毫无保留地向学徒传授技艺，除此之外，还要为学徒提供食宿、衣物和少量薪酬，对其进行照顾和管理。

随着新兴城市的增多、技术革新、贸易范围的扩大以及交易量的上升，手工业行会本身生产方式的封闭与垄断无法满足市场需求。15世纪以后，资本主义在封建社会内部孕育成熟，其获利动机冲击日益封闭的封建行会，行会原本维护会员利益的做法成为阻碍其获利的制

---

① 不列颠百科全书编委会：《不列颠百科全书：第1卷》，中国大百科全书出版社1999年版，第409页。

② JOHN L. SCOOT. *Overview of Career and Technical Education*. American Technical Publisher, Inc., 2008: 127.

③ 马克思、恩格斯：《马克思恩格斯全集：第3卷》，人民出版社1956年版，第59页。

度根源，妨碍了工商业发展。"行会最终在来自追逐利润最大化原则的分包制度、手工制造厂、工厂的竞争面前垮塌。"① 行会衰落或者解体减弱，丧失了对学徒训练的监督，形同虚设的学徒契约逐渐成了劳动雇佣合同，学徒训练的职业教育功能逐渐淡化。

16世纪开始，由于圈地运动造成大量游民，失地农民纷纷涌入城市，城市出现大批流浪者。为救助贫民、维护社会稳定，英国以立法手段对学徒训练进行规范管理，以弥补行会衰落的权利空白。将学徒制度纳入政府监管之下，提高学徒训练的公益性，为其与学校教育接轨奠定了基础。1567年，伊丽莎白女王颁布《工匠徒弟法》，从法律上规定了学徒的学习年限、日工作时间以及契约条款等，例如，学徒必须是城市的自由民，学习年限为7年；师傅必须在城里生活，每带3名学徒可雇用1名工匠。1601年，英国颁布的《济贫法》规定贫苦儿童必须做学徒，并把执行法令作为教区负责人和保护人的义务，强调国家征税用以偿付训练和照顾穷人的责任，促使教区慈善学校更多地参与到学徒培养中。"有的学徒训练计划与一所教区慈善学校相联系，学生经过一段时间的初级学习后，当某一职业的学徒工。"② 由于社会底层家庭对子女提供帮助的可能性较小，他们更多地选择了做学徒。学徒制深深影响着英国工业革命，学徒在实践中学习并增长知识和技能，成为社会技术创新的中坚力量。"最伟大的发明家是从工厂、车间而不是从大学走到工业界来的；他们并不是穿着丝绸满载荣誉，而是身着粗布衣，满身煤灰和油渍。"③

17世纪到18世纪，在英国真正意义的职业学校形成之前，产生了以佩蒂（W. Betty）、密尔顿（J. Milton）、洛克（J. Locke）、贝勒斯（J. Bellers）以及亚当·斯密（Adam Smith）等的理论为代表的职业教育思想论述，在这些思想的助推下，出现了一批带有职业教育性质

---

① ALFRED KIESER. Organizational, Institutional and Societal Evolution: Medieval Craft Guilds and the Genesis of Formal Organizations. Administrative Science Quarterly, 1989 (4).

② 徐辉、郑继伟：《英国教育史》，吉林人民出版社1993年版，第84-85页。

③ MICHAEL ARGLES. South Kensington to Robbins: An Account of English Technical and Scientific Education since 1851. London: Longmans, 1964: 26.

的机构，如纽因顿·格林学园、产业学校、慈善学校。1800年，英国政府取消了《最低工资法》，使纺织工人和矿工的生活日益贫困，觉醒的工人阶级为了自身的成长开始组织工人教育运动。英国各地相继成立了广泛普及技术知识、促进科学和工艺发展的各种讲习所。1850年，英格兰和威尔士共有技工讲习所610所，有10万名以上的会员和70万册图书。由于当时英国公共教育制度不完备，大多数工人达不到进讲习所需要的最低教育程度要求，难以听懂因生产发展而越来越高深的科技知识，这导致技工讲习所超越了技术教育范畴，大多数逐渐转向为中产阶级服务。尽管技工讲习所运动最终归于沉寂，但其面向底层民众的职业教育实践唤起了民众对于职业教育的热情，为英国正规职业教育的发展提供了实践基础。

19世纪中期，作为发达国家经济和技术交流的重要平台，世界博览会成为职业教育发展的助推器。在国家之间技术竞争的舞台上，英国职业教育的落后直接导致其"世界工厂"地位的丧失。英国各界形成共识：英国要保持在世界上的领先地位，越来越有赖于自身技术和技能水平的提高。许多有识之士为职业教育呐喊，他们指出是职业教育的落后导致工业的落后，必须大力发展职业教育。英国政府和社会各界开始重视职业教育，对发展职业教育进行了深入的思考。1869年，拉塞尔（J. S. Russell）上书英国女王，以"要对英国进行系统的技术教育"为题，提出以学校职业教育逐步取代旧学徒制，建立国家职业教育体系。同一时期的塞缪尔森（B. Samuelson）在推动职业教育制度建立中发挥了更重要的作用，其通过考察德国等国的职业教育，调查英国职业教育，认为英国职业教育落后的原因在于从事职业教育的师资不足，中等教育和职业学校设备不完善等，形成了《塞缪尔森报告》，对学校课程和师资培养等提出了新的要求。在《塞缪尔森报告》的影响和有关机构的促进下，1889年，英国颁布了《技术教育法》，标志着英国职业教育法律地位的正式确立，从法律上保障了此后职业教育的发展。此后，英国职业教育取得了前所未有的成就，培养了一大批技术人才。工艺学校作为在19世纪出现的正规职业学校，其由于是面向贫困阶层青年进行职业技术训练、普通教育、健康教育的多功能教育机构而成为开展职业教育的有效载体，为20世纪英国多科技术学院的兴起奠定了基础。

进入20世纪，英国希望通过职业教育提高劳动者素质，以实现经济持续发展。随着《中等学校规程》的颁布，中等教育被视为升入大学的阶梯，职业性课程被排斥在普通中学之外。主要以扶贫济困为目的的初等职业教育学校在这一时期开始建立，其主要类型有初级技术学校、商业学校、中心学校以及私立初等职业学校。尽管经历了各种困难，到了1913年，初等职业教育学校已初具规模，如在伦敦的初级技术学校就有49所，为了进一步规范技术学校，教育委员会颁布了《技术学校条例》。《技术学校条例》对技术学校办学提出了规范的指导：技术学校要为技工或其他工业性的职业做准备；技术学校的课程设置与未来职业需要紧密联系；技术学校中具有实际工作经历的教师必须占相当比例。《技术学校条例》的颁布和实施促进了初级职业教育的发展，职业学校毕业生就业情况好于文法中学毕业生，这使得职业学校在工业行业中受到很高的评价。① 尽管如此，职业与技术教育低人一等的地位在一些人心中很难被接受，英国职业教育仍旧停留在较低水平，资金、师资、学费等问题影响着职业教育的发展。由于各种原因，专业师资素质和能力不足成为制约职业教育的一个重要因素，这是由于职业学校教师不仅要具备学校教师应具备的专业能力，还应具备企业经验和相关技术，但教师薪金不高，难以吸引高素质的人才到技术学校任教。

在现代英国教育体系中，没有专门的高等职业教育办学机构，通常所说的英国高等职业教育是指以课程为核心区分的类型教育。随着英国工业化进程的推进，产业结构发生了明显的变化（见表3-1）②，表现在职业上，社会对脑力的依赖超出了对手工的依赖，大量非技术职

---

① 贺国庆、朱文富等：《外国职业教育通史》，人民教育出版社2014年版，第246-247页。
② 钱乘旦等：《日落斜阳：20世纪英国》，华东师范大学出版社1999年版，第178-179页。

业的消失使更多的劳动者进入非体力劳动部门。

表3-1 英国工业化进程中三类产业产值比重变化

产业结构类型	1831年	1851年	1871年	1881年	1891年	1901年	1924年
农业/%	23	20	14	10	9	6	4
工业/%	34	34	38	38	38	40	40
服务业/%	42	45	48	52	53	54	56

受第一次世界大战、大学拨款委员会报告以及经济发展和产业结构变化的影响，英国以多科技术学院、城市学院为代表的高等职业教育进入新的发展阶段。多科技术学院产生于19世纪后期，随着初等职业教育的发展和中等教育的多样化，技术学院逐渐成为接收初等职业院校毕业生的继续教育机构，它以适应地区产业需求，采用"工读交替"的学习方式，成为培养中、高级技术人员的摇篮。城市学院以服务当地经济为目标，具有浓厚的技术和职业教育特征，如谢菲尔德大学的珀西瓦尔（J. Percival）认为："位于工业人口集中地区的中心学院的首要目的，在于提供从事工业的人口生活息息相关的教育，其教育应始于他们日常职业当中，即传授有助于其职业的知识。"① 城市学院的课程设置反映了各地工商业发展的不同特点，逐步成为推动地方工商业发展和实用技术推广应用的机构，大多数毕业生进入工业部门或从事与技术相关的工作。在这一时期，英国技术工人的平均工资几乎是非技术工人平均工资的两倍，技术工人受到社会青睐，促进了高等职业教育的发展。1921年，英国教育署与一些专业团体共同构建并发布了一套较为系统的技术人员证书制度，即国家职业资格证书制度。这项制度由政府主管机构和相关行业协会共同颁发，具有较高的公信力，很快被许多行业和专业团体采纳。之后，各行业领域的职业培训逐步制度化，从而推动了高等职业教育的发展，提高了职业教

---

① MICHAEL SANDERSON. *The Universities and British Industry*: 1850 – 1970. London: Routledge and Kegan Paul Ltd., 1972: 81.

育的地位，促使职业教育向多层次开展。

"二战"后的英国职业教育在《巴特勒教育法》影响下，将具有职业教育职能的技术中学和现代中学纳入中等教育体制。1859年的《克劳森报告》指出了发展青年职业教育的必要性，一定程度上推动了中等职业教育的发展。随着工党对综合中学的倡导，1976年颁布《综合中学促进法》后，技术中学和现代中学逐渐衰落。与此同时，英国政府大力推动高等职业教育发展，《珀西报告》《巴洛报告》以及《技术教育白皮书》促成了各类高等职业教育机构的繁荣。《罗宾斯报告》发布后，英国高等教育逐渐形成高等技术教育与普通高等教育双轨并行体制。受传统学徒制产教一体、边干边学的职业教育思想的影响，1962年英国政府颁布的《产业训练法》对企业职业教育做出了一系列规定，促进了英国学徒制的革新。1995年，英国政府正式推行现代学徒制计划，注重工作现场和课堂学习的结合，实行交替式培训和学习，吸引了众多完成义务教育的青年参与，进一步拓展了英国职业教育的领域和范围。

在英国职业教育发展的进程中，等级化的学术教育机构带给了职业教育低人一等的地位，职业的或技术的专门知识和经验足以胜任技术学院中的教学的这种观念导致职业教育教师专业发展得不到应有的重视。在缺乏对专业教学资格的法令性规定时，专业专门知识技能和行业经验成了教师身份的体现。"技术学院中的很多员工都是直接来自行业的，行业经验被视为至关重要的条件。但他们通常缺乏教育技术方面的培训，并且对教育的要素的认识也很狭隘。这类人员通常将行业导向的态度带到行政和管理工作中来。有时，对待学生就如同对待顾客。"[1] 虽然到了20世纪70年代，技术学院日趋多元化，但职业教育教师的职业实践没有受到有关教与学思想的影响，"对学生有关学习的问题没有兴趣进行任何深层次的探究。少数职员开始对教学器械产生兴趣，但一旦需要做出整体性实质性的改变，他们就变得非常

---

[1] CARLTON D, GENT W, SCAMMELLS B. *The Administration of Technical Colleges*. Manchester: Manchester University Press, 1971: 76.

倦怠"①。因此，在各自专业领域的职业教师的职业实践是多样化的、彼此间疏离的，这成为形成职业教育教师整体的职业价值观和标准的障碍。到了20世纪90年代，继续教育学院中接受过培训的教师的比例有所增加，但从整体上看，继续教育学院中的教师特别是职业学科教师注重技术或行业的专业技能，拥有各类职业与技术的资格证书，仍缺乏有关教与学的思考，没有一个清晰的身份定位。

1996年，英国成立了继续教育教职工发展论坛。基于众多参会人员的观点，即继续教育教师需要一个涵盖宽泛性标准的教师基础培训和专业发展框架，英国建立了宽泛的职业标准——"英格兰和威尔士继续教育教学和学习支持的国家标准"，包括要满足的职业要求、职业知识、教学的关键领域、个人技能和品质。2000年，英国又颁布了《继续教育教师强制性教学资格》的咨询文件，同时适用于专、兼职教师，对所有新任继续教育学院教师实施了强制性教师资格要求。虽然该框架没有适用于继续教育学院外的职业与技术教师群体，但随着英国从忽视职业技术教育到对其进行专业化管理的转变，这些标准和职业资格将会延伸到继续教育学院之外的其他职业教育，必将为职业教育教师带来共同的认同感，形成一个专业的团体。

三、美国职业教育与教师专业发展演变

15世纪末到美国正式成立期间，来自欧洲的移民继承文艺复兴和宗教改革传统，强调家庭是教育的核心机构，学徒制是职业教育的主要形式，孩子的监护人、师傅承担教育责任。从17世纪开始，英国的学徒制以及《济贫法》的规定对美洲殖民地的职业教育产生了巨大的影响。与英国一样，早期美国的学徒制也具有两种类型：一种是自愿学徒制，由家长为孩子寻找师傅以学习进入某行业的技能；另一种是非自愿学徒制，针对穷人子弟和孤儿，由地方政府官员为他们指定

---

① VENABLES E. *The Young Worker at College – A Study of a Local Tech*. London：Faber and Faber, 1967：139.

师傅以代替政府负责他们的个人生活和职业要求。① 学徒学习时间没有硬性规定,一般为 7 年左右。学徒开始是做些简单的劳务,帮助师傅清理工具等工作,随后观察师傅以及师兄的工作,最后通过做中学掌握行业技能。技能要求越高,学费越高,师傅为学徒培训行业技能的同时,还要负责学徒的衣、食、住,以及宗教教育和行业所需的普通教育。由于各地法律普遍要求师傅为学徒提供普通教育,而有的师傅并不具备提供普通教育的能力,这就要求师傅将学徒送到可以进行普通教育的地方,这促进了免费初等学校的发展。例如,1647 年马萨诸塞州颁布的法律要求居民达到 50 户的市镇须聘请一名教师教授本镇的子弟,学费由师傅或家长或全体居民分担,免费学校教授读写和算术,使美国学徒教育具有了职业培训与普通教育双重功能。

17 世纪中期,学校被引入北美大陆,各地也对办学模式进行了不同的尝试,有些学校在提供普通教育的同时也传授职业技能,有些基本以职业教育为主。例如,在波士顿、纽约等工商业较发达的城市,一些精通某项技艺的人开办了私立学校。与学徒制长期跟师学习不同的是,这为那些想要在短期内掌握某种技艺的人提供了便捷。到了 18 世纪,这些传授职业技能的私立学校开业教师越来越多,提供的课程也越来越丰富,除了各种语言类之外,有数学、测量、航海、会计、记账、科学等,② 有的地方还出现了各种夜校。这些学校为殖民地时期的社会经济发展做出了巨大贡献。18 世纪中后期,美国开国元勋富兰克林(B. Franklin)采纳了欧洲实科学校思想,创办了费城文实中学(Academy of Philadelphia),强调向学生教授他们想从事的职业所必需的知识和实践能力。它改变了学校的社会职能,使教育与社会的关系变得密切,提高了学校在社会变革的适应力。

19 世纪,美国从农业社会向工业社会转变,工业革命的兴起、奴

---

① HOWARD R D Gordon. *The History and Growth of Vocational Education in America*. Needham Heights: Allyn &Bacon, 1999: 5.

② LOUIS B Wright. *The Cultural Life of the American Colonies*. New York: Harper and Row Pub. Inc., 1957: 108.

隶制度的废除、学校教育制度的建立等改变了美国社会和学校的面貌,美国在学习借鉴欧洲经验的同时,在职业教育领域进行了积极的探索。受手工劳作思想的影响,19世纪上半叶的美国出现了手工劳作运动,仿照费伦堡学园模式,一些州建立了手工劳作学校。这些学校要求学生每天都参与手工劳动,但由于手工劳作与学校在实践中的结合很难,手工劳作学校于19世纪40年代逐渐衰落。同一时期,在英国技工讲习所运动的影响下,在学校领域之外,美国形成了技工讲习所运动,其关注的是在机械工业时代背景下大众的职业需求,其将科学原理引入职业教育,将职业教育从简单的技能模仿上升到理论的理解和应用。技工讲习所运动提升了工人技术水平,促进了工业发展,将美国职业教育推升到了一个新的高度。同时,美国兴起了吕西昂运动(Lyceum Movement),在工人和农民中传播知识,唤起了美国社会对工农业教育的兴趣。19世纪中期,各地开办学院层次的农业学校,以培养教师和农业专家。

19世纪后期南北战争结束后,美国资本主义道路加速发展,工农业急需大量有职业知识和技能准备的劳动者,如何培养适应资本主义社会需要的劳动者成为学校教育者重点关注的难题。美国兴起了强调学生智力和社会性发展与手眼训练相结合的手工训练运动。时任麻省理工学院院长的朗克尔(J. Runkle)在长期的教学实践中发现,工程专业毕业生因不具备使用工具和操作机器的技能,往往需要在就职后经历一段学徒期。如何使学生在学校就获得实践技能?1876年在费城博览会上,俄罗斯帝国工艺学校学生的展品使其深受启发,他认为教学车间工艺教学法抓住了"所有工业教育的关键"[①]。借鉴教学车间的教学法,朗克尔在麻省理工学院建立了教学车间和一个中等程度的机械艺术学校。学校进行手工训练的目的不是生产,而是让学生学习使用工具和材料。通过麻省理工学院的实践,人们认识到职业技能可以在学校环境中进行教授,还认识到机械艺术的教学对于普通教育的

---

① 劳伦斯·阿瑟·克雷明:《学校的变革》,单中惠、马晓斌译,上海教育出版社1994年版,第29页。

价值。他建议在每个大城市建立一所机械艺术中学,每个村镇中学建立一组教学车间等,手工训练学校在 19 世纪中后期很快在美国普及开来。随着学校数量的增加,各校提供的课程日益丰富,学校类型也趋于多样化,出现了偏向技术教育的技术中学。在这一时期,对手工训练学校的发展有支持和反对两个方面的声音。大多支持者认为,尽管手工训练不是职业培训,但手工训练学校仍然可以满足美国工业化对技能劳动者的需要。① 随着 19 世纪末 20 世纪初美国经济的快速发展,对熟练劳动力的需求不能得到有效满足,需要更直接的方式与之相适应,手工训练开始向职业学校转变,为特定行业培养人才的职业学校应运而生。与手工训练学校不同的是,这类学校让学生掌握某一行业的知识和技能,学生毕业后即可胜任工作,是对低效率学徒制的超越,适应了工业化时代。

《赠地法》(又称《莫雷尔法》)于 1862 年颁布,促发了赠地学院运动,美国高等职业教育在 19 世纪开始发展,在大学中设立单独的提供技术教育的学院以及创建独立的技术学院等方面进行了积极的探索,为美国现代职业教育制度的建立奠定了坚实的基础。

进入 20 世纪,美国的职业教育进入制度创建期,随着社会经济发展的需要,职业教育的规模进入扩张期。1906 年之后,全美各地开展职业教育的热情高涨,各州职业教育立法逐渐多了起来。1914 年,新成立的国家资助职业教育委员会(the Commission on National Aid to Vocational Education)在广泛调查比较国内外职业教育发展的基础上向国会提交了报告,指出英、法、日等国正在建设国家资助的职业教育系统,德国 30 年前已经形成了联邦和州合作的职业教育系统。② 在众多团体和个人的努力下,1917 年,《史密斯-休斯法》终于上升为国家意志,表明中等教育在服务升学目标的同时亦可服务于就业的观

---

① ALLAN M HOFFMAN, DIANE B HOFFMAN. *A History of Vocational Education*. ERIC. Document Reproduction Service No. ED 132 283, 1976.

② CHESTER S J. *Development of Federal Legislation for Vocational Education*. Chicago: American Technical Society, 1962: 41.

念的形成，成为美国中等职业教育制度化的开始。其以国家法律的形式保障了 14 岁以上未就业和已就业人员的职业教育需要，在联邦拨款这种种子基金的驱动下，充分调动各州和地方在职业教育发展中的主体地位，形成了联邦 – 州 – 地方三方合作共同发展职业教育的格局。

根据《史密斯 – 休斯法》，联邦职业教育委员会（Federal Board of Vocational Education）成立，负责监督全国职业教育的运行情况。从该法出台到第一次世界大战结束大约 11 个月的时间，在联邦职业教育委员会指导下，各州已经为 125 个不同战争岗位培训了 61151 名技术工作，另有 3 万名工人在夜校接受相关技能培训。① 其第一任理事长查尔斯·普罗瑟（Charles Prosser）在为推行职业教育课程而起草的法则中，把教师的职责放在了重要的位置。"教师成功地将本专业相关专业技能和知识应用于教学过程的能力和经验与职业教育的成效成正比"，"某一职业具体培训内容唯一可靠来源是这一职业教师的经验"②。普罗瑟认为，职业教师的行业经验与学生学习效果相互联系，多数职业教师需要的不仅仅是教学经验，还需要与从教专业相关的行业经验。同时，他又认为农学和家政学的职业教师可以由大学来培养。因此，在美国职业教育历史中存在着两种师资培养体系，一种是任教于各种行业和卫生领域的教师，大多有多年与任教专业相关的岗位工作经验；另一种是从事农学、商业、家政学、市场营销专业教学的教师，大多接受过高等教育。这种双重师资培养体系在当前的美国职业技术教育中仍旧存在。

《史密斯 – 休斯法》颁布之后的 30 多年时间，无论是抑制经济衰退和解决失业问题，还是促进战争经济和保障国家安全，"30 年间，

---

① HAWKINS L S, PROSSER C A, WRIGHT J C. *Development of Vocational Education*. Chicago: American Technical Society, 1951: 441.

② PROSSER, QUIGLEY. *Vocational Education in a Democracy* (revised edition). Chicago: American Technical Society, 1950: 223 – 226.

参众两院至少收到 53 个职业教育的提案,其中 12 个提案变成了法案"①,这一系列的联邦职业教育法规与《史密斯－休斯法》的立法原则没有明显的差异,随着拨款数量的增长,项目和覆盖范围的扩大,各类职业教育规模均有显著增长。到了 1949 年,美国各类职业学校在校生数由 20 世纪初的不到 5 万人增长到 310 万人。② 在这一时期,受《莫雷尔法》的影响,赠地学院逐渐被更多的人接受,从而进入了快速发展时期,除教学、科研以外,技术推广成为赠地学院新的工作内容。例如,1940—1945 年,利用赠地学院以及其他大学设施,就使约 150 万的工程人员获得了短期培训的机会。1939 年之后的 10 年,共有约 183 万名青年参与了 4-H 青年俱乐部的多项推广工作,平均每个农业县有 587 名青年在俱乐部注册。③ 在此时期,利用赠地资金创办的康奈尔大学形成了以开放办学为特征的"康奈尔计划",主张大学向社会各阶层开放,满足不同阶层受教育的需求,借助研究服务社会。在"康奈尔计划"为社会服务的理念的影响下,吸纳赠地资金的威斯康星大学形成了具有广泛影响的威斯康星思想,即大学与州融为一体,充分发挥知识服务社会的功能,借助知识推广项目和专家服务活动,让大学智力资源有效助推本州工农业生产及高效政府建设。学校面向本州公众,通过专家咨询指导、函授课堂、学术讲座等形式开发民智,解决工作与生产的实际问题,传播先进的科研成果,使整个州都变成大学的校园。学校在服务社会的活动中得到了巨大实惠。受雇于赠地学院的教师需具备教育和技术服务双重能力,以开展相关服务活动,帮助解决工农业生产的实际问题。

在美国高等职业教育中,出现于 19 世纪末,发展于 20 世纪前半期的社区学院是职业教育的另一重要类型。19 世纪末,在美国工业化、城市化大发展的推动下,效率观念向高等教育领域渗透,日渐增

---

① CHESTER S J. Development of Federal Legislation for Vocational Education. Chicago: American Technical Society, 1962: 78 – 86.

② HAWKINS L H, PROSSER C A, WRIGHT J C. Development of Vocational Education. Chicago: American Technical Society, 1951: 352 – 366.

③ 李素敏:《美国赠地学院发展研究》,河北大学出版社 2004 年版,第 124 – 127 页。

多的中学毕业生迫切希望能够接受高一级的教育。当时，出于对提高高等教育质量和完善高等教育层次的考虑，一些学校提出了将学生分流培养的观念。首先将这种思想付诸实践的是芝加哥大学校长哈珀（W. R. Harper），他将芝加哥大学分为高级阶段和初级阶段，初级阶段一方面为高级阶段输送适合继续进行学习和研究的优秀生源，另一方面为那些不适合继续深入学习的学生在二年级结束时终止学习。[1]事实上，除了为数不多的学生能升入四年制大学外，多数无法升学的学生将进入就业市场，因此，为这部分学生开展就业技能培训就成为初级学院需要考虑的首要问题。根据州当地工农业生产需要，加利福尼亚州的许多初级学院带头开设了面向本地就业市场的课程，服务于学生就业成为与升学一样重要的初级学院的目标。同时，初级学院还面向社区，为当地农民或技术工人提供短期培训课程和技术咨询服务。在当时，由于师资观念、能力和设备的不足，在起初的 20 年内，初级学院职业教育的规模很小。随后，在各州与联邦法律的导向下，以及第二次世界大战后美国内部政治经济形势，为初级学院的发展及职业教育功能的发挥提供了机遇和环境，提供职业性教学项目的初级学院比例由 1917 年的 14% 增长到 1940 年的 70%。[2] 随着初级学院职业性教学项目的增长，教师由传统的升学导向的学术知识传授型教师向具有实际岗位技能的技术应用型教师发展。

20 世纪后半期以来，在冷战、民权运动、人力资本、终身教育、知识经济等不同时代背景下，美国职业教育在促进平等和追求卓越之间摇摆。第二次世界大战结束后的 10 年里，关于如何使更多的孩子将来获得满意的职业，普罗瑟认为："目前职业学校仅仅为 20% 中学层次的年轻人进入技术工种提供培训计划，而普通高中主要关注 20% 即将升学的年轻人，除非公立教育系统的管理者在职业教育领导协助

---

[1] DIENER T. *Growth of American Invention: A Documentary History of the Junior College and Community College Movement*. New York: Greenwood Press, 1986: 50.

[2] COHEN A M. *The American Community College*. San Francisco: Josssy-Bass Publishers, 1996: 142.

下，为剩余60%的年轻人提供生活调整教育，否则我不相信这些人将能够成为合格的公民。"① 于是，1947年成立的"促进中学层次青年生活调整教育国家委员会"标志着调整教育成为国家层面的与职业教育相关的运动，从而使得包括职业教育在内的所有美国教育呈现出非学术化和目标泛化的倾向。其通过调整不准备升学而且又没有在职业学校学习的多数中学生，使其适应社会生活变化并具备获得就业的职业技能，这成为20世纪70年代美国生涯教育运动的前奏。在苏联第一颗人造地球卫星成功发射后，美国国内舆论批评生活调整教育使得美国教育漫无目的，《国防教育法》在此背景下于1958年出台，它在促进美国科学、数学、工程、外语等人才培养的同时也促进了技术教育教师的培养。20世纪60年代，受舒尔茨人力资本理论的影响，联邦政府更为关注人的知识和技能对社会发展的决定性作用。在此时期，职业教育的相关立法不断出台，尤其是1963年《职业教育法》的出台，大幅提高了拨款数额、拓展了职业教育的内涵，形成了联邦政府对职业教育全面干预和管理的原则，标志着美国职业教育从某一职业或行业培训向更广泛人群的就业技能培养转型。在《职业教育法》及其修正案的持续推动下，美国职业教育呈现出明显的数量扩张和质量提升的态势。

20世纪60年代末，在《国防教育法》的影响下，学术性课程的主体地位持续增强。随着学生对理科课程的冷淡、辍学率升高、毕业（肄业）生就业能力不足等问题的出现，美国教育协会提出未来10年学校教育改革需要为学生增加人文教育，并重视生活指导与社会体验等活动。以职业能力发展为核心的职业生涯教育（career education）运动推动了职业教育与普通教育的融合，进一步扩大了职业教育的时空概念。20世纪80年代以来，在经济全球化、知识经济和终身教育等社会背景下，美国经济竞争压力迫使更多的美国人对20世纪60年代以来的教育过分追求公平进行了反省，一系列帕金斯职业教育法的

---

① GUTEK G L. *Education in the United States*: *A Historical Perspective*. Upper Saddle River: Prentice-Hall, 1986: 272, 273.

颁布助推了美国职业教育不断提升学术标准、提高培养层次、优化培养质量。伴随职业教育与学术教育的融合,社区和技术学院的职业教师比例有所下降,而学术教师比例呈现上升趋势。

四、日本职业教育与教师专业发展演变

日本从 1868 年的明治维新开始,积极向欧美资本主义国家学习,移植欧美资本主义产业和经济制度,推行"产业移植主义"和"官营示范主义"政策。在此期间,由于本土技术人才的匮乏,政府一边聘请西方的专家和技师,在其指导下从事生产活动,一边引入欧美职业教育,通过在企业开展培训和创办教育机构,培养适应产业发展需要的技术技能人才,职业教育从适应封建农业社会和手工业生产的学徒制向近代职业教育转变。明治初期,在工矿业、纺织业、造船业等各产业部门积极开展技术传习活动。如在工矿业,通过引进西方技术和设备,建立近代采矿工业。为了提高矿业工人技术水平,日本在 1869 年成立了最早的矿业学校——生野矿山职工学校,之后随着矿山民营化,矿山经营者传承了企业办学的方式。在纺织业,开展技术传习最有代表性的是成立于 1872 年的福冈缫丝厂职工学校,由于该厂技术训练卓有成效,又因政府鼓励优先雇用受过训练的女工,机械缫丝技术在全国得以快速传播。

各部门企业开展的技术传习以培养企业自身需要的技术工人为目标,这种企业内训的教育形式虽然针对性强,但规模和水平有限,不能适应培养更多和更急需的产业技术人才的需要。因此,政府各官厅机构借鉴欧美经验,开始创办独立的职业学校。例如,以工学寮、开成学校和新潟学校为代表的工业学校,以及农业学校、商业学校和商船学校,这些学校高薪聘请欧美的教师和教育管理者,持续完善办学规则,扩大办学规模,提高教学质量,为日本培育了一定数量的职业人才。

因应日本资本主义社会生产力发展的需要,1880 年开始,日本政府果断调整了产业政策,放弃了封建保护性官营主义,改为民营官助

的开放政策，扶持私人资本的发展，为经济发展注入了活力。各产业部门陆续呈现出蓬勃兴旺的局面，大批中小企业涌现，教育界和产业界对职业教育改革的呼声越来越高，为日本职业教育本土化探索奠定了基础。1881年，时任文部大臣的福冈孝悌上书太政大臣指出：振兴日本工业之路，在于学习欧美工业之要理而非机械照搬其模式，而欲学习其要理，则必须改变过去非人性的、效率低下的学徒制度，大力兴办理技并重的职工学校。此后几年，一些有识之士对欧美关于职业教育的报告和文章进行了翻译和宣介，欧美各国职业教育的概貌、多样性、区域的差异化，对日本发展职业教育的做法产生了重大影响，日本政府开始采取实际措施调整职业教育，向制度化方向发展。1880年的《改正教育令》改变了学校分类的做法，把原被称为专门学校的农业学校、商业学校、职工学校等教育机构作为独立学校类型正式纳入法令条文，对职业学校作出统一规定，明确文部省对职业教育的领导权。为了发展职工学校，培育相应师资，发挥示范作用，文部省在东京开始创办东京职工学校，于1882年确定了《东京职工学校规则》，并于同年11月正式开学。东京职工学校分为预科和本科两个阶段：预科1年，开展数学、物理、化学、美术、修身等理论基础教育；本科3年，其中前2年为理论课和实践课，根据不同专业方向学习，第三年为实验课和博记法，重视实践、实习教学。东京职工学校在师资队伍建设方面开创了同类学校主要由日本人自己执教的先例，集聚了一批具有大学学历和海外留学经历的著名教师，是一所高水平的专门学校。由于初级职工学校群没能如期建立起来，东京职工学校预定的为职工学校培育师资以及工长、厂长的目标没能完全实现，其成了输送初级技术人员的场所。随着此后徒弟学校、实业补习学校的广泛建立，东京职工学校的初衷才得以体现。在东京职工学校之后，文部省为建设完整职业教育制度先后颁布了《农业学校通则》《商业学校通则》，分别对农业学校和商业学校的目的、种类及课程设置做了详细的规定，各地出现了兴办职业教育的热潮。但是，由于当时日本使用蒸汽机作为动力的工业比重较低，生产力发展水平对职业学校的需求不够，实际职业学校数量增加并不显著。

19世纪80年代后期,随着产业革命持续发展,手岛精一、平贺义美等一些职业教育家不断撰文呼吁重视职业教育,为建立职业教育体系出谋划策。手岛精一发表《振兴实业教育》,认为"欧美各国开明富强的主要原因在于工业技术之隆盛,工业技术之隆盛主要由于实业教育之设施"①。1893年,在发展职业教育呼声的推动下,时任文部大臣的井上毅组织人员深入调查欧美职业学校,如柏林职工学校、普鲁士补习学校、纽约职工学校等,结合日本产业革命需要,提出建立完整职业教育体系的构想,从而改变明治初年职业教育不成体系的状况。井上毅认为职业教育如训练军队一样,应由三个等级组成:"一个是训练将军和高级军官,一个是训练低级军官,再一个是训练普通士兵。"② 根据当时情况,井上毅优先发展了初等职业教育,制定发布了《实业补习学校规程》《土地学校规程》《简易农学校规程》等法令,详细规定了初等职业学校的办学目的、入学条件、课程设置、修业年限。为使法令得以实施,井上毅倡导成立实业事务部,以负责开展职业教育督察工作。井上毅主持制定了《实业教育国库补助法》,对公立实业补习学校、徒弟学校、简易农学校以及中等职业学校教员养成所(师资培养机构)进行补助,补助金额与该校成立时的花费相同。以上综合措施有效推动了日本初等职业学校的迅速普及,到了1913年,各类实业补习学校猛增到8014所。③ 1899年,日本政府颁布了《实业学校令》,开始对中等教育机构进行改革,之后又连续颁布《工业学校规程》《农业学校规程》《商业学校规程》《商船学校规程》《水产学校规程》等,这些法令规定实业学校的目的在于对从事工业、农业、商业的实业者进行必要的职业教育。实业学校课程包括普通学科、职业学科和实习训练。到第一次世界大战前,中等实业学校从125所增到527所。随着中等职业教育的建立,中等教育分

---

① 王桂:《日本教育史》,吉林教育出版社1987年版,第176页。
② 日本国立教育研究所:《日本教育的现代化》,张渭城、徐禾夫等译,教育科学出版社1980年版,第56页。
③ 日本国立教育研究所:《日本近代教育百年史:第10卷》,文唱堂1974年版,第30页。

为普通中学和职业中学两个系统,而普通中学毕业生可以继续升入大学,职业中学毕业生没有进一步深造的机会。为了给中职毕业生提供进一步学习的机会,创办更高层次的职业学校成为当务之急。1903年,日本政府颁布了《专门学校令》,规定凡是以实施高等职业教育为目的的实业学校都属于实业专门学校,修业年限为3年,招收具有中学及同等学历的学生。除了上述补习学校、实业学校、实业专门学校等法定正式职业教育机构外,当时一些行业专家自发创办正规的、处于空白状态专业新领域的学校,时称"各种学校"。

　　日本政府在发展近代职业学校的过程中,非常重视职业教育教师队伍的建设。明治初期,由于本土职业教师缺乏,日本通过高薪聘请的方式聘用了一批外国技术专家执教,对日本职业教育的创建和发展做出了重要贡献。随着各类职业学校的增加,日本政府采取多项措施以培养本土师资。1894年的《实业教育国库补助法》重点补助项目之一就是培养工业教员。此后,日本政府专门制定了《工业教员养成规则》,在东京工业学校设立了培养工业补习学校和土地学校教员的教员养成所,通过短期培训的方式专门讲授各种急需的实用知识,毕业学员进入各类职业学校任职。1899年,随着中等职业学校数量的增加,对职业课程教师的需求日益增大,文部省又制定了《实业学校教师培训规程》,一方面,在东京帝国大学附设农业教师培训所,在东京高等工业学校附设工业教师培训所,在东京高等商业学校附设商业教师培训所,为毕业后担任职业教育教师的学生传授教育学、教学法课程。另一方面,在高等专门教育机构里开设教师预备课程,独立对教师进行培养。1902年,文部省为了扩大培训教师的基地,重新制定规程,对东京帝国大学、东北帝国大学等一批学校的本科生补助学费,接受补助的学生毕业后从事职业学校的教师工作。由于明治后期日本政府积极采取灵活多样的形式,有计划地培养了大批职业学校教师,职业教育得以快速发展。

　　20世纪初,日本借助从中日甲午战争获得的巨额战争赔款和战利品,奠定了产业发展的雄厚基础,成了军事封建性的帝国主义国家。从第一次世界大战爆发到第二次世界大战结束,日本职业教育的发展主要分为两个阶段。其一是第一次世界大战爆发后到 1931 年的改革扩充阶段，日本以第一次世界大战爆发，西方列强无暇东顾为契机，迅速扩大产业规模，调整产业结构。为适应新的经济形态对技术技能人才的迫切需要，日本政府对明治后期的职业教育制度进行持续修订，采取了一系列强化职业教育的措施，如增加国库补助和采取其他奖励方法，改变职业学校偏重技能训练的状态而加强道德教育，采取适当方法密切职业学校与产业界的联系，提高职业学校教师待遇等。在此阶段，初等和高等职业教育学校得到了更显著的增加，初、中、高三级职业教育形成了大体相称的层次结构，成为日本近代职业教育的鼎盛时期。由于高涨的民主运动以及劳动人民对残酷剥削的不满，日本加强了德行涵养教育并建立青年训练所，在稳定社会秩序的同时助长了日本军国主义。其二是从 1931 年到第二次世界大战结束的战时军事化职业教育体制阶段。1927 年的金融危机和 1929 年的经济危机使日本职业教育出现了明显的衰退，日本政府采取了军事膨胀和经济管制等措施，经济出现了新的跃进的形势，职业教育又进入新的发展局面。由于这一阶段职业教育的培养目标和专业设置都是为服从战争需要，为军需产业急剧扩大输送技术技能人才，因此，随着日本侵略战争的失败，职业教育陷入崩溃状态。

  日本战败后直到 1952 年，在美军占领当局的旨意下，日本进行了全方位的民主化改造。在教育改造方面，美国专家于 1964 年提出的《美国教育使节团报告书》指出："重建日本的家庭、城市、工厂和文化设施，不仅需要有教养的头脑，也需要熟练的技术。熟练的、已就业的、有知识的劳动者也是保障日本民主主义不可或缺的力量，他们不仅是产业上的资本，也是道德上的财富。"[①] 1947 年，文部省教育刷新委员会颁布了《学校教育法》，构建了战后日本新的"6334"学校教育制度。小学和初中为义务教育阶段，小学阶段开设家政科，初中阶段开设职业科和家政科为必修课目，用以培养基本的

---

  ① 日本国立教育研究所：《日本近代教育百年史：第 10 卷》，文唱堂 1974 年版，第 41 页。

职业方面的素养，为开展高中职业教育奠定基础。新制高中在战前旧制中学的基础上合并和改编了实业学校、青年学校、女子学校，形成了普通高中、职业高中和综合高中三类高中。改革的结果是，一方面，由于普通教育和职业教育统一由新制高中承担，职业教育地位得以提升，并且和普通教育的关系更紧密了；另一方面，职业课程和普通课程在课程方面的差异逐渐模糊起来，随着综合高中数量的增加以及职业高中数量的减少，职业科学生人数下降，普通教育教师充当职业教育教师等，反而削弱了高中阶段的职业教育。由于新学制的高等教育为单一类型的 4 年制大学，战前的高等职业教育机构（工业专门学校、经济专门学校、农林专门学校）被编入大学成为相应的学部。在旧制向新制升格的过程中，一些旧制专科学校难以达到大学设置的标准，国会通过了教育刷新委员会提出的设置短期大学的提议，不设学院只设学科，学制 2 年或 3 年，向高中毕业生传授专业知识和技能，成为一种新型的高等职业教育机构。这一时期的短期大学为日本战后产业发展和经济复苏培养了大批中级技术人员。在推行新学制过程中，日本改革了教师职业制度，通过《教育职员准入法》，确立了教师入职的基本条件，初中及高中教师须经过 4 年制的大学专业课和教育培训课的综合培养，高中职业教育专业人员资格由文部省认可的相关系所颁发。日本产业界经过战后一段时间的调整和恢复，对职业教育的发展提出了迫切的要求。1951 年的《产业教育振兴法》明确了国家和地方承担的职业教育责任，规定了职业教育的基本理念和原则，从财政上给予了更大支持，提高了职业高中教师和实习指导人员的津贴资助并提出了特殊的待遇鼓励政策，成为日本职业教育发展史上具有里程碑意义的一部法案。此后颁布于 1957 年的《产业教育津贴相关法令》规定对农业、水产业职业高中教师发放特殊津贴，一年之后，将特殊津贴范围扩大到了工业、航运类国立和公立职业高中教师及实习人员。

经历了战后 10 年的调整，1955 年后的日本开始进入经济高速发展时期，直到 1968 年成为世界第二大经济大国。在此时期，在日本政府的政策鼓励下，产业界大力引入欧美新技术，并在随后推进了技术的国产化，迅速引发了产业技术革命。为适应产业升级对劳动力数量和素质的新要求，培养大量职业技术技能人才，文部省积极采取措施从质量和数量方面振兴职业教育。一方面，修订教学大纲，尤其增加了职业高中教学科目中的必须学分数，同时强调教学过程中理论与实践的统一性。另一方面，通过职业高中扩招，增加职业高中学生数；通过教育内容的多样化，增设 17 个新学科；通过职业高中教育形式的多样化，充实和完善定时制、函授制教育；通过增设信息处理科和工业信息技术科，提高职业高中学生的信息处理能力。职业高中多样化政策的实施，在开发人力资源和促进学生所学与产业所需匹配度等方面发挥了积极的作用，20 世纪 60 年代共有约 700 万名高中毕业生到产业部门工作，为实现日本经济的高度发展做出了重大贡献。

  经济的快速发展和技术不断革新需要大量的初级职业技术人员的同时，对受过高等教育的中、高级技术人员也提出了迫切的需求。在此背景下，日本一边扩大理工科大学招生规模，理工科新生人数占比从 1965 年的 45.3% 提高到 1970 年的 73.5%[①]，一边改革高等职业教育制度。"二战"后初期，随着各类旧制专门学校升格为本科大学或改编为短期大学，专门培养中级工业技术人才的高等教育机构短缺，同时，由于短期大学的课程设置存在严重的重文轻理现象，只能培养极少的工业中级技术人员，不能适应当时以重工业为中心的日本产业发展的需求。1956 年，日本经营者团体联盟发布《适应新时代要求的技术教育意见》，提出了增设短期大学和高中并置的 5 年或 6 年制技术专门学校的对策。在多方努力下，1961 年，日本国会通过修改的《学校教育法》，从 1962 年开始，建立高等专科学校。高等专科学校把高中和短期大学衔接起来，进行五年一贯制的教育，使基础教育、专业基础教育、专业教育连贯融通起来实施职业教育。在此后近 10 年的时间里，日本根据产业发展分布以及地方合作条件有计划地设置了一批学校，到 1971 年已成立了 63 所，使得中级技术人员的培养有

---

① 日本文部省：《产业教育九十年史》，东洋出版社 1974 年版，第 674 页。

了相应的机构，适应了日本科技变革和经济发展需要。① 同时，高等专科学校打破了战后日本单一的高等学校制度，发挥了学生的个性和潜能。

伴随日本经济进入高速发展时期，产业对劳动力素质的要求持续提高，与学校职业教育在技能训练方面的不足形成巨大落差，促使校外社会职业训练制度变得更加重要。日本政府根据企业界的要求，1985年制定了《职业训练法》，确立了公共职业训练制度、企业内职业训练制度、职业训练指导员制度、技能检测制度四个基本制度。随之，各企业也积极整顿企业内部教育促进制度，有计划地对各职能部门、各阶层从业人员进行培训，出现了诸如松下电器工学院模式的职业训练教育机构。在职业训练指导员制度中，对职业训练指导员实施资格认定制度，只有通过职业指导员考试以及技能检测合格并受过一定训练，经劳动大臣批准后才能担任。

20世纪70年代初，日元升值、布雷顿森林体制的解体和石油价格飞涨沉重打击了日本经济，日本经济结束高速增长期进入稳定增长期，这迫使日本对产业政策进行调整，采取"能源节约化""知识集约化"等产业政策，进一步加速了产业结构的转型。产业结构的转型，引发了对职业技术人才培养政策的调整和完善。在理科教育和产业教育审议会的推动下，1976年，《关于高中职业教育改革》提出对高中职业教育多样化政策进行修改，大力推行高中职业教育基础化改革，重视基础知识的学习和基本技能的培养，减少必修学分、增加选修学分以加强课程的灵活性，调整职业高中学科结构，以综合性、基础性学科为主，强化学生与劳动相关的体验学习，顺应了科学技术发展和产业结构转型的需要，体现了现代社会职业教育发展趋势。

在正规学校之外，教授生产、生活和职业所需知识技能的"各种学校"以其灵活机动、适应能力强的特点，到20世纪70年代已经形成了8000余所学校以及120万名学生的规模，在日本职业教育中发挥着独特的作用。为了发挥"各种学校"的更大作用，提高教学质

---

① 日本文部省：《产业教育百年史》，行政株式会社1986年版，第250页。

量，日本政府给予具有一定规模和水平的学校一定的法律地位。1976年，依据修订的《学校教育法》，日本政府创立了专修学校制度。专修学校又根据开设的课程分为专科学校（开设专科课程，约占75%）、专修高中（开设高中课程，约占15%）、普通专修学校（开设普通课程，约占10%），培养国民职业或生活所需的能力和提高国民的一般修养水平，满足了产业结构变化对职业技术人才的多样化需求。1984年，专修学校达到2936所，学生53.6万名。[①]

随着日本经济的发展和产业结构的调整，产业界对高等专业技术人才的需求日益迫切。进入20世纪70年代，一方面是企业招聘高等专科学校毕业生的倍率居高不下，另一方面报考专科学校的学生逐年下降。这种矛盾的产生主要是随着国民生活水平的提高，学生普遍愿意升入高中普通科然后考入大学，进而升入研究生阶段学校，而高等专科学校学生升学机会相对很少。1976年，长冈技术科学大学和丰桥技术科学大学成立，设有本科和研究生院。本科以高等专科学校毕业生和工业高中毕业生为招生对象，或编入第三学年学习或从第一学年开始学习，研究生院以本校本科毕业生为主要招收选拔对象，人数不足时从其他大学进行第二次选拔。技术科学大学的教学方法特别重视实验、实习，尤其重视到企业开展"实务训练"[②]。至此，主要由职业高中、高等专科学校、短期大学、技术科学大学构成的日本战后职业教育体系初步形成。

20世纪80年代以后，日本进入了以高新技术产业为主要支柱，以智力资源为首要资源的知识经济时代，信息、通信、机械三位一体的新兴技术密集型工业迭代了传统工业，第三产业比重持续上升。由于信息时代知识总量的快速叠加，知识更新周期日益缩短，仅凭学校所学的知识已经不能适应技术技能人才可持续发展的需要。日本首先对职业高中的课程进行改革，在重视基础知识和基本技能的基础上充

---

① 日本文部省：《产业教育百年史》，行政株式会社1986年版，第298页。
② 李文英：《高级技术人才的摇篮：长冈技术科学大学》，载《教育与职业》2008年第6期。

实专业性基础教育，推行灵活多样的教育课程和教学方式，增设信息和福祉新学科，聘用企业和大学专家担任兼职教师，扩大教授最近和最尖端知识和技能的机会，实施体验式教育。高等职业教育也在不断往更高的研究生层次提升，随着《职业能力开发促进法》代替《职业训练法》，职业教育体系向社会开发的程度越来越深。1992年申请职业资格证书者有923万余人，其中自学者占37.8%，专业学校毕业生占47.1%。①

---

① HARTON:《日本职业教育的现状与改革》，良琪摘译，载《中国职业技术教育》1998年第9期。

第四章
德、英、美、日职业教育教师专业发展的模式

职业教育教师在职业教育现代化演变中从学徒师傅向专业化持续发展，随着当今世界各国对职业教育的高度重视，21世纪以来，职业教育教师专业化发展水平持续提升。本章通过概括和比较当今德、英、美、日等发达国家职业教育教师专业发展模式，发现国际职业教育教师专业发展的共同规律和特色之处。

一、德国职业教育教师专业发展模式

德国职业教育系统主要由两个部分构成，一个是由非全日制职业学校和企业共同组成的"双元制"职业教育系统，另一个是全日制职业学校系统，其中大约有2/3的青年在"双元制"职业教育体系下某个获得认可的行业中接受职业教育或者培训。根据德国联邦职业教育研究所（BIBB）的划分，德国职业教育教师分成两类：职业学校的教师（Teachers at Vocational School）和企业培训员（Instructors/Job Trainers）。职业学校的教师又可以划分成理论课程教师和实践课程教师两个教师队伍。职业学校理论课程教师主要负责教授专业理论（如金属加工技术、电子工程、医疗保健等）、一般性基础知识以及与工作相关的知识（德语、英语、数学、政治、物理等）；学校实践课教师主要在学校实训基地、学校工厂或演示车间等专门场地对学生基本技术和技能操作进行指导。"双元制"职业教育系统在企业部分还有专门的指导员从事工作过程训练和培训。企业培训指导员负责学徒的工作岗位培训，并对学生在企业实习的过程和安全负相应的责任。

（一）职业教育教师职前培养

德国职业教育教师是一种高等级服务类职业，与公务员具有相当的地位。早在 1973 年，为给职业教育师范教育制定一个全国统一的基础性最低标准，德国教育和文化事务部常务委员会为职业教育中各职业科目教师的教育和考核制定了一个全国性的框架，即《职业学校专业教师培养和考核国家规范框架》，1995 年又对该框架进行了改革。德国各州教育文化部负责为学校培养教师，各联邦州的师范教育课程必须遵循这些结构性的条件。

依据职业教育教师专业化培养框架（如图 4-1 所示），德国职业教育教师培养分两个阶段：第一阶段为 8～10 个学期的大学课程学习，累计学期周学时 160 个。参加师范教育课程的基本要求是具备高等教育入学资格，而且还须具有至少 1 年的与所学的职业学科相关的工作经历。学习内容包括职业领域中的职业科目、普通学科、侧重职业教育的教育科学（含必修的教育理论和心理学）、学校中的教学实践以及其他领域的选修课程，学习结束后参加第一次国家考试。第二个阶段是实践性教学训练，以预备性服务形式开展，地点是公共师范学院和培训学校，学习内容为教学实践（包括教学技巧、教学管理、教学诊断预评估等）、教育理论以及与专业相关的教学法，实践性教学训练结束后要参加第二次国家考试。通过第二次国家考试才具备职业教育教师的资格，但不保证一定可以获得教学职位。目前，德国主要的州都为教师培训提供学士学位课程和硕士学位课程，公立职业学校都要求职业教师具有硕士学位。

依据《职业培训法》，作为一种特殊的职业教师类型，企业内实训教师需要具备必要的个人素质和技术资格才能进行培训。申请实训教师须年满 24 周岁，拥有某一职业领域中的职业证书，还需要通过实训教师资格考试或高级技师考试以证明其具有必要的专业和教学技能。

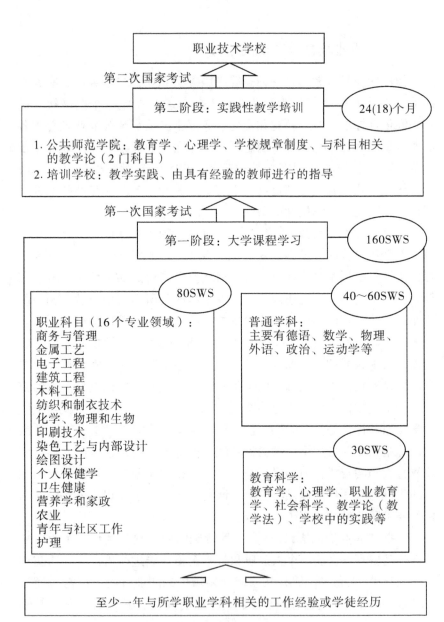

图4-1　德国职业教育教师专业化培养框架

(二)职业教育教师继续教育

通过职业教师培养阶段获得任教资格者可凭资质、业绩申请空缺职位,学校管理机构或教育文化部做出任命的决定。获得任命的申请者以公务员身份进入为期 2 年的试用期,试用期表现作为终身制公务员任命的参考。教师工作的核心任务是有目的地规划、组织、执行教学活动,以及对教学过程进行反思,包括教学、培养、诊断、评价和能力发展的子任务。除了完成核心任务外,教师需要承担一些管理类的工作,一些教师还需要参与指导新教师。教师的资质、业绩作为教师任教职位晋升的依据,学校在做出晋升决定前,需要对教师的专业表现进行评估,如专业知识、教学记录、专业成果等。

根据德国教育委员会的要求,所有教师需具备专业能力与教学能力。各州教育文化部长联席会议对教师能力范畴进行了精确阐述,即除专业科目知识、专业教学法之外,还需要具备诊断、评价、合作、素质发展的"元胜任力"。职业教育的重要问题是要把学习内容情境化到一个具体的职业领域,由于德国职业教育教师通常有较丰富的实践经验,他们在把学习内容情境化并形成模式方面具有明显的优势。为了适应不断变化的技术和社会对职业教育人才的需求,德国将职业教师入职后的培训纳入终身教育理念下的教师继续教育范畴,教师继续教育覆盖了教师的整个职业生涯,从职业教师任职初期直到职业生涯结束。教师继续教育内容包括教师的职业发展、竞争力保持、职业能力提高和扩展。作为学校最高监管机构和教师雇主的各州文化教育部负责教师的在职培训,通过各州《教师培训法》和《学校法》,对培训机构、培训申请审批等做出详细规定。职业学校系统和所在的州文化教育部有确保教师接受合适培训的义务,教师在职培训的目的在于保持和拓展教师的专业技能,在社会经济和技术不断变化发展的环境中,帮助教师熟悉技术发展和满足教学需求,完成学校的教育任务。

在职业学校系统中,教师的继续教育分为以州为中心的国家资助的培训、地区资助的培训和校本部培训。国家资助的培训由州文化教育部负责组织，职业学校教师以州为中心的职业培训，州所属的教师继续教育培训机构承担培训任务；由地区资助的培训，由地区教育部门及所属的各种培训机构以及分支机构进行组织和实施；校本部培训则由当地教育部门负责组织和实施。各个职业学校根据本校发展需要以及教师需求安排教师培训，培训的形式和内容更加具有灵活性和针对性，一般根据培训内容开展小组学习、学术会议、实地考察、座谈交流、远程教育等多种培训形式，培训内容涉及范围也比较广泛，如学校课程、机构管理、教学任务和目标、跨文化教学、教育技术以及当前学校教育的热点问题等。

相比较德国职业学校教师的继续教育要求，对企业培训指导员的继续教育要求则没有明确的法律规定，由企业根据实际情况自行决定。小企业可用于继续教育培训的资源比较缺乏，尽管如此，德国仍然有大量的企业内继续教育培训机会，帮助企业培训指导员提高素质。德国大企业常常根据员工发展的需要制定继续教育培训，培训由企业专属的培训部门或外部教育机构提供，小企业的培训指导员可以选择参加行业协会或专业团体组织的继续教育课程。[1]

二、英国职业教育教师专业发展模式

从前文对英国职业教育发展历程的叙述可知，随着多科学院转型进入大学系列，当前英国的职业教育主要由继续教育学院承担。英国的继续教育学院在职业需求驱动下，持续提高培育质量，努力为每个学习者提供可转移技能，以拓宽其就业能力，凸显个性化的非正规高等教育的价值所在。"继续教育学院的强大和效率的提升，必定会为当地社区转型发展产生重要影响，给众多民众带来社会经济状况的好转。"[2] 由于英国继续教育有全日制、半工半读、业余、夜校、周末及

---

[1] 李霄鹏、吴忠魁：《德国职业教育师资专业化发展》，载《比较教育研究》2011年第1期，第54-57页。

[2] 樊大跃：《英国职业技术教育的又一重要机构》，载《中国职业技术教育》2010年第13期，第78-80页。

"三明治"等多种形式，教学内容跨度广泛，除了文化补习类课程，还有相当数量和层次的职业技术知识和技能的培训，继续教育学院领域的教师既包括继续教育学院的教师，也包括高等教育中从事继续教育的教师，还包括从事工作场地教学的教师、在社区帮助学生学习和发展的教师、劳教指导员和志愿者在内的所有教师。英国新教师分类是在原有的教师、辅导教师、培训师分类基础上，以全职教师、助理教师、其他教师三个不同的名称加以区分的。三类教师都负有引导学生学习的责任，全职教师对教学的各个环节负责，助理教师仅对其中部分工作和环节承担部分责任，其他教师主要是提供辅助支持（教学以外的评估、认证和管理等工作）。

（一）职业教育教师专业标准与资格

在很长一段时期，在职业的或技术的专门知识和经验足以胜任技术学院中的教学这种观念的影响下[①]，政府对职业教育采取了放任管理政策，使得职业教育教师专业化发展（如教师资格、培训等）没有系统化的规定。随着技术学院日趋多元化，新的和多样化的传统使教师缺乏清晰的职业身份认同，各自专业领域的教师职业实践都是孤立的，阻碍着职业教育教师形成统一的职业价值观和标准。1992 年，英国《继续教育与高等教育法案》出台，继续教育学院脱离当地政府的管理，以公司形式组建，并接受主要来自继续教育基金委员会的资助，使得继续教育学院不再受地方政府的控制，这为继续教育学院提供了更大的自主权，反而促使职业教育教师培养的不规范化。直到 20 世纪 90 年代中期，英国政府始终未对继续教育教师培训制订统一的规划，也未对继续教育教师资格和标准有任何法令性规定。直到 1999 年英国继续教育国家培训组织颁布《继续教育部门教学和学习支持国家标准（英格兰和威尔士地区）》前，继续教育教师的培养多为地方

---

① 诺曼·卢卡斯：《英国的职业教育教师》，载《国际视野下的职业教育师资培养》，菲利普·葛洛曼、菲利克斯·劳耐尔主编，石伟平译，外语教学与研究出版社 2011 年版，第 241－267 页。

教育当局、学院和大学自发性的决定。1999 年的国家标准分别从职业要求、职业知识、教学关键领域、个人技能和品质维度提出教师能力具体标准（见表 4-1），这是英国第一次尝试针对继续教育学院教师这一群体制定的国家标准。

表 4-1　英国继续教育教师专业国家标准（1999 年）

需要满足的职业要求	1. 具有一定的职业价值观基础； 2. 遵守统一的职业行为规范
职业知识	1. 在广泛背景下对继续教育的地位、状况的了解； 2. 学科领域的知识； 3. 学习理论、教学策略及方法论； 4. 继续教育部门和教师实践的变化所产生的效果
教学的关键领域	1. 为群体和个人设计和准备教学项目； 2. 开发和使用各类教与学的技术； 3. 管理学习过程； 4. 为学习者提供帮助； 5. 评估学习者的学习成果和成绩； 6. 反思和评价个人的表现并计划未来的需求； 7. 了解学习者的需求
个人技能与品质	1. 自我反思； 2. 与群体和个人的有效沟通； 3. 诚实、可靠、自信； 4. 有同情心，融洽相处，尊重学习者和同事

2000 年 2 月，终身学习国务大臣颁布了关于《继续教育教师强制性教学资格》的咨询文件。2001 年 9 月起，英国教育与技能部对所有新入职的继续教育学院的专、兼职教师实施强制性教学资格要求（见表 4-2）。与过去继续教育自由发展时期相比较，尽管英国政府对继续教育学院教师实施强制性教学资格要求，但对于形式多样且雇佣方式灵活的继续教育学院，短时期内还较难适应，为了使职业教育的教学能及时满足劳动力市场的需求，学院仍旧从工业界招聘不具备教学资格的人员。

表4-2 继续教育学院教师资格类别

资格种类	对应类别	适用范围
初级阶段	城市行业协会730教师资格第一部分	工龄为1学期以内的所有新教师
中级阶段	城市行业协会730教师资格第二部分	工龄满4年的所有兼职教师
高级阶段	教育学研究生证书（PGCE）或教育证书（FE）	工龄满4年的所有专职教师

说明：城市行业协会730教师资格第一部分是为期一个学期的基本教师资格，为兼职的成人教育教师和工作场所中的培训教师开发；城市行业协会730教师资格第二部分是为期两学期的教师资格，在完成第一部分后进行；教育学研究生证书（PGCE）或教育证书（FE）是市政府认定的唯一的专职教师资格。

2005年，英国终身学习委员会（LLUK）取代了继续教育国家培训组织，着手为继续教育教师制定一套新的专业标准，并于2006年最终颁布了《终身学习部门教师、指导老师和培训者的专业标准》。该标准包括专业理念、专业知识、专业实践3个纬度，专业理念与实践、学习与教学、专业学习与教学、规划与学习、学习评价、学习进阶6个领域，共166条具体能力标准。2007年，英国终身学习委员会出台了与继续教育教师专业标准相适应的教师资格制度（如图4-2所示）：终身学习领域教学预备证书（PTLLS）、终身教育领域教学证书（CTLLS）、终身教育领域教学文凭（DTLLS）、学习和技能助理教师证书（ATLS）、学习和技能合格教师证书（QTLS）。出台了初始教

5、6、7级文凭（DTLLS2），最少120学分（ATLS）			QTLS
		4级文凭，60个学分（DTLLS1）	
	3、4级证书，24个学分（CTLLS）		
	3、4级证书，6个学分（PTLLS）		

图4-2 英国继续教育教师教学资格证书框架体系（TQF）

师培训的强制性单元评价要求：2007年9月起，在继续教育领域注册的新教师，仅具备3级或4级证书的助理教师必须修读学习和技能助理教师的课程，所有教师在完成初始培训、获得资格证书后的5年内还需进行"合格教师的学习和技能"（QTLS）认证，该认证要求教师提供每年30个小时的继续专业发展"（CPD）和不低于水平2的读写能力和计算能力的证明。教师只有在完成"合格教师的学习和技能"认证后才能算"完全合格"的教师。

随着监管力度的进一步加大，英国终身学习委员会在2008年开始要求开展继续教育新教师培训项目的所有高等教育机构经过英国标准审查委员会（终身学习委员会的下属部门）的认证和年度督查，并要求所有初始教师培训的教学与评价要遵照最新颁发的标准和评价规定。① 2011年，终身学习委员会和标准审查委员会被学习和技能提升服务部门（LSIS）和学习研究所代替并负责相应职责。1999年至2011年，英国政府采取了一系列措施以促进职业教育教师专业发展，教师的认证管理制度逐渐完善，同时，人们发现随着"合格教师"数量的提升，教师质量并没有发生真正意义上的显著改进。

2012年至今，随着《劳德·菲林德关于继续教育部门专业化发展的独立评论》的发布，职业教育教师在学习研究所进行"合格教师的学习和技能"认证的强制性规定被废止，职业教育教师必须具备教师资格的雇佣要求也在2013年被废止，职教教师资格不再是必需，雇主可自行决定教师的任职资格和教师的专业发展路径。同时，英国学习和技能提升服务部门于2013年颁布了新的《继续教育与技能部门的教学与培训资格》（Teaching and Training Qualifications for the Further Education and Skills Sector in England），简化了2007年版的教师资格，根据资格学分框架的水平等级结构，将职业教育教师资格证书大致分为认证、证书、文凭、高级文凭、专门文凭5种。随着学习和技

---

① LUCAS N. One Step Forward, Two Step Back? The Professionalisation of Further Education Teachers in England. Research in Post-Compulsory Education, 2013, 18（4）: 389 – 401.

能提升服务部门以及学习研究所的撤销，教育与培训基金会（ETF）替代了其行使相关职能，并于2014年颁布了《教育与培训部门的教师专业标准》（*Professional Standards for Teachers and Trainers in Education and Training – England*）。新的标准简化了2006年颁布的标准的内容，由专业理念与态度、专业知识和理解、专业能力三个方面构成（见表4-3）。近年来，尽管英国政府对职业教育教师的监管逐渐弱化，还权于雇主，但是通过此前的改革举措，大多数职业教育教师具备或正在准备获取相应的教师资格，且大多数具备本科及以上教育水平。政府在职

表4-3 教育与培训部门教师专业标准（2014年）

专业理念与态度	1. 反思如何在教学过程中最大化满足学习者的多样化需求； 2. 对教学实践、价值观、信仰做出评价并提出挑战； 3. 通过展现激情和传授知识来激发和鼓舞学习者； 4. 创新性地选择并应用能帮助学习者学习的策略； 5. 重视并促进社会和文化的多样性、平等性和包容性； 6. 在同事和学习者之间建立积极合作关系
专业知识和理解	1. 掌握并及时更新专业领域的知识； 2. 掌握并更新实证实践所需的教育研究的知识； 3. 应用研究或相关证据将有效实践的理论用到教学、学习和评估中； 4. 与他人一起评估教学实践及其对学习的影响； 5. 管理并督促积极的学习和行为； 6. 理解自己的教学和专业角色，以及责任
专业能力	1. 激发、鼓励学习者提升学业成绩，开发学习者的技能以获得进步； 2. 在安全和包容的环境下为不同学习小组或个人规划并实行有效的学习方案； 3. 充分利用现代技术优势，并指导学习者使用现代技术； 4. 满足学习者对教学和英语的需求，创造性地帮助个体克服学习困难； 5. 督促学习者对他们自身的学习和评估承担责任，并帮助他们设定具有发展性和挑战性的目标； 6. 使用合适的、公平的评估方法，向学习者提供建设性的和及时的反馈以帮助他们获得进步和成就； 7. 与雇主合作，更新教学、培训中的专业知识和职业技能； 8. 与他人合作，促进组织的发展及质量提升

业教育教师的专业化发展方式上超越了外在的由上至下的政策推行，转向为职业教育教师培养提供便利政策和发展空间，雇主和教师培养机构也由简单地执行国家标准和教师资格制度走向内在的更多关注教师理论教学、工作实践和团队合作精神的发展。

（二）职业教育教师职后培养课程体系

据英国教育培训基金会2015年公布的数据显示（见表4-4），在829家开设职业教育教师培养课程的机构中，开设认证课程的有795家，开设证书课程的有164家，开设文凭或高级文凭课程的机构有264家，可以看出职业教育教师教育与培训认证课程是开展最广泛的课程。从表中数据可以发现，高等教育机构中开设认证课程的只占13%，开设证书课程的占38%，而95%的高等教育机构都开设文凭或高级文凭课程。从学习者在各类培养机构中的占比来看：61%的学习者在继续教育学院接受职教初始教师教育课程，其中有56%的认证课程学习者、80%的证书课程学习者、66%的文凭或高级文凭课程学习者，均远高于在其他机构中的人数，继续教育学院成为英国开设职业教育初始教师教育课程的主体。继续教育学院开设师资培养课程不仅可以培养内部师资，也可为当地的其他学院或私立培训机构提供师资培养服务。

表4-4 开设不同课程的职教师资培养机构数和学习者占比

机构类型	开设职业教师教育课程机构数/个	开设认证课程机构数/个	开设证书课程机构数/个	开设文凭或高级文凭课程机构数/个
高等教育机构	39（4%）	5（1%）	15（3%）	37（26%）
继续教育学院	340（61%）	340（56%）	107（80%）	197（66%）
私立培训机构	340（23%）	340（29%）	31（9%）	22（8%）
成人与社区学习机构	110（12%）	110（15%）	11（8%）	8（1%）
总计	829（100%）	795（100%）	164（100%）	264（100%）

大多数成人与社区学习机构主要提供认证课程,很少提供证书或文凭课程,这反映了在成人与社区学习机构中,为兼职教师提供入职的认证课程是非常普遍的。私立培训机构往往从获利的角度开展初始教师教育课程(除大型私立培训机构之外),重点不是培养自己的师资。

英国教育培训基金会 2015 年公布的数据显示,非全日制课程与全日制、非全日以及远程课程三类(如图 4-3 所示)总和的 81%,92% 的认证课程是非全日制的,证书课程和文凭课程也主要是非全日制课程。继续教育部门中 75% 的文凭或高级文凭课程,以及高等教育机构中 52% 的教师教育课程均是在职教师教育课程,这反映了学习者在职参加培训的需求。而混合和远程教育的形式则相对较少,有一些私立培训机构会提供在线培训课程,另外,还有一些大学也开设了面向在职教师的在线学习课程。

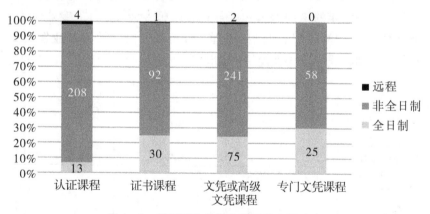

图 4-3 英国职业教师资格课程开展形式

在课程内容设置方面,英国职教教师培养课程内容的安排和设置是根据职教教师资格证书的层级来设计的。由于英国的高等教育机构是唯一能对职教师资培养课程进行自我认证,并自行颁发职教教师资格证书的机构,因此,其职教师资培养课程设置具有一定的代表性。以英国伍尔弗汉普顿大学职教师资培养的教育证书与专业教育证书课程,模块为例(如图 4-4 所示),其面向的是在继续教育机构中任教并希望通过学习获得证书的学员。

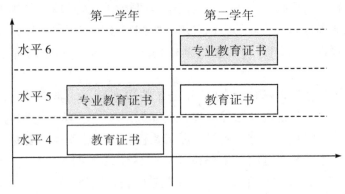

图 4-4　教育证书、专业教育证书与资格学分框架（QCF）的对应关系

教育证书针对没有学士学位者，而专业教育证书面向的是获得学士学位者，均为 2 年的学习期限，课程共有 6 个模块，每个模块 20 学分。第一学年的培训课程包括导论、教师专业发展 1、专业学习 3 个模块；第二学年的培训包括课程、政策和实践、教师专业发展 2、专业学习和在线学习 3 个模块（如图 4-5 所示）。

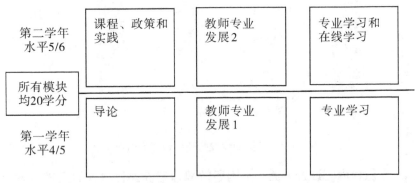

图 4-5　英国伍尔弗汉普顿大学教育证书/专业教育证书课程模块

以伍尔弗汉普顿大学教育证书/专业教育证书课程模块为代表的英国高等教育机构职教师资培养课程体系呈现螺旋式结构设计特征：无论是教育证书、专业教育证书课程，还是研究生教育证书课程，都注重将职教师资培养中普遍的、基本的概念和原理作为课程的中心，对应不同的资格水平编排连续性的课程模块,同时能使该课程的知识结构与学员的认知水平相统一,重视知识和能力的螺旋式形成过程。主要体现在两个方面:一是学员的专业教学能力,两种证书课程都从专业教学技能和知识、专业教学问题、专业教学资源等方面设计进阶性的课程模块,注重学员专业领域教学能力的螺旋式发展,重视了职业和教育专业教学知识(Vocational Pedagogical Content Knowledge,VPCK)的培养。[1] 而这种模块设计也体现了英国职教师培养课程不分专业的特点,即所有专业(除了专门文凭课程,即英语/其他语种者的英语、数学、特殊教育教学方面)在同一个水平层级的课程模块设置都是一样的,只是在课程设置上设计了"专业发展"模块,培养各个专业领域教师的VPCK和专业教学能力。二是学员的反思性教学能力,反思性实践贯穿于证书课程的各模块中,是职教师资培养的核心,通过设置进阶性课程模块,学员的反思性教学能力得到逐步发展。

三、美国职业教育教师专业发展模式

美国政府对职业教育教师专业化发展的重视是从《史密斯－休斯法》的颁布开始的,在此之前,职业教育教师接受的培训非常有限,而且国家没有法律支持和规范。2017年颁布的这项法案中的相关章节明确提出了联邦政府的资助要用于对各州职业教育教师薪酬和培训的支持,法案同时规定了只有具有实践工作经验的人员才被允许在联邦政府资助的职业教育项目中从事教学。[2] 这成为美国历史上首次对职业教师任教资格做出的规定,教师的实践工作经验成为美国职业教育教师资格认证的重要内容。岗位工作经验成为工业、医疗、贸易等职业教育教师任教资本资历的同时,农学、家政、消费、商学领域的职业教育教师则需要获得学士学位和接受专业课程的教育,以获得教师

---

[1] 汤霓:《英、美、德三国职业教育师资培养的比较研究》(学位论文),华中师范大学2016年。

[2] MILL A J. Certification: A Question of Validity. Voc Ed, 1982, 57 (2): 27-29.

资格证书。随后，美国出台的一系列职业教育法案，将职业教育区别于学术教育，形成了职业教育教师双重培养的理念，即通过累积工作经验获得证书和通过接受学院或大学教育获得证书的路径。《史密斯－休斯法》在某种程度上产生的教育哲学与社会需求之间的脱节，使得教师教育的标准不高，学生的学习效果并不理想。为提高职业教育质量，更充分地开发所有阶层的学术能力和职业能力，提高美国国际竞争力，美国政府于 1990 年颁布了《卡尔·帕金斯职业与应用技术教育法》[①]，促进了职业教育与学术教育的融合发展，为构建学校本位学习、工作本位学习以及联系活动三大部分有机结合的综合性劳动力开发与教育体系提供了政策支撑。此后出台的系列法案支持和发展了学术教育与职业教育的整合，以提高职业教育的质量。美国对教师入职和在职标准的制定与实施，极大地推动了职业教育教师标准的研究和制定，如美国工业与技术教师培养者国家协会（National Association of Industrial and Technical Teacher Educators，NAITTE）下属的研究会于 1995 年制定了《贸易与工业教育教师资格准备质量标准》、美国国家教师教育认证委员会（National Council for the Accreditation of Teacher Education，NCATE）制定了《技术教育教师培养标准》、美国国家专业教学标准委员会（National Board for Professional Teaching Standards，NBPTS）的生涯与技术教育教师委员会制定了《国家专业教学标准委员会生涯与技术教育专业标准：面向 11—18 岁以上学生的教师》，各州政府也纷纷着手制定州一级的职教教师专业标准和教师资格认定方面的法律法规。

进入 21 世纪后，美国对教育质量的关注和改革力度加大，2006 年颁布的《卡尔·帕金斯生涯与技术教育修订案》要求职业教师完成与核心学术课程内容、课堂实践相关的专业发展活动，促进来自产业的专业人员过渡到教师岗位。发布于 2012 年的《投资美国的未来：生涯与技术教育变革的蓝图》，提出鼓励职业教育教师的专业发展和评价体系的运用，支持企业专业技术人员通过替代路径走向职业教育

---

① 石伟平、匡巧：《比较职业教育》，高等教育出版社 2012 年版，第 56 页。

教师岗位，与行业协会合作更新职业教育教师专业实践知识和技能，优化职业教育教师有效性评价的方式方法。

（一）美国职业教育教师专业标准与资格

20世纪后半叶，美国各界对提高教师的学术与技能水平以促进教育质量的提升达成了共识，如何证明教师能够胜任其教学工作推动了教育界对教师应具有的专业标准进行了持续的研究与实践。美国各州通过研究和开发形成了各州相对独立的职业教育教师培养体系和专业标准，不同的全国性的教师专业组织，如国家专业教学标准委员会（NBPTS）、国家教师教育认证委员会（NCATE）、美国优质教师证书委员会（American Board for Certification of Teacher Excellence，ABCTE）、州际新教师评估与支持委员会（Interstate New Teacher Assessment and Support Consortium，INTASC）陆续提出了自己的教师专业标准。[1] 随着教师专业组织之间的互动协作，不同标准之间的区别不断得到修正。目前，由美国国家专业教学标准委员会开发的专门针对职业技术教育教师的专业标准具有较大的影响力。[2]

美国国家专业教学标准委员会的工作是促进美国教学的整体质量，制定优秀教师专业标准。持有地方教师执照、学士学位，且有3年以上教学经验的教师，可以申请认证从而取得该教育领域优秀教师资格。研究优秀教师专业标准往往是研究教师入职标准和资格的开端，因此，了解美国职教优秀教师专业标准具有实际意义。[3] 该标准主要用于甄选优秀职教教师，也是国家专业教学标准委员会优秀职教教师资格认证的基础性文本。许多学校将该标准用于教师专业发展，而大学与学院将该标准进行融合与吸收，用于本科与研究生教师教育培养项目。美国现使用的是2015年颁布的修订版，即《国家专业教

---

[1] 荀渊、唐玉光：《教师专业发展制度》，教育科学出版社2011年版，第13页。
[2] 付雪玲、石伟平：《美、澳、欧盟职业教育教师专业能力标准比较研究》，载《比较教育研究》2010年第12期，第81–85页。
[3] 和震、郭赫男：《职业教育教师专业标准：美国经验与启示》，载《天津大学学报（社会科学版）》2013年第3期，第241–246页。

学标准委员会生涯与技术教育专业标准：面向 11—18 岁以上学生的教师》（第二版），具体包含以下 10 项内容。

* 学生知识：对分别作为学习者和独立个体的学生有丰富而全面的理解和认识；重视学生多样化的学习方式和发展阶段，创造学习环境，进行差异教学，以满足所有学生的多样化需求。

* 应对多样化：创造公平、公正、尊重多样化的学习环境；进行全纳教学实践，倡导保证每个学生都能接受高质量的生涯与技术教育。

* 内容知识：利用技术与专业知识，以及跨学科的和教学的技能来开发课程目标，设计教学，促进学生学习，最终促进学生在各个行业领域内的成功。

* 学习环境与教学实践：设计情景化的学习环境，让学生为中等后教育与职业做好培训的同时，培养学生的批判性思考能力、创造能力、领导能力、团队合作能力以及沟通能力。

* 评价：设计并实施一系列有效且可靠的评价，让学生能够真实地反映他们的知识和技能水平，帮助他们建立目标，引导他们的技能和专业发展。

* 为中等后教育做准备：帮助学生进行生涯探索，学习并掌握知识与技能，使学生能够做出使他们的兴趣和天资与行业的需求、期望与要求相匹配的生涯决策。

* 课程设计与管理：设计并促进与行业需求相对接的高质量的课程或项目；对相关材料和资源进行管理，以丰富课程和项目，并积累对学生的有意义的教育经验。

* 伙伴关系与合作：与家庭、教育、行业和社区合作伙伴共同协作，在具有挑战性的真实世界中创造机会，同时支持能有助于学生规划、开发和完成他们生涯目标的网络建设。

* 专业领导能力：与学校和社区中的利益相关者进行合作，以改善教学，促进学生学习，并为自己在教学和工业界中所擅长的领域发声。

＊反思性实践：对整个教学过程进行分析性反思，使用多层面的反馈来增强自身教学的效力，加强反思性实践对学生发展的影响，并确立其对终身学习的重要意义。

从上述标准的内容可以看到美国职业教育教师专业标准的特色，即用描述性的语言对各项指标进行了情景性分析，使教师更清晰地知道按照标准应该知道什么和做什么，其对教师专业标准的普遍性和特殊性也有明确的体现。

在国家权威教师专业组织制定的职业教育教师专业标准之外，美国各州根据本州的教育、经济、人口等情况，制订各州自己的专业标准，为本州职教教师培养和资格证书的发放提供依据。如美国俄亥俄州分别制定了替代 B 路径的和传统 A 路径的职业教育教师专业标准。A 路径职业教育教师专业标准区分了不同的专业领域，如农业技术、家庭和消费、市场营销、综合商务等传统路径的职业教育教师专业标准。B 路径职业教育教师专业标准没有区分不同专业领域，如《俄亥俄州生涯与技术教育教师资格标准（B 路径）》。由于替代路径专业标准具有普适性特点，适用于不同专业领域，因此，从事企业、行业的具有相关工作经历的教师多是通过替代路径获得教师资格，其中，有约 75% 的职业教育教师通过 B 路径获得教师资格认证。[1] 以俄亥俄州为例，由来自该州教育部门、公立和私立职业教育教师培养机构（包括大学和社区学院）的代表组成的咨询委员会在参考了其他标准后，制定了《俄亥俄州生涯与技术教育教师资格标准（B 路径）》，内容包括一级标准 6 个，二级标准 40 个（见表 4-5）。

---

[1] JACQUES C, POTEMSKI A. *21st Century Educators*: Developing and Supporting Great Career and Technical Education Teachers. Special Issues Brief. Center on Great Teachers and Leaders, 2014.

表 4-5 《俄亥俄州生涯与技术教育教师资格标准（B 路径）》

一级标准	二级标准
了解和应用教学策略，提升学生学习能力，拓展学术机会，提高职业技术知识和技能发展	1. 发展和实施教学策略以适用于多种多样的学习风格、策略以及一些特殊情况； 2. 评估学生的先验知识与当前课程的关系，运用这些知识去设计教学和提供指导； 3. 探寻以工作实践为基础的学习机会（如工作见习、实习、学徒制、实地考察）来丰富学生的学习； 4. 设计教学策略为学生提供经验学习； 5. 运用一系列的教学策略去满足所有学生的学习需求，以确保学生可以反思他们自己的学习目标； 6. 创造功能学习社区，在这里，学生学习为自己和他人承担责任，参与决策，团结协作，独立以及有目的地参与活动； 7. 激励学生理解当地、州和国家关于安全问题的法律，确保他们在工作中能识别出危险，同时提供正面积极的学校学习环境，以作为一个安全模型； 8. 提供强化学术内容标准和制定课程计划的策略
提供差异化的教学方法以适应学生学习风格、文化、社会经济状态的多样性以及班级里的特殊学生	1. 对多样性的各个方面都要展示出欣赏的态度；支持文化上适当的交流；帮助学生消除烦恼，包括发生在学校、实验室以及工作场所的一些偏见和刻板印象；能将学生的个人经验、先前学习、天赋、文化、家庭和社会价值观相联系，作为一种提高学生学业表现的方式； 2. 帮助学生为工作或继续教育做准备时要明确立法和机构责任； 3. 能识别具有残疾和危险特性的学生，以便协助指导和干预这些学生； 4. 能发展教学策略以提高学生交际能力，为高技能、高工资和高需求的职业做准备； 5. 承诺培养学生在全球化社会中和日新月异的工作场所所必需的技术技能； 6. 学习在团队中如何发挥作用，并能应用其他学科/专业知识； 7. 通过使用各种材料和资源加强学习； 8. 使用真实的语境教学方法帮助学生达到指定的学习目标，如问题式学习、基于项目的学习和服务学习等教学方法； 9. 整合 CTSO 项目和活动以扩充学生的学习

续表 4-5

一级标准	二级标准
与学生、家长、其他教育者、管理员和协会协作与交流，来支持学生的学习	1. 能熟练掌握听、说、写和口头沟通能力； 2. 与当地的招聘网站和代理处合作，以确保学生的成功； 3. 与学校和社区的合作伙伴保持有效沟通，以支持该项目； 4. 将学校机构置于更广泛的社区环境中，并可以区分在这一系统中相关方面的功能与操作； 5. 对学生在学校环境之外的因素进行界定，如家庭环境、健康和经济状况，这些因素都会影响学生的学习； 6. 维护关于学生权利和教师职责的法律，如教育平等、残疾人教育法、纪律规范、虐童报告和隐私； 7. 实践课堂管理技能，最大限度完成任务，公平对待每个学生，创造一个尊重、支持、关心和安全的环境
理解和运用多种评估去传授知识，评价和确保学生的学习	1. 准确定义不同类型学生评估手段的特征、用处、优点和缺点，包括但不限于相关报告和数据； 2. 选择、构建并利用评估策略和工具，适当地对学习成果进行评估； 3. 利用各种各样过程性和结果性评价技术作为教学过程的一部分，适当地对学习结果进行评价； 4. 反思自己的教学行为，根据需要进行修正和调整，并与其他人进行持续提升与改进； 5. 对学生的进步进行分析，并和学生、家长、监护人以及同事们依据数据结果进行交流
作为个体或者学习社区中的一员，展示对专业成长、专业表现和参与的责任	1. 确定可用于专业学习的教学研究领域和资源，如文献、组织协会、同事、专业发展活动； 2. 接受咨询委员会作为一种教学网络手段的价值，探索工作经验和遵循项目发展的趋势； 3. 能体现出反思、评估和学习技能的持续发展； 4. 能对学校和其他领域中的专业人士进行识别，将其作为一种改善方法论的手段来促进学生的反思和解决问题； 5. 寻求能积极影响教学质量、学校发展和学生成绩的机会； 6. 了解并遵循紧急程序，维护安全设备，确保安全程序以适应学生的活动能力； 7. 能认识到获得初始教师资格证后，持续专业发展的必要性，制定个人专业发展计划并参与到其他教育机会中

续表 4-5

一级标准	二级标准
理解如何管理教学计划	1. 准备合理的课程设计，并制定和实施营销策略，来改善他们的教学计划； 2. 能运用革新的理念来更新、校正和修饰自己的教学计划； 3. 在课程单元设计和展开教学中运用相关技术； 4. 参与项目评估，将测试和数据作为这个过程的一部分

上述专业标准是职业教育教师资格认定的基础。美国职业教育教师资格的认定和管理机构可分为两类：一类是由各州教育部门下设的教师资格认定机构负责，制定各州职业教育教师资格认定标准及相关法规、程序，审核、颁发和撤销职教教师的资格证书，提供相关的职业教育教师资格认定信息、服务等；另一类是由教师专业组织机构负责，制定相应的教师资格认定标准及相关规定、程序以及认定方式。例如，美国国家专业教学标准委员会的优秀职教教师资格认定程序就非常严格，评审过程包括档案袋评审和评估中心评审两个环节，完成一个评审周期需要 3 年时间。第一个环节需要申请优秀职业教育教师资格者提交评论报告、影视记录以及其他有效形式，以展示其教学经验和能力（见表 4-6）。

表 4-6　美国国家专业教学标准委员会职教教师档案袋评审要求

评审内容	形式	具体要求
学生学习情况评估	评论报告	1. 选用两种在生涯与技术教育教学中常用的评价方式，用每种评价方式评价两名学生的学习情况； 2. 提交一个关于描述、分析以及评价学生学习情况的评论报告，在报告中需要说明教师教学时间是如何影响学生学习情况的
课程演示	影视记录、评论报告	1. 影视记录反映出教师是如何让学生积极参与到生涯与技术教育的学习之中的，此外，这段记录还应包括教师是怎样通过揭示、演示、讨论、个人以及小组的后续跟进、反馈等活动设计来帮助学生对某一领域知识和技能的探索和获取； 2. 评论报告包括教师对采用演示课程教学方式的描述和分析

续表 4-6

评审内容	形式	具体要求
团队合作培养	影视记录、评论报告	1. 影视记录需要反映教师是如何让两个小组共同合作的； 2. 评论报告应为对影视记录的描述和分析
成绩纪录	不限	1. 提交的材料能够反映出教师与学生家庭及社区的合作关系； 2. 提交的材料需要反映出教师的活动对学生学习的影响

申请资格的教师在完成以上环节的评审后，还需要完成评估中心评审环节要求的 6 项在线任务，以展示自己的专业知识和技能，每项任务 30 分钟（见表 4-7）。

表 4-7 美国国家专业教学标准委员会职教教师资格评估中心评审要求

任务	具体要求
将学科知识融入职业技术教育中	1. 描述自己是怎样通过情境教学方式将核心课程知识融入职业技术教育的技能学习中； 2. 评价上述情景教学活动
本领域研究进展	1. 描述能够影响本工作领域的某一重大研究进展； 2. 描述此项研究进展的特点； 3. 阐述研究进展影响本领域内的专业实践的方式并讲述对此研究进展所带来影响的应对方式
职业探索	1. 阐述自己对职业探索方法的了解程度； 2. 描述并评价一个适用于中学生的职业探索活动，此活动需要有相应的评价技术
高级技能及其过程	1. 阐述自己对本领域中所需要的高级技能的了解程度； 2. 根据给定的场景，描述一个对某职业专家需要具备的高级技能并阐述专家和新手在运用此技能时的区别。同时，需要解释此技能和工作场所其他影响因素之间的关系

续表 4-7

任务	具体要求
就业技能	1. 阐述自己对工作场所所需技能和工作期望的了解程度； 2. 描述自己运用模拟工作教学来提升学生对技能以及工作期望的了解方式； 3. 根据给定的场景，描述并评价一个能够帮助学生了解待定技能的模拟工作活动
职场学习	1. 证明自己具有制定与学生年龄相符的职场学习策略和设计项目的能力； 2. 描述一个职场学习经验，并对整个项目进行评价

一般情况下，美国职业教育教师资格证书可以划分为三个层级，从低到高分别是初级教师资格证书、专业教师资格证书、高级教师资格证书。初级教师资格证书颁发给新入职的教师，有效期不超过4年，获得初级教师资格证书并完成一定量的培训进修后可通过相应程序申请更高一级的专业教师资格证书，证明可以胜任职业教育教学工作并成为一名合格的教师，专业教师资格证书有效期一般为5年，专业教师资格证书期满后还可以继续申请更高一级的高级教师资格证书，所有证书都有有效期限，到期需要重新认证。

（二）美国职业教育教师培养的课程设置

由于职业技术教育是为学生提供用人单位所需要专业技能的教育，旨在使教育体系解决为学生准备职业生涯所需和现实世界雇主真正需要两者之间脱节的问题。美国职业技术教育教师在农业、公共服务、信息技术、建筑等十六大领域教给学生知识和关键技能，虽然一些教学是在传统的课堂环境中进行的，但职业技术教育教师需要花大部分时间在实际操作环境中指导和监督学生学习，还要开发课程、制定教学计划和编制教材，并需要通过与企业、政府机构或工会联系来帮助学生就业。基于教师持续发展的需要，一批经过认证的大学和学院作为职业教育教师培养机构，为教师提供有证书、学士、硕士、博士学位四个层次的课程。一些学员通过本科教育完成四年全日制课程后取得初级（临时）教师资格，而许多州并不要求某些课程的教师必须完成四年的全日制课程，因为他们认识到这个领域最好由有多年专业经验的教师来指导，这类课程的教师可以通过替代路径获得初级（临时）教师资格证。获得初级（临时）教师资格的教师需要进行4年左右的非全日制的课程学习以获得专业教师资格，这种职业教育教师教育课程属于入职后教育课程，以提高职业技术教育教学机会，比如俄亥俄州立大学替代路径课程（见表4-8）。职后培训课程一般是非全日制的或在线远程课程。

表4-8 俄亥俄州立大学替代路径职教教师培训课程（2015年）

课程名称	学分	学习目标	开设学期
夏季研讨班	4	对所有获得职位但没有教师资格证书的教师开展教师职责与表现的弥补性培训，以促进新教师知识、技能、态度和价值观念。超出初级（临时）教师资格证书的职业技术教育教师的专业发展标准	2015年夏季
职业技术教育现场实践1	2	学习者在成熟教师的指导和监督下，能够开发出自己教学项目的档案系统；开发15个左右本学期将会使用的学习包；开发实施一个学生管理系统；开发一个本学期可以使用的专题课程大纲；为自己的教学项目确认并实施一个安全项目，开发并实施学生人事制度	2015年秋季
职业技术教育现场实践2	2	能解释自己的教学项目中存在的棘手的人或事，以及如何协调处理它们；为自己教学项目创建一个咨询委员会，并为第一次会议制定议程	2016年秋季
职业技术教育教学法	3	为学习者提供在生涯与技术教育中设计与进行有效教学的指导与实践，使其能够与专业学习共同体合作使用各类教学策略，激励多样化的学生达到学习目标；向学习者提供信息，使他们能够计划、组织和管理职业培训与教育项目	2016—2017年秋季

续表 4-8

课程名称	学分	学习目标	开设学期
职业技术教育课程/教学与评价	3	向学习者提供分析职业领域的技术和方法,帮助其获得要进行教学的内容。学习者通过使用当前资源和信息进行职业分析,系统地开发一门职业技术教育课程。学习者通过学到的评价理论创造学生评价工具并应用于教学课堂	2016—2017年春季
教育技术课程	3	向学习者提供各种软件的使用信息与技能,使其能够使用各种软件作为学习与工作工具,并作为教学工具应用到教学实践中,如数字媒体、交互媒体、平面设计等	2017—2018年秋季
工作本位学习	3	使学习者掌握在职业技术教育中开发、协调与实施工作本位学习项目的策略,使其能够让接受职业技术教育的学生通过课堂学习、实验实践学习与在职的经验为就业做好准备	2017—2018年春季
劳动力开发与教育基础	3	向学习者提供检验支持劳动力开发与教育的机构和组织的机会,促进学习者理解来源于各个领域中的课程、概念和框架式如何形成劳动力开发与教育这一整合性学科的	2018—2019年秋季
职业技术教育"顶点"/跨课程领域中的阅读教学	3	指导学习者建立专业教学档案袋。向中等教育阶段的学生提供必要的知识和工具,来帮助其获得发展型阅读的技能,以及必需的学习能力	2018—2019年春季

四、日本职业教育教师专业发展模式

日本职业教育分为三类:一是学校教育体系中的职业教育,包括高中阶段的职业教育和高中后的职业教育,主要面向尚未参加就业的青少年,为其提供职前技术教育;二是公司企业体系中的职业教育,主要面向企业公司内部的员工，为其开展工作技能和公司文化的培训；三是劳动保障体系中的职业教育，主要面向失去工作者，为其提供再就业的技能以获得就业机会。其中，高中后的职业教育教师包括短期大学教师、高等专门学校教师、专修学校教师，因为办学目标的不同，在入职资格和职后培养方面又各具特色。

（一）日本职业教育教师入职资格

短期大学学制 2 年，是满足专门职业的需要，传授高深知识技能和研究专门技艺，培养生活和职业必需的能力的大学，其理论课程与实践课程的比例约为 7∶3，培养出的人才具有较强实践性特征。为确保各级教师具备所担任的教学领域的相关知识、技术技能，日本《短期大学设置基准》对各职称教师入职资格提出了明确的要求（见表 4-9）。教师入职资格条件体现出短期大学教师来源结构多元开放，以学历本位为基础，重视研究能力、技能经验的特点。

表 4-9　日本短期大学教师入职资格要求

职称	有担当短期大学教育的能力，且满足以下条件之一
教授	1. 获得博士学位者，有研究业绩； 2. 被认为有与博士学位获得者同等的研究业绩； 3. 获得专业硕士学位，并且有在该专门领域的实际工作业绩； 4. 被认为有优秀的艺术业绩、高超的技术、丰富的实践经验； 5. 在大学、短期大学和高等专门学校等有担任教授、副教授、专任讲师的经历者； 6. 研究院、试验所、医院等的在职人员，并有优秀研究成绩的人； 7. 被认为在特定的领域有丰富的知识、经验
副教授	1. 符合以上教授条件之一者； 2. 有在大学、短期大学、高等专门学校从事助教，或者与此类似的工作经历者（在国外与此相当的职员经历同等看待）； 3. 获得硕士学位或者专业硕士学位者（国外授予的与此相类似的学位同等看待）； 4. 被认为在特定领域有丰富的知识和经验

高等专门学校学制 2~3 年,是满足专门职业需要,以培养实践型技术人才为目标,教授专门的技术技能和相关素养的学校,课程设置与教学紧密围绕学生就业所需要的职业资格开展,理论课程与实践课程的比例约为 5:5。为确保各级教师具备所担任的教学领域的相关知识、技术技能,日本《高等专门学校设置基准》对各职称教师入职资格提出了明确的要求(见表 4-10)。高等专门学校教师入职资格条件体现出高等专门学校教师以学历本位为基础,重视对科研能力、技能、经验考核的特点。

表 4-10 日本高等专门学校教师入职资格要求

职称	有担当高等专门学校教育教学能力,且符合以下条件之一
教授	1. 获得博士学位者; 2. 获得专业硕士学位,有相关专门领域的业务实绩; 3. 有在大学、短期大学、高等专门学校任教授、副教授、专任讲师经历者; 4. 学校研究所、试验所、调查所的在职人员,有教育研究实绩,或者工厂事业单位的在职人员,有技术业务实绩; 5. 被认为在特定的领域有丰富的知识和出色的才能; 6. 有与上述各项要求同等能力并被文部科学大臣认可的人
副教授	1. 符合教授入职资格条件之一者; 2. 有在大学、高等专门学校做助教或者有与此大体相同的职务经历者; 3. 获得硕士学位或者获得专业硕士学位; 4. 被认为在特定的领域有丰富的知识和出色的技能经验; 5. 有与上述各项要求同等能力并被文部科学大臣认可的人

专修学校以实际生活技能为教育培训内容,根据不同的学习对象,开设专门课程、高中课程、一般课程。为确保教师具备所担任的教学领域的相关知识、技术技能,日本《专修学校设置基准》对教师入职资格提出了明确的要求。专修学校教师入职资格注重对应聘者技术技能经验及实际工作经历的考核,未对应聘者提出学历上的严格要求。其需要具备所担任教学领域的专门知识、技术技能,且需要符合以下条件之一:

*修完专修学校课程,并从事相关专业实际工作满6年;
*大学毕业后从事相关专业实际工作满2年;
*短期大学、高等专门学校毕业,从事相关专业实际工作满4年;
*2年以上做高中教师的经历;
*具有硕士学位或者专业硕士学位;
*在特定领域有特别丰富的知识、技术、技能、经验者;
*被认定具有与上述要求同等学力者。

在实际聘任教师中,由于《短期大学设置基准》《高等专门学校设置基准》《专修学校设置基准》对各职业院校各职称教师入职资格的规定是最基本的标准,日本职业院校作为招聘主体,学校本身拥有招聘自主权,可根据要求,参考学校实际运营状况、用人需求,制定本校特色的教师聘任标准。高等专门学校的教师待遇相对较好,社会地位高,教学职责多,教学内容专业性较强,所以对教师的学历综合素质要求更高,入职要求严格。专修学校对应聘者不要求高学历,但必须有与所教课程相关的专业知识、技术技能和丰富的实践工作经验,注重对职业资格证书取得的考核,因此是一种以实践经验职业资格证书为主要标准的入职资格。短期大学教师招聘不仅注重学历要求,更注重实习实践经验,重视对应聘者忠诚度、奉献精神等软指标的考核。

(二)日本职业教育教师职后培训进修

日本职业教育教师入职后,为不断提升适应社会经济发展和技术不断变革的需求,需要继续进行培训和进修,以提升职业教育教师的教学能力、科研能力、创新能力等方面的素质。基于此,进入21世纪以来,日本采取教师资格更新制度改革,设置"教职研究生院"对教师进行能力和学历的提升,加强校内培训等措施,以不断改进和提升职业教育教师专业发展能力。

1. 教师资格更新制度改革

2006年,日本提出实行教师资格证书每隔10年更新一次的制度,更新的条件是在教师资格证书的有效期内的最后 1~2 年，接受 20~30 课时的资格更新培训，培训之后由培训的实施主体进行认定，在不能满足更新条件或资格证书失效的情况下，允许再次提交申请。该更新制度同样适用于所有的普通教师资格证书，也适用于已持有教师资格证书的现职教师，即从事职业教育的教师也需要相应地在规定时间内接受资格审核，这就要求现任的职教师资在不同时期、不同形势下，保持应对各种变化，保持作为教师所具备的必要素质和能力。

2. 设置"教职研究生院"

2006 年，日本中央教育审议会在《关于今后教师培养资格证书制度》的咨询报告指出，日本的教师培养正处于大转换期，要求重新审视战后日本形成的大学培养教师这一大原则，以及高等教育机构如何进行教师培养的问题。在此背景下，日本提出创建"教职研究生院"作为研究生院硕士课程的一环。日本"教职研究生院"职业教育相关课程的设置是在学校现实的基础上，从培养教师的专业实际能力出发，构建了理论与实践高度融合的课程体系，即注重理论与实践的循环往复，既重视课堂学习，又要有研讨班、行动研究、实地调查等活动性学习，研究生、在职教师和大学教师之间会共同学习和合作。

职教师资培养机制包括以下四个方面：第一，"教职研究生院"的教师不仅要具备传授系统理论知识的能力，而且还要具备指导学生具体实践活动的能力，2/3 的研究指导教师原则上应该是教授，指导辅助教师数量应该达到研究指导教师数量的 2/3。另外特别重要的一点是，"教职研究生院"的师资构成采取专职教师与具有实践经验的实业家相结合的方式。第二，各大学自主招生主要招收在职职业教育教师和已经取得教师资格证书的应届大学毕业生，同时也招收一定的未取得教师资格证书的应届大学毕业生和社会上的优秀职业人员。第三，"教职研究生院"的学生不需要撰写硕士论文，这是为了保证学生的实习时间，所授予的学位证书为专业教师硕士学位。第四，"教职研究生院"必须有自己的合作学校，以为学生提供实习教学基地。

"教师研究生院"设置高层次化的职业教育相关课程的目的是培养具有高度实践能力的专业型职教师资，这种培养模式开拓了职业教育师资的培养渠道,同时也为在职的职业教育教师提供了能力和学历再提升的机会,而且这种机会与以往职业教育教师进入综合性大学进行学历或能力提升相比更具针对性,特别是能够使在职教师的实践能力和理论能力得到双重提升,而一些普通的综合大学或教育大学所培养出的职业教育教师一般缺乏主动将理论转化为实践的能力。

3. 加强校内在职培训

除了上述职后培训措施,学校还会开发本校教师培训课程,对本校在职新任职业教育教师进行培训。有的学校要求教师必须参加每周2天或每年60天的校内就职培训,此外还必须参加每周1天或每年30天的校外讲座、论坛及各种实践培训课程。有的学校购买独立行政法人"教师研究中心"的培训服务,对学校教师的研修提供指导和帮助。开展"职业教育课例研究",其他教师观摩授课教师授课,教师间合作备课,所有参与课堂教学活动的教师都参与对课堂教学的讨论评价和研究。每年文部省都要为各教科领域指导教师以及指导主事举办为期一周的讲座,讲授适应科技和经济发展需要的新知识、新技术。

第五章
中国职业教育教师专业发展的历史嬗变

纵观历史长河,不难发现,职业教育教师的专业发展始终伴随着职业教育现代化乃至整个社会现代化的进程,如果跳出了现代化的大背景,教师专业发展就无从缘起,也无从持续进行下去,更没有规律可循。与此同时,作为与经济发展依从度和配合度最高的教育类型,职业教育教师专业发展程度对整个职业教育质量有着至关重要的影响,并制约着专业结构、人才结构与产业结构的有效对接。学界普遍认为,以1904年《奏定实业教员讲习所章程》的颁布与实施为标志,我国职业教育教师专业发展得以萌起,主要是照搬日本学制创建近代教师教育。经过近百年的曲折发展后,职业教育教师正式地位的确立是1993年颁布实施的《中华人民共和国教师法》,而后在20多年的职业教育大改革与发展中实现了质的飞跃,呈现出具有中国特色的发展路径与表现。从社会现代化、职业教育改革与发展、教师教育政策等方面入手,职业教育教师专业发展的基本脉络足以清晰可现。纵观历史,可将中国职业教育教师专业发展分为孕育阶段、启蒙阶段、跌宕阶段、成长阶段、定型阶段和转型阶段。

一、职业教育教师专业发展孕育阶段:明末至晚清时期

从明朝后期到晚清时期,中国经历了两次大规模的西学东渐浪潮,学界论述众多,影响深远。其中,第一次西学东渐是明末清初,以方济各·沙忽略、利玛窦、罗明坚、卫匡国等为代表的西方传教士扮演着重要角色,他们以文化传教为宗旨、以传播宗教为根本目的,推进了西方文化在中国的传播。第二次西学东渐是19世纪中期到五

四运动前后，以来华传教士、外交家、官绅、留学生、探险家等为代表，尤其是面对国破山河碎、西方列强入侵、清政府软弱无能的社会惨状，许多仁人志士、官绅怀揣着留学救国、教育救国等理想，以"师夷长技以制夷""师夷长技以自强"为核心思想，通过留学等多种方式积极向美国等西方国家学习自然科学和社会科学知识，从被动西化到主动全盘借鉴西方，寻求民族的独立、国家的富强。无论是从范围还是影响力上，第二次西学东渐极大地促进了西方科学文化在中国的传播，在留学欧美、留学日本、官绅出国考察等多种方式的推动下，中国近代教育制度逐渐建立。

正是在西学东渐浪潮的推动下，中国人才得以开眼看世界，从根本上动摇了"普天之下，莫非王土，率土之滨，莫非王臣"的顽固认知，通过洋务运动、戊戌变法等逐渐打开了李鸿章所说的"三千余年一大变局"。在官绅出国考察、洋务运动、维新运动中，国人逐渐建立起了对整个师范教育的认识，并通过比较与借鉴得以加深。而职业教育教师专业发展在官绅出国考察、留学热潮、全盘照搬西方学制、创办新型教育机构、培养技术人才等的时代热潮中得以萌生，并蕴含了不断发生新变的空间与可能。

（一）官绅出国考察教育

清末，官绅出国考察成为学习国外政治、经济、文化教育的主要力量，典型代表有何如璋、黄遵宪等。例如，作为中国首任驻日公使，何如璋深入考察了日本明治维新以后的教育，"其学校：都内所设，曰师范，曰开成，曰理法……分门别户，节目繁多"[①]。意即日本分门别类开设了各类学校，教授多种科目，其中就有师范学校。驻日参赞黄遵宪在实地考察与深刻对比后以8年之力撰写了《日本国志》，较为全面地展现了日本明治维新后的社会变化，共40卷，50余万字。其中，专门列有"学术志"写道，明治维新期间，日本正是通过派遣官员赴美、英、德等国学习，引入西学，并结合日本革新需要建立了

---

① 罗森等：《早期日本游记五种》，湖南人民出版社1983年版，第65页。

新的教育管理机构——文部省，制定新学制、兴办新式学校等，才得以创立了近代教育、走向强大。例如，花大力气改革师范教育，"师范教育所养成教员以其广益者也。自改习西学，苦于无师，旧日师长，唯习汉经史，故文部省议以养成教师为急务。美国有师范学校，所以教为人师，特仿其学制，并聘请其国人开师范学校，凡小学教育皆于是择取焉"①，即一改过去只学习汉学、经史的做法，效仿美国师范学校模式，兴办师范学校，学习欧美国家的先进知识，为小学等培养专门的教师。对长期以来闭关锁国的清朝而言，何如璋、黄遵宪等官绅对国外教育的考察和介绍大大丰富了国人对新式教育的认识，为职业教育教师培养的启蒙奠定了重要基础。

（二）洋务派与维新派改革教育

两次鸦片战争使我国面临着外交、技术、军事、语言、天文、算学等方面人才急缺的境地，洋务派、维新派主动模仿西方资本主义国家的教育体制、办学理念和方法创办各种语言学校、军事技术学校及中学西学兼施的学校。与中国一衣带水、从明治维新中迅猛发展起来的日本成为效法的主要对象，这一时期侧重于军事、师范、法政、警务等方面的培训，规模庞大，被马里乌斯·詹森（Marnus Jansen）誉为当时世界史上"最大规模的海外学生群众运动"②。赴日留学的学生一方面通过翻译、编撰等方式出版了近现代数学、自然、科学、历史等方面的教科书，成为辛亥革命以前各类学校的主要教科书，另一方面，通过创建、管理新型学校或任职于新型学校等方式参与改革与发展新式教育，促进了近代职业教育的发展与教师教育机构的建立。以盛宣怀等为主要代表人物，洋务派在兴办上海电报学堂、矿务学堂、驾驶学堂等新式学堂的过程中，深刻意识到仅仅是全盘模仿日本学堂模式培养人才或者开展实用性的短期训练并不能从根本上解决中

---

① 黄遵宪：《日本国志》，上海古籍出版社2001年版，第124页。
② 任达：《新政革命与日本：中国，1898-1912》，李仲贤译，江苏人民出版社1998年版，第51页。

国积贫累弱的现状,应着眼于开办正式教育、为国家培养多方面的人才,即从实业救国转向教育救国。1896 年,盛宣怀在上海创办南洋公学,其中,设师范学院,遵循《南洋公学纲领》《南洋公学章程》,以西学为主,自行编译教材,成为中国师范教育的开端。① 张之洞则通过在武昌设立师范学堂并派遣学生到日本学习,开创了"官派留学生到日学习速成师范"②的先河,引发京师大学堂、山东等地师范学堂的效仿。

维新派则提出了改良式的学制构造,提倡要向资本主义国家的教育制度学习,建立一个较为完整的学校教育体系。对于各级各类学校的性质,康有为在《请开学校折》提出"高等专门学者,教人民之应用,以为执业者也"③,即高等专门学校是专业性教育,目的在于培养各级各类科学技术人才以及从事理论研究的人员和各种师资。针对外国教员语言弊端、沟通不畅等问题,1896 年梁启超在《时务报》上发表了《变法通议·论师范》,论述了师范教育对整个教育的基础性作用,比较系统地介绍了中国的师范教育,进而提出应创办师范学校,培养中国教师的主张,"欲革旧习,兴智学,必以立师范学堂为第一义"④,仿照日本学制将国民教育体系分为四部分,即家庭教育或幼稚园教育(5 岁以下),小学教育(6~13 岁),中学教育或相当程度的师范学校与各类实业、专门学校的教育(14~21 岁),以及大学教育(22~25 岁),成为中国近代第一篇论述教师教育的文章。

---

① 《开中国师范教育之先河》,见上海交通大学校史网(https://sjtuhistory.sjtu.edu.cninfo1011/1454.htm)(2019 - 10 - 6)[2018 - 3 - 20]。
② 阮春林:《清末〈奏定学堂章程〉颁行前后师范教育探究》,载《广东社会科学》2012 年第 4 期,第 134 页。
③ 周德昌:《南洲讲学开新派:教育改革家康有为简论》,载《华南师范大学学报(社会科学版)》1987 年第 2 期。
④ 阮春林:《清末〈奏定学堂章程〉颁行前后师范教育探究》,载《广东社会科学》2012 年第 4 期,第 133 页。

(三)晚清政府改革学制

19世纪末20世纪初,新式学堂、学生数量均急剧增加,但并没有一个对各类学堂学习内容、学制、科目设置等问题的统一规定,因此,教育发展十分混乱。在社会各界有识之士竭力倡导效法西方、建立近代学制的大声疾呼中以及中国新式教育蓬勃发展的实际需要下,晚清政府被迫启动了学校教育制度的改革。

1902年,管学大臣张百熙主持制定了中国近代第一个学制——《钦定学堂章程》(壬寅学制),并由清政府正式颁布。该学制较完整地将学校系统分为"三段"(初等教育、中等教育、高等教育)、"七级"(蒙学堂、初等小学、高等小学、中学堂、高等学堂、大学堂、大学院),几乎全盘模仿日本的教育,虽然没有付诸实施,但对办学纲领、课程设置等做了比较详细的规定。与此同时,壬寅学制提出"在高等学堂中增设实业科"[①],初步具有职业教育性质和实践形式,但并没有真正发展起来,也没有真正意义上的、独立的教育实体。

1904年,张百熙、荣禄、张之洞拟定颁布了《奏定学堂章程》(癸卯学制),于其中规定各省办理学堂的官员应以多为贵,日本是必去之地,并将整个学校教育系统从纵向上分为三段六级,横向上分为普通教育、师范教育、实业教育三种类型。该学制依旧主要以日本明治维新时期的学制为参考蓝本,对各级学堂的培养目标或宗旨进行了规定。以师范教育为例,包括《初级师范学堂章程》《优级师范学堂章程》《实习教员讲习所章程》三个部分。其中,初级师范学堂主要针对高等小学、初等小学教师,学习普通科目、教育管理等,提高国人识字水平,优级师范学堂主要是为了培养初级师范学堂、中学堂的教师和管理人员,而实习教员讲习所则为各类实业学校、学徒馆培养教师,可谓是职业技术师范教育的雏形。这类机构一般附设于农工商大学或高等农工商业学堂,或者单独设立,分农、商、工业三类,招

---

① 吴华彪:《建国前中国高等职业教育发展历程回顾》,载《江苏技术师范学院学报(职教通讯)》2009年第4期。

初级师范学堂、中学堂或同等以上之实业学堂 17 岁以上毕业生。《奏定学堂章程》从国家层面对近代教育制度做出了统一规定，并在整体框架下适时修订相关章程，标志着教师教育的独立，各地兴起改办初级、优级或两级师范教育的热潮，如天津初级师范学堂、两广速成师范馆、四川简易师范学堂、直隶天河师范学堂、山西优级师范学堂、两湖总师范学堂等。与此同时，该学制进一步完善了实业教育体系，在提出成立初等、中等实业学堂的基础上，首次提出开办高等实业学堂的设计，独立于普通教育、师范教育之外。由此，各地基于地方优势与特色，纷纷成立了商业学堂、农业学堂、医学学堂、工业学堂等各类实业学校，例如，两广高等工业学堂、两广方言学堂等，职业教育得以正式独立并发展起来，与师范教育交相呼应、彼此关照。

科举制废除之后，大批士子、士大夫要谋求新出路，旧书院或学堂基本处于废置状态，而国民教育在新式教育的发展下不断得到推广，新式学堂遍地开花。与之形成鲜明对比的则是师范教育的生源、办学条件等严重不足，难以满足新教育的需求。为充分利用闲置的旧书院、学堂，并扩大生源、改善办学条件，以扩大师范教育规模为目标，山东、河南、广东、四川等地纷纷改办曾经供养士子的旧书院、经堂以及游学预备科为师范学堂。

综上，中国近代师范教育得益于西学东渐，具有显著的半殖民地半封建色彩。在癸卯学制颁布以前，开办新式学堂主要是为了满足解决内忧外患之急需，主要有外国语学堂、军事学堂、实业学堂等类型，尤其是直接为了军事服务，船政学校、语言学校、电报学校、矿务学校等学校初具职业教育色彩与特征，培养了大批实用性技术人才，但对整体教育制度的关注不多，对教师的培养与发展关注更少，因此，专门培养教师的学校凤毛麟角。尤其是职业教育尚未独立出来，也没有相应的教育实体，这一类型教育的教师培养与发展也无从谈起。1902 年的《钦定学堂章程》对师范教育进行了粗略规定，就职业教育而言，破天荒地提出了兴办高等实业学堂的思想，虽然没有付诸实施，但这并没有阻碍随即而至且日益兴盛的师范教育、实业教育发展热潮，为近代职业教育的正式建立，以及教师的培养与发展提供了理论依据和实践参考。作为中国近代第一部由国家颁布并在全国实行的学校系统，癸卯学制尊崇的是"忠君、尊孔、尚公、尚武、尚实"的教育宗旨，推行的是"中体西用"的教育教学制度，封建主义色彩极其浓厚，特别注重封建伦理道德教育，以培养德性为最高教育目标，几乎照抄日本学制。对职业教育及其教师培养、发展而言，该学制最具有突破意义的是它将师范学堂、实业学堂单列出来，独立于普通教育系统，这无疑是一个极大的变革和进步。自此之后，职业教育的教师培养与发展逐渐起步，但并不引人注目，并不理想，究其原因在于社会环境的动荡不安、顽固派或守旧派官员的阻挠、"学而优则仕"思想的根深蒂固、近代学制对西方学制的全盘照搬和对实际情况的认识不足、办学经费的极其有限、师范教育相比政法等诸科较难，"且学者都选择易学、擅长、有好出路的专业学习"，① 以及对职业技术教育及其教师培养与发展重要性的短视等。

二、职业教育教师专业发展启蒙阶段：民国至新中国成立前

随着实业救国、教育救国思潮的盛行，中国近代教育体制逐渐与西方教育制度接轨，但全盘照搬西方模式的做法导致人才培养具有高度对外依赖性，而且并不能改变国贫民弱的现实窘况。为摆脱这一困境，进一步培养具有一定基础理论功底、合乎共和而非帝制的技艺人才，同时也为了跳出对日本学制的照搬，将中国传统教育与西方学制进行融合，"中华民国"初年，在教育总长蔡元培的推动下，南京临时政府制定并颁布了壬子癸丑学制，这既是"中华民国"成立后的第一套新学制，又是我国正式颁布并得以实施的第一个现代学制，往前承接了癸卯学制，往后连接了 1922 年的壬戌学制，还为新文化运动、五四运动打下了基础，成为中国近现代学制的重要分水岭。而后，伴

---

① 阮春林：《清末〈奏定学堂章程〉颁行前后师范教育探究》，载《广东社会科学》2012 年第 4 期，第 133 页。

随壬子癸丑学制、壬戌学制等的实施,以及"职业教育救国"思想的深入、新文化运动等的开展,在称谓、形式、内容等方面,职业教育制度开始逐渐取代清末以来的实业教育制度,与现代教育体系的各类称谓渐趋一致,促进了近代教育向现代教育的转变。由此,整个中国教育实现了艰难转型,职业教育迈出了从近代向现代转型的重要一步,教师专业发展开始出现新的局面。

(一)职业教育制度逐渐取代实业教育制度

无论是从基本纲领、教育宗旨,还是从学制框架、教学内容上看,壬子癸丑学制与晚清时期的教育宗旨大有不同。一方面,该学制继承了"尚公、尚武、尚实"的精神,另一方面又结合民国初期的社会发展需求进行了改造,提倡"注重道德教育,以实利教育、军国教育辅之,更以美感教育完成其道德"① 的宗旨。从框架与内容上看,该学制既保留了癸卯学制的基本框架,继承了其中的进步部分,又模仿了日本学制,包括一个主系列(小学、中学、大学)、两个辅系列(实业教育、师范教育)。其中,该学制针对实业教育的特征,并结合国外教育的发展,进行了较大改革,例如,在目的上,主要教授农工商必需的知识技能;在称谓上,把"实业学堂"改为"实业学校";在类型上,把实业学校分为甲、乙两种,前者与中学平行,即中等职业教育,后者与高等小学平行,相当于初等职业教育,学制各为3年;在门类上,将实业学校分为农业学校、工业学校、商业学校、商船学校等,分别实施完全或简易的普通实业教育。

1917年,中华职业教育社成立,并创办中华职业学校,开启与实业界联合办学的先河。当时的中国社会依然奉行学而优则仕的思想,在教育上十分偏重学术、轻视技术。针对这一弊端,同时在杜威实用主义思想的影响下,广东、江苏等地区以"工业立国""职业教育救国"为理念,大力推行职业化的教育实践。例如,围绕社会迫切需要

---

① 璩鑫圭、唐良炎:《中国近代教育史资料汇编·学制演变》,上海教育出版社1991年版,第651页。

的应用技术、技能人才,增设职业学校,开设土木工程、印刷、制糖、纺织、水利等专业,并依据人才需求和地方发展特色继续增设、删减专业,推动了职业教育的快速发展。同年9月,民国政府修订并颁布了《修正大学令》,将"大学分为文科、理科、法科、商科、医科、农科、工科。设二科以上者得称大学。其但设一科者称为某科大学"①,以法律保障了大学更加独立、分门别类地发展,高等教育层面的职业教育在地方逐渐成长壮大。

1919年五四运动爆发,成为中国彻底反对帝国主义、封建主义的里程碑,深刻影响了政治、经济、文化、教育等各个方面,实用主义教育思想、职业教育思潮、平民教育思潮、工读主义思潮等盛行,民主、科学、自由、平等等思想融入教育领域。正是在其推动下,1922年,壬戌学制得以颁布,也称"六三三四学制","这是一部力图与国际教育和现代化趋势接轨的、相对成功的一部现代学制"②。与以往全盘照搬日本学制不同,该学制以美国学制为参照对象,注重依据学生身心发展特征,加强了职业教育,尤其是侧重于确立中等职业教育制度,并照搬美国综合中学模式。该模式最大的进步在于构建了自成体系、从初级到中级再到高级的职业教育体系,用职业教育制度取代了实业教育制度,办学形式日益多元化,"在学校结构体系上,突破了民国前原有实业教育的范畴,建立起了涵盖农、工、商、体育、家事、海事以及医事等多行业的结构体系"③,如小学的职业预科、补习学校、中学职业科、职业学校等。

(二) 教师培养的科目与课程明确而具体

壬子癸丑学制颁布后,高等教育、师范教育的科目与课程设置比

---

① 袁博:《民国初年壬子癸丑学制下的水利教育(1912—1922)》,载《重庆第二师范学院学报》2015年第2期。

② 吴洪成、苏国安:《一部现代学制的艰难问世:〈壬戌学制〉的制定过程》,载《南阳师范学院学报(社会科学版)》2014年第5期,第56页。

③ 吴华彪:《建国前中国高等职业教育发展历程回顾》,载《江苏技术师范学院学报(职教通讯)》2009年第4期。

较明确、具体，注重技能训练、实用课程等科目的设置。

1912年9月，教育部颁布了《学校系统令》《师范教育令》等一系列文件，职业教育及其教师培养得到了较大程度的发展。其中，在《师范教育令》中，政府明确了培养目标在于"造就小学教员"①；10月，教育部公布了《专门学校令》，对于职业教育而言具有标志性的意义，它将专门学校划分为10个类别，即法政专门学校、药学专门学校、工业专门学校、农业专门学校、商业专门学校、医学专门学校、音乐专门学校、美术专门学校、外国语专门学校、商船专门学校，类似于现在高职高专教育的专业大类，而后陆续公布了《法政专门学校规程》《工业专门学校规程》《师范学校规程》② 等一系列有针对性的专门学校规程，详细规定了10类学校的科目设置，如工业专门学校包括土木科、建筑科、采矿冶金科、染色科、酿造科等13个科目，农业专门学校包括农学科、水产学科等5个科目（见表5-1）。

表5-1 壬子癸丑学制专门学校及其科目③

类别	科目
法政专门学校	法律科、政治科、经济科
工业专门学校	土木科、机械科、造船科、电气机械科、建筑科、机织科、应用化学科、采矿冶金科、电气化学科、染色科、窑业科、酿造科、图案科
农业专门学校	农学科、林学科、兽医学科、蚕业学科、水产学科
医学专门学校	不分科
药学专门学校	不分科
商船专门学校	驾驶科、机轮科
外国语专门学校	英语学科、法语学科、德语学科、俄语学科、日本语学科
商业专门学校	不分科

---

① 舒新城：《中国近代教育史资料·中册》，人民教育出版社1981年版，第700页。
② 骆威：《"壬子癸丑"学制与民国初年高等教育立法评述》，载《西安电子科技大学学报（社会科学版）》2013年第5期，第128-129页。
③ 同②。

1912年10月，为进一步规范高等院校办学，民国政府制定并颁布了《大学令》，将大学分为7个类别，即文学、法学、理学、医学、商科、农业、工业。次年1月，教育部又颁发了《大学规程》，对大学的学制、科目进行了分门别类的规定。例如，"商科"包括了银行学、外贸学、税关仓库学等6科，"工科"有机械工学、土木工学、采矿学、造船学、冶金学等11科。为规范高等师范教育，2月，教育部颁布了《高等师范学校规程》，从纵向上分为本科、预科、研究科3个层次，每一层次对应着不同的科目，如本科层次的高等师范教育分为国文部、英文部等6部，各部既要学习相对应的科目，又必须通习伦理学、心理学、教育学、英语、体操5个科目（见表5-2、表5-3）。

表5-2　壬子癸丑学制大学科目①

类别	科目
文科	哲学、历史学、文学、地理学
理科	数学、实验物理学、理论物理学、星学、动物学、地质学、化学、植物学、矿物学
法科	政治学、法律学、经济学
商科	保险学、银行学、领事学、外国贸易学、税关仓库学、交通学
医科	医学、药学
农科	农学、林学、农艺化学、兽医学
工科	土木工学、造船学、气工学、船用机关学、建筑学、造兵学、火药学、机械工学、应用化学、冶金学、采矿学

---

① 骆威：《"壬子癸丑"学制与民国初年高等教育立法评述》，载《西安电子科技大学学报（社会科学版）》2013年第5期，第127页。

表5-3 壬子癸丑学制高等师范学校科目①

层次	类别	科目
本科	国文部	国文及国文学、历史、哲学、美学、言语学
	英语部	英语及英文学、国文及国文学、历史、哲学、美学、言语学
	历史地理部	历史、地理、法制、经济、国文、考古学、人类学
	数学物理部	数学、物理学、化学、天文学、气象学、图画、手工
	物理化学部	物理学、化学、数学、天文学、气象学、图画、手工
	博物部	植物学、动物学、生理及卫生学、矿物及地质学、农学、化学、图画
	各部通习	伦理学、心理学、教育学、英语、体操
预科		伦理学、国文、英语、数学、图画、乐歌、体操
研究科		就本科各部择二三科目

以适应社会进化需要、面向平民、发展个性、注重生活教育等为改革标准，壬戌学制及其之后颁布的新学制课程标准等，在科目设置、课程与教学上凸显出三个主要特征：第一，注重以科学、实用和契合地方特色为原则，以合并等方式设置科目；第二，凸显办学的非功利性、非营利性，面向广大国民，培养有用之才；第三，手脑并用，在教学方法、教学内容等方面注重理论与实践的结合，追求实用性和科学性。

由此可见，从课程设置背景、宗旨、目的、内容等多个方面来看，壬子癸丑学制颁布以后，课程设置废除了以往"尊孔读经"的做法，强调平民化与实用化，前者体现为面向更多的国民，而非贵族、

---

① 骆威：《"壬子癸丑"学制与民国初年高等教育立法评述》，载《西安电子科技大学学报（社会科学版）》2013年第5期，第129页。

士族等特权阶级,后者体现为面向生活生产实际需求,学生学习的"各方面知识成为有用的社会服务工具而非纯粹的装饰品"①。

(三) 初设专门的职业教育教师培养机构

从壬子癸丑学制的颁布与实施上看,教师专业发展主要有两个侧重:一是在阶段上侧重于教师培养,教师发展还未上升到关键认识与实践层面;二是在相关机构上,职业教育、师范教育同属于两个辅系列,相互独立,但职业教育教师培养并没有专门的教育机构,教师主要来源于大学。因此,在壬戌学制颁布之前,职业教育教师培养与发展并不能离开整个高等教育、师范教育。而1922年颁布的壬戌学制彻底改变了这一局面,用职业教育制度取代了原先的实业教育制度,职业教育得到较大程度的发展,或单独设置、分门别类施教,或设置在普通学校之中,表现为与普通教育的简单结合。故而在当时的社会背景下,开办职业教育的机构较为多样,从依从度或独立性上看,不仅有单独设立的各类职业学校、专门学校,还有附属于小学、中学以及大学等各阶段普通学校的职业科、专修科等。针对职业教育教师的培养,壬子癸丑学制提出了不同于以往学制的做法,即初中、高中以及职业学校可以根据实际情况设置专修科、职业科以培养职业学校教师,一科或者多科相结合,学习期限不限。1923年6月通过的《高中课程标准纲要》等文件对此进行了深化,规定高中可以分为两种:一种是以升学为目的的普通科,一种是以职业、技艺为目的的职业科,可以视为中等教育阶段分轨教育的初始状态。在科目的类型及要求上,分科学习的科目又分为必修课、选修课、专业指导三类。以此为标志,职业教育不仅与普通教育分轨,而且开设了专门的教师培养机构(见表5-4),成为职业教育教师专业发展史上的一个里程碑。

---

① 周文佳:《民国初年"壬子癸丑学制"述评》,载《河北师范大学学报(教育科学版)》2011年第11期,第49–50页。

表5-4 壬戌学制高中教育结构①

类别	科类	课程
普通科	文学及社会科学	必修科目，占总学分42.7%； 选修科目，不超过总学分的20%； 专业指导
	数学及自然科学	
职业科	师范科	
	商业科	
	工业科	
	农业科	
	家事科	

20世纪20年代末30年代初，国内爆发了严重的经济危机，技术技能型人才缺乏与大学生普遍失业等社会现实问题十分严重，围绕要不要"削弱大学教育"或"把大学教育职业化"这一核心问题，以及人才培养的目的是"学以求知"还是"学以求用"②，无论是政府还是教育界都针对大学教育和职业教育的定位、目的、关系等展开了激烈的争论，代表着不同的教育立场与理念。而为推广职业教育，政府相继通过了《请推行职业教育案》等一系列职业教育议案，中华职业教育社开展了关于职业教育理论的研究与实践调查，促进了职业教育的规范化与规模化发展；在抗日战争时期，为了应对军事需要，敌后方国统区、东北沦陷区、革命根据地各自开展了不同的职业教育实践，而中国共产党以干部培训为主要目的与形式，对职业教育进行了发展，为新中国成立后的职业教育提供了参考。由此，职业教育在民族存亡之际、于艰苦卓绝的过程中实现了规模的扩大和形式的不断多样化，尤其是教师数量在1937—1945年得到数倍增长，从1937年的

---

① 吴洪成、苏国安：《一部现代学制的艰难问世：〈壬戌学制〉的制定过程》，载《南阳师范学院学报（社会科学版）》2014年第5期，第57页。

② 张太原：《学以致用与学以求知：20世纪30年代的职业教育与大学教育之争》，载《人文杂志》2016年第1期，第94页。

4844 人增至 1945 年的 13991 人（见表 5-5）。① 而从区域上看，由于战时大批内地学校西迁，西南地区的职业教育规模和数量急速扩大，职业补习教育、职业培训等形式日趋多样化，农工商团体等社会力量、普通高等学校等纷纷开展职业教育，如为西南地区职业学校培训教师，为流亡师生成立职业指导所等②，较为有力地推动了职业教育教师的发展。

表 5-5　抗日战争时期职业学校与教师情况③

年份	学校数量（单位：所）				教师数量（单位：人）			
	高/初中合设	高级职校	初级职校	小计	高/初中合设	高级职校	初级职校	小计
1937	40	103	149	292	1329	1564	1951	4844
1938	38	79	139	256	1124	1595	1900	4619
1939	49	96	142	287	1057	1911	1843	4811
1940	55	122	155	332	1477	2680	2121	6278
1941	63	130	151	344	1737	3067	2129	6933
1942	72	132	155	359	2212	3504	2443	8159
1943	78	147	159	384	2430	3997	2630	9057
1944	92	175	157	424	2886	4427	2498	9811
1945	146	229	201	576	4654	6116	3221	13991

　　从整体上看，"中华民国"成立后，以壬子癸丑学制为中国近现代学制的分水岭，10 年间，通过两个重大学制的颁布以及新文化运动的传播、五四运动的开展，中国职业教育实现了从近代化向现代化发

---

① 王哲：《抗日战争时期职业教育发展综述》，载《吉林工程技术师范学院学报》2018 年第 2 期，第 49 页。
② 吴文华：《抗日战争时期西南大后方职业教育成就综述》，载《中国职业技术教育》2008 年第 17 期，第 50 页。
③ 王哲：《抗日战争时期职业教育发展综述》，载《吉林工程技术师范学院学报》2018 年第 2 期，第 51 页。

展的转型。教师专业发展具有三个典型特征:一是注重实用性,与社会生产生活相结合;二是注重全民性,面向社会广大群众,为社会培养急需的技术人才;三是侧重于新教师培养,开始有专门的教师培养机构。20 世纪 30 年代后期至新中国成立前,政府、教育界、社会团体等以"学以求知""学以求用"等为理念开展了关于职业教育发展理论与实践的研究,在动荡的社会环境中促进了职业教育的规范化发展、规模化发展、多样化发展,为新中国成立初期职业教育的重建与教师发展提供了重要参照。

三、职业教育教师专业发展跌宕阶段:新中国成立至"文革"

新中国成立后,社会各项事业百废待兴。围绕"建设什么样的国家""如何用法律形式固定革命胜利成果""新中国成立后的大政方针是什么""如何恢复国民经济""如何提高人民群众的政治觉悟和文化教育水平"等一系列方针性的问题,国家颁布了《中国人民政治协商会议共同纲领》(以下简称《共同纲领》),明确了以阶级斗争为基本纲领、以政治需要为中心的风向标。《共同纲领》中提出"有计划、有步骤地实行普及教育,加强中等教育和高等教育,注重技术教育"[1],为新中国成立初期职业教育的重建与发展指明了方向。然而,由于当时特殊的社会环境,整个教育服务于政治需要,成为政治的附属品、生产的代名词,违背了自身的规律。而职业教育尽管是培养技术技能型人才、促进经济社会发展的最直接有效的教育类型,但在新中国成立后的近 30 年间,跟随政治指挥棒左右摇摆、起起伏伏,既有迅猛发展,又有滑坡困境,主要以发展中等职业教育为主,专科层次的高职教育以专修科的形式进行。但无论哪个时期、哪个层次的职业教育,教师力量均十分薄弱,专业发展欠缺且政治导向色彩突出等

---

[1] 李丽等:《广东高职院校布局结构调整优化研究》,广东高等教育出版社 2016 年版,第 65 页。

问题始终存在。

新中国成立初期,按照《共同纲领》的要求,为了解决经济建设急需大批技术工人以及就业率低的实际问题,并建立符合新中国建设要求的职业教育体系,国家在借鉴苏联教育模式的基础上创建了中等专业学校,大力创办技工学校,而大专类职业教育多数下降到中专学校,以专修科的形式进行。其中,技工学校在 1953 年第一个五年计划后进入蓬勃发展期,高等教育层次的职业教育在 1952 年高校院系调整后受到重创。在政府接管、改造一批普通中学为中等职业学校的过程中,原有的教师通过简单培训甚至无培训的方式直接过渡,成为新的中职学校的教师。而技工学校的教师主要来自技工学校的优秀毕业生,直接留校或者由工厂进行实际操作培养后任教①,在类型上分为两种:一是文化课教师、技术理论课教师,二是生产实习课教师。1953 年起,由劳动部门负责对技工学校进行综合管理,主要承担教师培训、促进教师专业发展、提高师资水平等重要职责,以生产实习为主要方针,服务生产建设需要。

1956 年,中共八大基于当时的政治、文化等环境,提出了社会主要矛盾已由阶级矛盾转变为当前经济文化不能有效满足人民需要的矛盾,应大力发展生产力,我国当时对技术技能型人才的需求急剧凸显。1958 年,《中共中央国务院关于教育工作的指示》提出了教育为政治服务、教育与生产劳动相结合的工作方针。在这一方针的指导下,逐渐发展形成了全日制和半工半读这两种劳动制度、教育制度。在这一思想的推动下,以业余的文化技术学校、半工半读学校、农村职业中学等为主体的中等职业教育,以及以成人高校专修科为主体的高职教育迅猛发展,如 1957—1960 年,中等专业学校由 728 所增至 4261 所、技工学校由 144 所增至 2179 所。② 政府、学校通过大量举办短期训练班、轮训班以及招收各类师范学校毕业生等方式多渠道补充

---

① 许丽丽:《建国后我国中等职业教育发展研究》(硕士学位论文),东北师范大学 2009 年,第 9 - 10 页。

② 李蔺田:《中国职业技术教育简史》,北京师范大学出版社 1994 年版,第 52 页。

教师队伍并推动教师专业发展，但在"大跃进"的过程中，很快出现了教育脱离经济发展需要、教育质量低下、失业率高等问题。1961年起，为调整农业、轻工业、重工业的关系，中共八大提出了"调整、巩固、充实、提高"的方针，职业教育随之进行了大规模调整，特别是压缩了中专、半工半读农业中学，停办了大部分工矿企业技工学校[①]等，中专、技工学校规模与教师规模均呈现断崖式的下降。例如，1960—1963年，中专学校数由4261所骤减为865所、教师数从24.54万人减为10.66万人，技工学校数由2179所骤减为220所、教师数由7万人减到2.86万人。[②] "文化大革命"期间，由于对新制度、新学校认识的不足以及经验缺乏等原因，全日制和半工半读的制度受到批判，大量职业院校被取消、停办或改制，教师队伍在批斗、下放、劳动改造等过程中流失惨重，直到改革开放后才逐渐恢复。

综上，这一时期的职业教育唯政治至上、非常态发展，因为历史性、现实性等原因脱离自身发展规律并难以从根本上解决教师专业发展的主要原因有：第一，自上而下缺乏对职业教育教师社会地位及其专业发展的正确认识；第二，缺乏有关职业教育教师培养、培训、选拔等方面的政策；第三，当时的师范教育主要面向基础教育，目的是快速实现普及教育的目标，缺乏专门的职业教师培养机构、管理机构、培训机构等；第四，从事职业教育的教师背景颇为复杂，尤其是来源，极其广泛、杂乱，缺乏应有的基本素质、品质，许多不具备职业教育基本素质与条件的人走进课堂；第五，尽管有短期训练、轮训等方式以及从其他教育机构毕业生中选择教师，但忽视了教育教学方法与技能的培养与提升，课程结构严重失调。

---

① 张社字：《建国后我国职业教育发展动力的历史分析》，载《教育与职业》2007年第11期，第5页。
② 李蔺田：《中国职业技术教育简史》，北京师范大学出版社1994年版，第52页。

四、职业教育教师专业发展成长阶段：改革开放至高校扩招

"十年动乱"造成了中国政治、经济、文化等各个领域的巨大损失，职业教育机构更是大量停办、停滞不前。为拨乱反正，1978年12月18—22日，十一届三中全会召开，将工作重点从政治斗争正式转移到经济建设的轨道上来，并揭开了改革开放的序幕。在改革开放的大潮中，职业教育教师的专业发展迎来了春天，具有三个明显的变化，即拥有了国家层面上法律地位的确定、加强了法律保障、初步搭建了专业发展系统等。

（一）以国家名义确立职业教育与教师的法律地位

"职业教育"这一称谓在国内外经历了不同的阶段，例如，在国外，伴随资本主义大工业生产的发展，传授职业或生产劳动知识、技能、技巧的教育得以产生，当时的人们称之为"职业技术教育""技术职业教育"或者"技术教育"。① 而在中国，近现代意义上的职业教育发展是在壬寅学制、癸卯学制等多个学制的颁布与实施中得到独立地位的确立与较为系统的发展的，在名称上先是称为"实业教育""职业学校""技术学校"，而后才用"职业教育"代替了"实业教育"，实现了与国际称谓的对接。

伴随改革开放政策的实施，经济建设如火如荼，为职业教育的现代化发展提出了技术技能人才需求。为此，国家先后颁布了《关于教育体制改革的决定》（1985年）、《关于大力发展职业教育的决定》（1991年）、《中国教育改革和发展纲要》（1993年）等，大力推动了职业教育发展。最具标志性的事件是1996年《中华人民共和国职业教育法》的颁布，其中提到"职业教育是国家教育事业的重要组成部分，是促进经济、社会发展和劳动就业的重要途径。……县级以上各

---

① 叶立群：《职业技术教育学》，福建教育出版社1995年版，第3页。

级人民政府和有关部门应当将职业教育教师的培养和培训工作纳入教师队伍建设规划，保证职业教育教师队伍适应职业教育发展的需要"①，打开了我国职业教育法制化的大门。至此，"职业教育"的称谓以国家的名义确定下来，标志着职业教育地位的正式确立和名称的规范化。

在职业教育法制化发展的进程中，教师专业发展的重要性不断凸显，其内涵、功能、地位、内容、方式等逐渐得到明确，并拥有了相应的法律保障。整体上看，标志着教师及其专业地位的大幅提高的事件是1985年中国第一个教师节的确定，法律层面上的正式确立则是1993年《中华人民共和国教师法》的颁布。该法明确提出"教师是履行教育教学职责的专业人员，承担教书育人，培养社会主义事业建设者和接班人、提高民族素质的使命……国家实行教师资格制度"等②，同时明确规定了各级各类职业学校主要岗位类别教师的权利、义务、资格、任用、培养、培训、管理职责等，体现了国家层面对职业院校教师专业发展顶层设计的清晰化、系统化。例如，就学历条件而言，规定要取得中职学校文化课与专业课的教师资格，"应当具备高等师范院校本科或者其他大学本科及其以上学历"，"实习指导教师应当具备的学历，由国务院教育行政部门规定……取得高等学校教师资格，应当具备研究生或大学本科毕业学历"③。以此为里程碑，职业教育教师的法律地位得到了确立，教师成了我国社会职业中的一种专业职业。

（二）不断加强职业教育教师专业发展的法律保障

为贯彻十一届三中全会精神，1980年6月，全国第六次师范教育

---

① 中华人民共和国教育部：《中华人民共和国职业教育法》（http://www.moe.gov.cn/s78/A02/zfs_left/s5911/moe_619/tnull_1312.html）（2006-12-5）[2019-11-26]。

② 无锡基础教育：《中华人民共和国教师法》（http://jjc3.wxjy.com.cn/content.aspx?id=18）（2005-5-25）[2019-11-27]。

③ 无锡基础教育：《中华人民共和国教师法》（http://jjc3.wxjy.com.cn/content.aspx?id=18）（2005-5-25）[2019-11-27]。

会议召开，提出了摆正教师教育地位、明确教师专业内涵与要求、尊重教师教育特点与规律等要求，在一定程度上推动了职业教育教师的专业发展。为激发教育活力，1985年，中共中央颁布了《中共中央关于教育体制改革的决定》，拉开了中国教育体制改革的帷幕，积极推进中等教育结构的调整、重视与发展职业技术教育等，并通过结构调整、招生制度改革等建立了职业教育的分流制度，中等职业教育、高等职业教育既相互独立又彼此衔接，为职业教育教师专业地位的确立奠定了基础。而标志着教师作为一种专业职业的法律地位的确定是1993年颁布的《中华人民共和国教师法》，而后，国家相继颁布了《教师资格条例》《国家教委关于实施〈教师资格认定的过渡办法〉的通知》等具体办法，对不同类别的教师资格条件、考试、认定等进行了比较细致的规定，为职业教育教师专业发展提供了坚实的法律保障。而在中等职业教育、高等职业教育教师的专业发展上，分别有着各自的演变路径与特色。

其中，在中等职业教育教师的专业发展上，教育部印发了《关于中等专业学校确定与提升教师职务名称的暂行规定》（1980年），首次从国家层面上将教师职务名称分为实习教员、教员、讲师和副教授，并对各级职务的认定、晋升条件等进行了规定。而后的十多年间，相继颁布了《关于转发〈技工学校教师职务试行条例〉及〈实施意见〉的通知》（职改字〔1986〕第48号）、《关于加强职业技术学校师资队伍建设的几点意见》（〔86〕教职字011号）、《关于加强职业技术培训师资队伍建设的意见》（劳培字〔1989〕1号）、《关于加强商业职业技术学校师资队伍建设的意见》（〔91〕教字第985号）、《关于加强技工学校及就业训练中心等职业培训机构教师队伍建设的通知》（劳部发〔1996〕293号）、《关于加强中等职业学校教师队伍建设的意见》（1997年）等，对技工学校、中等专业学校、职业中学、成人中专的教师职务名称及任职条件等进行了规定，多数相关规定沿用至今。

在高等职业教育层面，先是通过《中共中央关于教育体制改革的决定》《高等教育管理职责暂行规定》《普通高等学校设置暂行条例》

等文件的颁布与实施明确了职业教育体系的特征与管理模式、高等职业学校的概念与指导思想等,逐渐建立了规范的职业教育制度,高职教育正式成为中国国民教育体系的重要组成部分。而后,在高职教育稳定发展的基础上,为进一步完善高职教育体系,培育特色,政府相继出台了《关于大力发展职业教育的决定》《中国教育改革和发展纲要》《关于开展建设示范性职业大学工作的通知》等文件,并开展了旨在多元发展高职教育、办出特色的"三教统筹""三改一补""三多一改"等工作,推动了高职教育的迅猛发展。在这一过程中,如何快速补充、发展高职教育教师力量成为重大课题。为此,政府颁布实施了《关于加强职业技术学校师资队伍建设的几点意见》《高等学校教师职务试行条例》等,不断规范了教师的职称职务、资格条件、遴选任用、培养培训等,仅仅 1978—1992 年,各部委颁布的关于高校教师国际交流、访学的政策文件就有 20 多个。① 但由于政策引导不够、现实基础薄弱等原因,高职教育及其教师专业发展并不稳定,这一状况直到《中华人民共和国职业教育法》(1996 年)颁布后才得以改变。以此为标志,国家确立了职业教育及其教师的法律地位,通过改制等多种方式以较短的时间推动了高职教育的规模化发展,但无论是历史积淀、办学条件等方面,还是教师专业发展水平,均较为薄弱,并逊色于许多重点中专,再加上教师专业发展放置于整个高等教育架构内,未能体现高职教育的独特属性。

(三) 加大职业教育教师专业发展机构与基地的建设

随着改革开放政策的实施,人们对职业技术教育在国民经济发展中技术技能人才支撑作用的认识逐渐提升,并认识到教师专业发展是制约职业教育改革与发展水平的关键。面对整个职业教育的快速发展以及市场经济的多种人才需求,如何多渠道拓展职业教育教师的来源、扩大职业教育教师规模、稳定教师队伍、提高教师专业发展水

---

① 韩俊兰:《新中国 70 年高校教师队伍建设政策的变迁、成就与启示》,见腾讯网(https://new.qq.comraina/20191113A06BDT)(2019 - 11 - 13)[2019 - 11 - 28]。

平,并办出具有职业教育特色的教师培养培训系统,这就涉及教师专业发展的问题。依据国家对职业教育的政策引导与支持,统筹规划,加大力度建设职业教育教师专业发展机构与基地、构建在职培训工作体系等成为重要举措。

从脉络上看,改革开放初期,国家颁布了《关于加强和发展师范教育的意见》《关于大力办好高等师范专科学校的意见》等文件,并多次召开工作会议,明确了教师教育在提高教育质量上的重要地位,职业教育教师专业发展在调整中也得到了一定的政策支持。在贯彻与落实《中共中央关于教育体制改革的决定》的过程中,构建与完善职业教育教师专业发展系统成为办好职业教育、提高教育质量的关键着力点,政府颁布了《关于加强职业技术学校师资队伍建设的几点意见》等文件予以方向指引与制度保障。

其一,各地纷纷成立职业技术师范院校。1979年,国务院批准成立了4所技术师范学院,即天津职业技术师范学院、吉林技工师范学院、广东职业技术师范学院和河南职业技术师范学院。之后,其他省市相继设立了高业教育师范院校,专门培养职业教育师资,如浙江农村技术师范专科学校(1984年)、河北农业技术师范学院(1985年)、常州技术师范学院(1985年)、南昌职业技术师范学院(1987年)、山西职业技术师范专科学校(1988年)等。一些本科院校也设置了职业技术学院或技术师范学院,培养职业教育师资,如河北师范大学职业技术学院(1984年)、北京联合大学职业技术师范学院(1985年)等。

其二,持续补充职业教育教师培养力量。各地独立设置职业技术师范院校或本科院校设置职业技术师范学院尚不能较好地满足职业教育发展的需求,为此,一批大专院校结合实际条件多措并举地培养培训职业教育教师,如设置职业技术师范专业并纳入学校招生计划、开办职业教育师范班。作为教师教育的主体,高等师范院校也积极参与进来,根据办学条件与社会需求增设了与职业教育相关的专业或邻近专业,或设立了职业教育师范系、师范科、师范班等。与此同时,天津大学、浙江大学等普通高校也举办了各具特色的职教师资班,着重于理论课教师的培养,成为职业教育教师培养的重要补充。由此,各地、各校用不同的手段发力,从不同的内容着力,培养职业教育教师,其中,理论课教师的培养大多依赖于各类普通高等院校,专业课、专业基础课教师一般由职业技术师范院校、学院等进行培养,更具实践操作能力。

其三,自上而下逐步建立了规范化、专业化、系统化的教师在职培训工作体系。例如,教育部牵头,在全国重点师范院校建立了高校教师培育交流中心,各地结合实际成立了职业技术师范院校或师资培养中心,集通用专业师资培养、空白专业师资培养、职业教育交流与研究中心等多重功能于一体,多个职业院校则围绕教师在职培训的需求制定了教师专业发展规划、建立了教师在职培养制度等。

其四,加大力度开展职业教育教师专业课程与教学体系的研究与实践。为加快发展职业技术师范教育,服务职业技术教育改革与发展需要,1995年,以普通师范教育为基本参照,依据市场需求,国家教委印发了《普通高等学校本科专业目录〈职业技术师范教育类〉(试行)》的通知,确定了36个专业,包括农艺教育、应用电子技术教育、机械维修及检测技术教育、化工分析与检测技术教育、财务会计教育等。据此设计职业技术师范课程与教学体系,着重突出职业技术师范教育的特色,如强调教师职业基本技能的培养与训练,注重动手能力与实践工作能力等。

另外,中央及地方一方面通过有针对性、有倾斜性的研究生培养与分配等工作对职业教育教师培养与发展提供支持,另一方面通过委托代培等形式,解决跨部门、跨区域的职业教育教师专业发展需求。再者,通过留学生派遣、国际交流计划等方式加强职业教育教师专业发展。

围绕改革开放后教育结构调整、培育教育特色的时代使命,以凸显职业教育特色、系统化构建教师培养培训系统为着力点,职业教育及其教师队伍建设实现了快速发展。以中职教育为例(见表5-6),1978年,中职学校数为2760所、专任教师9.9万人;1985年,两个指标分别为14190所和35.5万人;1995年则为22072所和74万人。

可见，改革开放后的十多年间，职业院校数和教师数均实现了几何级增长，职业教育教师专业发展机构与基地、各地与各校对职业教育教师的多途径培养培训的作用功不可没。

表5-6　1978—1995年中职学校数与专任教师数

年份	中职学校数/所	专任教师数/万人
1978	2760	9.9
1980	3459	13.3
1985	14190	35.5
1990	20763	66.3
1995	22072	74

　　从历史演进上看，这一阶段的职业教育有了明确的发展方向，以贯彻落实相关教育政策为保障，实现了快速发展。但在"三改一补""三教统筹"等政策颁布与实施之前，职业教育仍然以中等职业教育为主，之后才有了高职教育的快速发展。顺应这一现实发展潮流，无论是政策导向上，还是制度保障上，职业教育教师专业发展均更侧重于中职教师，高职教师专业发展更多地融入整个高等教育的大背景中。因此，相比于中职教育，高职教育教师专业发展起步较晚、独立性不足。《普通高等学校本科专业目录〈职业技术师范教育类〉（试行）》颁布与实行后，这一状况才得到改观，着重突出了高职教育特色、教师专业设置重点与培养特色。而职业教育教师专业发展地位的确立与体系的形成是受政策支持与强力推动的影响的，具有非常强的自上而下性，难以避免地出现了职业教育教师专业发展的整体自觉性不足等问题，而且本科院校、中职学校与高职院校之间缺乏良好的沟通协调机制，职业教育尤其是高职教育教师的专业力量依然十分薄弱。

五、职业教育教师专业发展定型阶段:高校扩招到示范校建设

进入 21 世纪后,在世界多极化、经济全球化等推动下,以学习型社会、终身学习等为主要导向的教育现代化进入新的发展时期,对职业教育人才培养提出了新要求,促使教师专业发展的内涵、模式等转变。而 20 世纪末,我国经济体制改革不断深入,但内地高等教育毛入学率仅仅在 5% 左右,与当时快速发展的经济极不相适应。整个社会人才需求与供给的结构性矛盾十分突出,既面临着国企改革大量下岗工人重新就业、大量年轻人需要就业但技术技能型人才急缺的严峻问题,又面临着高等教育大众化发展的现实需求,而港澳台地区还面临着人口高龄化、少子化严重,人口结构多元但不稳定,人力资源有限且职业教育对其开发不足等问题。为大力发展教育事业,1999年,教育部出台了《面向 21 世纪教育振兴行动计划》,提出了"到 2010 年,城市和经济发达地区有步骤地普及高中阶段教育,全国人口受教育年限达到发展中国家的先进水平;高等教育规模有较大扩展,入学率接近 15%"[①] 的目标,由此,拉开了以"拉动内需、刺激消费、促进经济增长、缓解就业压力"为目标的高校扩招帷幕。港澳台地区在人口的高龄化、少子化、多元化、高流动性,以及产业结构的调整与升级、与内地经济联系更加紧密、各阶段各类型各层次人才支持体系不完善等的影响下,职业教育分化后移、职业教育层次上移,注重以终身教育、全人教育为纲领改革职业教育。在此推动下,我国掀起了新一轮的职业教育改革浪潮,提出了如何创建有中国特色的现代职业教育体系的全新问题,进而经历了以大众化为使命的职业教育规模化发展和以质量建设为核心的内涵式发展。在这一教育大变革的过程中,职业教育教师专业发展进入了定型期。

---

① 《面向 21 世纪教育振兴行动计划》,见中华人民共和国教育部官网(http://www.moe.gov.cn/jyb_sjzl/moe_177/tnull_2487.html)(1998-12-24)[2019-12-1]。

（一）摆正职业教育教师专业发展地位，加强政策保障

从国际上看，20世纪90年代中后期以来，重视教师专业化问题，着力培养专业化教师既是国际教师教育改革与发展的核心内容，也是推进职业教育现代化发展的重要手段。进入21世纪后，职业教育发展速度加快，规模急速扩张，与之相伴的则是教师整体专业水平的严重滞后与参差不齐，二者之间形成了巨大的落差。为改变这一局面，并顺应职业教育现代化发展的国际趋向，摆正教师专业发展地位，制定与实施教师培养、在职培训、学历达标、教师教育体制改革等各种相关政策成为重要举措。

针对教师专业发展远不能适应职业教育快速发展的现状，从扩招元年到"国家示范性高等职业院校建设计划"出台之前，以就业为职业教育改革与发展导向，国家出台了《2003—2007年教育振兴行动计划》《教育部关于加强高职高专教育人才培养工作的意见》（教高〔2000〕2号）、《教育部关于以就业为导向，深化高等职业教育改革的若干意见》（教高〔2004〕1号）、《教育部等七部门关于进一步加强职业教育工作的若干意见》（教职成〔2004〕12号）、《国务院关于大力发展职业教育的决定》（国发〔2005〕35号）等多个政策予以保障并提高职业教育教师专业发展的地位。例如，2000年，《中华人民共和国职业分类大典》首次将我国职业归为8个大类，教师类属于其中之一，被定义为"专业技术人员"；2001年4月，国家首次开展教师资格认定工作，并开启全面实际操作；2002年，《国务院关于大力推进职业教育改革与发展的决定》提出"要积极开展以骨干教师为重点的全员培训，提高教师的职业道德、实践能力和教学水平"，"鼓励职业学校教师在职攻读相关专业学位、提高学历层次。要有计划地安排教师到企事业单位进行专业实践和考察，提高教师的专业水平"，"加强职业教育师资培养培训基地建设，逐步完善职业教育师资培养

培训网络"①;《教育部等七部门关于进一步加强职业教育工作的若干意见》提出要"建立符合职业教育特点的教师继续教育进修和企业实践制度。要加强职业教育师资培养培训基地建设,扩大专业教师培训和在职攻读硕士和博士学位的规模"②。由此可见国家对职业教育功能与地位的重视程度,以及对顶层设计的加强。

  随着扩招政策的实施,职业教育尤其是高职教育快速发展,中职教育迅速回升,而多个中职学校、高职院校通过升格等方式转型为高职院校、普通本科院校,呈现出学校数量激增、学校类型多样、生源结构多元等多种特征,但院校内涵建设水平严重滞后,特色性不足。在教师专业发展方面,则体现为教师缺乏较为扎实的企业工作经历,应用技术实操能力不足等问题。为提升职业教育办学的整体水平,以教育质量为导向,在高等职业教育质量年度报告制度等基础上,国家相继从2015年、2016年起在中职教育领域建立了质量年度报告制度,在高职教育领域启动"国家示范性高等职业院校建设计划"及骨干高职院校计划,在此期间颁布了《职业院校管理水平提升行动计划(2015—2018)》《教育部、财政部关于实施国家示范性高等职业院校建设计划,加快高等职业教育改革与发展的意见》(教高〔2006〕14号)、《教育部关于全面提高高等职业教育教学质量的若干意见》(教高〔2006〕16号)、《关于印发〈高等职业院校人才培养工作评估方案〉的通知》等文件,力图通过明确职业教育改革与发展方向、建立规范的职业教育管理制度、明晰教师专业发展内涵、建立健全教师专业发展制度等大力发展职业教育。例如,《教育部关于全面提高高等职业教育教学质量的若干意见》提出了教师专业发展应注重开放性、职业性的内在要求,"安排专业教师到企业定岗实践,积累实际工作

---

① 《国务院关于大力推进职业教育改革与发展的决定》,见中华人民共和国中央人民政府(http://www.gov.cn/gongbao/content,content_61755.htm)(2002-8-24)[2019-12-11]。

② 《教育部等七部门关于进一步加强职业教育工作的若干意见》,见中华人民共和国教育部(http://www.moe.gov.cn/srcsite/A07/moe_737/s3876_qt/200409/t20040914_181883.html)(2004-9-14)[2019-10-15]。

经验,提高实践教学能力","逐步建立'双师型'教师资格认证体系,研究制定高等职业院校教师任职标准和准入制度。重视中青年教师的培养和教师的继续教育……加强骨干教师和教学管理人员的培训"①。

面对社会发展对教师素质以及技术技能人才整体需求水平的提高,港澳台地区的职业教育改革与发展纷纷将教师专业发展作为核心主题,推动职业教育的优质化发展、终身化发展。例如,澳门回归后,传统的二元社会结构融合为一体化的多元社会结构。澳门特区政府积极开展了教师教育的改革,在 2006 年颁布的《非高等教育制度纲要法》(第 9/2006 号法律)中明确提出教师专业发展的理念及其重要性,提出"专业发展是教学人员的权利和义务,教学人员应为其专业持续发展做出规划"②的定位。

从各种政策可以明显看出,国家对教师专业发展的内涵有了科学共识,其在职业教育中的地位有了巨大提升,重视对职业教育及教师专业发展规律的遵循,按照开放性、专业性、职业性等的要求,注重系统化教师专业发展体系的建立与完善,以及实践教学、应用技术操作等教师专业发展核心能力的养成与提升。

(二) 明晰专业发展内涵,与时俱进研制职业教育教师资格标准

以拉动内需、促进消费为目标的高等教育扩招如火如荼进行,中国职业教育教师规模快速扩张,其中,仅高职高专院校专业教师的总数就从 2000 年的 8.7 万人骤增至 2014 年的 43.8 万人,中职教师数从 79.7 万人增至 85.8 万人。那么,为适应经济社会发展需要,职业教育应培养什么样的人?职业教育教师应具备哪些专业素质与能力呢?

---

① 《教育部关于全面提高高等职业教育教学质量的若干意见》,见中华人民共和国中央人民政府网 (http://old.moe.gov.cn/publicfiles/business/htmlfiles/moe/moe_737/201001/xxgk_79649.html)(2006-11-16)[2019-2-19]。

② 柯森:《港澳台教育改革与发展异同及其解读 (2000—2010)》,广东高等教育出版社 2010 年版,第 64 页。

诸如此类的问题有待进一步诠释。随着国际教师教育、职业教育发展的典型经验被借鉴到国内，以独特的教育现实为基础，中国有关职业教育教师专业发展的研究日益活跃，通过对职业教育教师专业发展的相关概念、历史演变、基本规律等的梳理，加强了对职业教育教师专业发展内涵、基本素质、准则、能力等方面的研究、诠释与构建，成为这一阶段提升教师专业发展水平的关键准则与行动指南。

21世纪以来，我国学者从知识、能力、素质、专业精神等多个方面对教师专业化发展的内涵进行了探讨和界定。例如，教师专业发展是指"教师在整个专业生活中，通过终身专业训练，习得教育技能，实施专业自主，体现专业道德，逐步提高从教素质，成为教育专业工作者的专业成长过程"①，关注"教师专业规范化和教师专业自主权，教师个体的专业自主发展以及教师得以安身立命的条件保障"②，包含不同的结构。例如，吴全全认为职业教育教师专业发展的内涵结构为"双理论（专业理论和职教理论）+双技能（职业技能和教学技能）"③；唐智彬等认为其内涵结构包括专业知识累计、专业技能与能力提升、专业认同程度与发展意识的提高等。④可见，职业教育教师专业发展的内涵已经变得十分丰富，主要包括四个要点：一是涵盖教师的职前和在职阶段；二是目的与过程高度统一；三是强调终身学习，倡导专业自主权；四是依据不同的标准，具有多样化的内涵结构。

在内涵日益丰富的过程中，作为一种专业化的职业，教师应具有什么样的专业标准？为统一共识，国家率先在中职教育层面进行了教师专业标准的研制，并于2013年颁布了《中等职业学校教师专业标

---

① 刘捷：《专业化：挑战21世纪的教师》，教育科学出版社2002年版，第15页。
② 陈向明：《实践性知识：教师专业发展的知识基础》，载《北京大学教育评论》2003年第1期，第105页。
③ 吴全全：《职业教育"双师型"教师基本问题研究：基于跨界视域的诠释》，清华大学出版社2011年版，第58页。
④ 唐智彬、石伟平：《职业教育教师专业发展的校企联合支持模式初探》，载《教育与职业》2009年第2期，第13–15页。

准(试行)》。该标准遵循"师德为先、学生为本、能力为重、终身学习"的理念,将中职教师专业标准分为专业理念与师德、专业知识、专业能力三个维度,具有划时代的意义,标志着职业教育教师专业发展进入以专业为手段、以质量为核心的新里程(见表5-7)。与此同时,加强了对高职教师专业标准的研究与构建。

表 5-7 中等职业教育教师专业标准①

维度	领域	基本要求
专业理念与师德	职业理解与认识	1. 贯彻党和国家教育方针政策,遵守教育法律法规。 2. 理解职业教育工作的意义,把立德树人作为职业教育的根本任务。 3. 认同中等职业学校教师的专业性和独特性,注重自身专业发展。 4. 注重团队合作,积极开展协作与交流
	对学生的态度与行为	1. 关爱学生,重视学生身心健康发展,保护学生人身与生命安全。 2. 尊重学生,维护学生合法权益,平等对待每一个学生,采用正确的方式方法引导和教育学生。 3. 信任学生,积极创造条件,促进学生的自主发展
	教育教学态度与行为	1. 树立育人为本、德育为先、能力为重的理念,将学生的知识学习、技能训练与品德养成相结合,重视学生的全面发展。 2. 遵循职业教育规律、技术技能人才成长规律和学生身心发展规律,促进学生职业能力的形成。 3. 营造勇于探索、积极实践、敢于创新的氛围,培养学生的动手能力、人文素养、规范意识和创新意识。 4. 引导学生自主学习、自强自立,养成良好的学习习惯和职业习惯

---

① 《教育部关于印发〈中等职业学校教师专业标准(试行)〉的通知》,见中华人民共和国教育部官网(http://old. moe. gov. cn/publicfiles/business/htmlfiles/moe/s6991/201309/xxgk_157939. html)(2013-9-24)[2-19-5-15]。

续表 5-7

维度	领域	基本要求
专业知识	个人修养与行为	1. 富有爱心、责任心，具有让每一个学生都能成为有用之才的坚定信念。 2. 坚持实践导向，身体力行，做中教，做中学。 3. 善于自我调节，保持平和心态。 4. 乐观向上、细心耐心，有亲和力。 5. 衣着整洁得体，语言规范健康，举止文明礼貌
	教育知识	1. 熟悉技术技能人才成长规律，掌握学生身心发展规律与特点。 2. 了解学生思想品德和职业道德形成的过程及其教育方法。 3. 了解学生不同教育阶段以及从学校到工作岗位过渡阶段的心理特点和学习特点，并掌握相关教育方法。 4. 了解学生集体活动特点和组织管理方式
	职业背景知识	1. 了解所在区域经济发展情况、相关行业现状趋势与人才需求、世界技术技能前沿水平等基本情况。 2. 了解所教专业与相关职业的关系。 3. 掌握所教专业涉及的职业资格及其标准。 4. 了解学校毕业生对口单位的用人标准、岗位职责等情况。 5. 掌握所教专业的知识体系和基本规律
	课程教学知识	1. 熟悉所教课程在专业人才培养中的地位和作用。 2. 掌握所教课程的理论体系、实践体系及课程标准。 3. 掌握学生专业学习认知特点和技术技能形成的过程及特点。 4. 掌握所教课程的教学方法与策略
	通识性知识	1. 具有相应的自然科学和人文社会科学知识。 2. 了解中国经济、社会及教育发展的基本情况。 3. 具有一定的艺术欣赏与表现知识。 4. 具有适应教育现代化的信息技术知识

续表 5-7

维度	领域	基本要求
专业能力	教学设计	1. 根据培养目标设计教学目标和教学计划。 2. 基于职业岗位工作过程设计教学过程和教学情境。 3. 引导和帮助学生设计个性化的学习计划。 4. 参与校本课程开发
	教学实施	1. 营造良好的学习环境与氛围，培养学生的职业兴趣、学习兴趣和自信心。 2. 运用讲练结合、工学结合等多种理论与实践相结合的方式方法，有效实施教学。 3. 指导学生主动学习和技术技能训练，有效调控教学过程。 4. 应用现代教育技术手段实施教学
	实训实习组织	1. 掌握组织学生进行校内外实训实习的方法，安排好实训实习计划，保证实训实习效果。 2. 具有与实训实习单位沟通合作的能力，全程参与实训实习。 3. 熟悉有关法律和规章制度，保护学生的人身安全，维护学生的合法权益
	班级管理与教育活动	1. 结合课程教学并根据学生思想品德和职业道德形成的特点开展育人和德育活动。 2. 发挥共青团和各类学生组织自我教育、管理与服务作用，开展有益于学生身心健康的教育活动。 3. 为学生提供必要的职业生涯规划、就业创业指导。 4. 为学生提供学习和生活方面的心理疏导。 5. 妥善应对突发事件
	教育教学评价	1. 运用多元评价方法，结合技术技能人才培养规律，多视角、全过程评价学生发展。 2. 引导学生进行自我评价和相互评价。 3. 开展自我评价、相互评价与学生对教师评价，及时调整和改进教育教学工作

续表 5-7

维度	领域	基本要求
专业能力	沟通与合作	1. 了解学生,平等地与学生进行沟通交流,建立良好的师生关系。 2. 与同事合作交流,分享经验和资源,共同发展。 3. 与家长进行沟通合作,共同促进学生发展。 4. 配合和推动学校与企业、社区建立合作互助的关系,促进校企合作,提供社会服务
	教学研究与专业发展	1. 主动收集分析毕业生就业信息和行业企业用人需求等相关信息,不断反思和改进教育教学工作。 2. 针对教育教学工作中的现实需要与问题,进行探索和研究。 3. 参加校本教学研究和教学改革。 4. 结合行业企业需求和专业发展需要,制定个人专业发展规划,通过参加专业培训和企业实践等多种途径,不断提高自身专业素质

为适应经济社会发展的崭新变化,港澳台地区的职业教育应时而动,在明确教师专业发展地位、重要性、目标、方向等的同时,对教师的专业能力、专业资格等进行了探索与实践。例如,香港师训与师资咨询委员会在 2003 年发布的《学习的专业,专业的学习——教师专业能力理念架构及教师持续专业发展》中提出了教师专业能力理念架构,包括论文查找等,而后,师训会对这一架构和相关政策的实施情况进行持续的跟踪调研,以专业自主、校本自决、持续发展等精神切实推动教师专业发展。

(三)优化整合职业技术师范院校,打造区域职业教育教师培养重镇

为合理配置资源、提高教育质量,以"共建、调整、合作、合并"为方针,高等教育领域开展了管理权、办学权的大幅下放。就

职业教育而言，许多职业技术师范院校因自身条件远不能适应新形势发展需要，通过更名、升格、合并、共建或者是置换校区等方式进行了转型升级。例如，1999 年，山西职业技术师范专科学校与山西师范大学合并、浙江农村技术师范专科学校与万里学院合并；2000 年，天津职业技术师范大学改制为中央与地方共建，在经过 2004 年改为天津工程师范学院，2010 年改为天津职业技术师范大学后，2012 年，转为部市共建（教育部与天津市政府共建）；① 江西师范学院南昌分院更是经历了数次更名、合并等，1984 年更名为南昌师范专科学校，1987 年升格为南昌职业技术师范学院，2002 年更名为江西科技师范学院，2004 年与南昌高等专科学校合并，最终于 2012 年改名为江西科技师范大学；② 常州技术师范学院于 2002 年更名为江苏技术师范学院，2012 年更名为江苏理工学院；吉林技工师范学院于 2002 年更名为吉林工程技术师范学院；等等。

与此同时，一批优秀的中职院校通过升格、合并等方式成为高职高专院校或本科院校的二级学院，转型成为新的职业教育教师培养培训机构。而一些本科院校则专门设立了培养培训职教师资的二级学院，有的称为"职业技术师范学院"，有的称为"职业教育学院"等，名称不一，但已成为积极响应国家"建设现代职业教育体系"号召，因地制宜，加强职业教育教师专业发展的重要力量。以广西师范大学为例，2009 年其成立了职业技术师范学院，以独特的定位和举措培养职教师资，成为教育部批准成立的"全国重点建设职业教育师资培养培训基地"，并在短短几年内迅速发展成为"多学科、多专业、多层次的教学科研实体"，集职业教育教师培养、培训、研究等多种

---

① 《中国培养职教师资的摇篮：天津职业技术师范大学简介》，见天津职业技术师范大学官网（https://www.tute.edu.cn×xgkxxjj.htm）(2018 - 4 - 25)[2019 - 12 - 1]。

② 《学校简介》，见江西科技师范大学官网（http://www.jxstnu.edu.cn/news - show - 1.html)(2019 - 5 - 12)[2019 - 12 - 1]。

功能于一体,① 成为西南地区职业教育教师培养的基地。又如,为充分发挥师范院校优势,华南师范大学于2013年组建了职业教育学院,重点培养高水平"双师型"卓越职业教育教师;2010年,湖北工业大学依托原有的高等职业技术教育学院,成立了具有二级学院属性的职业技术师范学院,着重开展职业教育理论与实践研究、师范生培养、教师培训等工作,是全国卓越教师培养计划改革项目单位、全国职业教育师资培训重点建设基地。②

（四）适应整体质量提升需求,打造国家级职业教育师资培养培训基地

为落实科教兴国战略,推进职业教育的改革与发展,1998年年底,教育部在《面向21世纪教育振兴行动计划》中提出了若干旨在提高职业教育教师专业素质与水平的实践方略,如"实力较强的高等学校要在新师资培养以及教师培训中做出贡献""在全国选培10万名中小学及职业学校骨干教师（其中1万名由教育部组织重点培训）""开展本校教学改革试验、巡回讲学、研讨培训和接受外校教师观摩进修等活动"等。③ 据此,教育部从1999年起分批确定了85个全国重点建设的职业教育师资培训基地,积极开展职业教育师资培训的研究与实践,形成了包括岗前培训、在职培训、高级研究等多个项目在内的培训体系,在办出特色与提升质量中显著促进了职业教育教师专业发展,并示范带动了全国其他职业教育师资基地的建设（见表5-8）。

---

① 《学院简介》,见广西师范大学职业技术师范学院官网（http://www.zsxy.gxnu.edu.cn/2205/list.htm）（2019-6-6）[2019-7-12]。

② 《学校简介》,见湖北工业大学职业技术师范学院官网（https://zsy.hbut.edu.cn/xygk/xyjj.htm）（2019-1-2）[2010-4-10]。

③ 《面向21世纪教育振兴行动计划》,见中华人民共和国教育部官网（http://www.moe.gov.cn/jyb_sjzl/moe_177/tnull_2487.html）（1998-12-24）[2019-12-1]。

表5-8 全国重点建设的职业教育师资培训基地一览

年份	数量/个	院校名单
1999	20	天津大学、同济大学、东南大学、西安交通大学、西北农林科技大学、天津职业技术师范学院、北京联合大学、天津中德培训中心、河北职业技术师范学院、吉林农业大学、黑龙江商学院、上海第二工业大学、山东工程学院（山东职教师资培训中心）、平度职教中心、常州技术师范学院、扬州大学、湖南农业大学、河南职业技术师范学院、顺德市梁銶琚中学、四川农业大学
2000	24	哈尔滨工业大学、厦门大学、东北财经大学、云南大学、贵州大学、江西农业大学、山西大学、浙江工业大学、湖北工业大学、广西工学院、西北轻工学院、河北师范大学、湖南师范大学、福建师范大学、浙江师范大学、重庆师范学院、吉林职业师范学院、安徽技术师范学院、南昌职业技术师范学院、广东职业技术师范学院、武汉职业技术学院、济南交通高等专科学校、辽宁仪器仪表工业学校、云南省旅游学校
2001	8	北京师范大学、华东师范大学、电子科技大学、内蒙古农业大学、西北师范大学、新疆农业大学、苏州工艺美术职业技术学院、宁夏石嘴山职业技术学院
2002	33	教育部职业教育中心研究所、天津职业大学、河北工业职业技术学院、邢台职业技术学院、太原理工大学、内蒙古机电职业技术学院、辽宁省交通高等专科学校、东北农业大学、黑龙江建筑职业技术学院、上海商学院、浙江机电职业技术学院、安徽职业技术学院、漳州职业技术学院、南昌工程学院、山东省轻工工程学校、中原工学院、郑州轻工业学院、长沙民政职业技术学院、湖南铁道职业技术学院、湛江师范学院、广西师范大学、重庆大学、重庆电子工程职业学院、成都市工业职业技术学校、贵州交通职业技术学院、贵州轻工职业技术学院、昆明冶金高等专科学校、西藏大学农牧学院、陕西工业职业技术学院、兰州城市学院、兰州石化职业技术学院、新疆大学、新疆农业职业技术学院

为充分发挥企业在教师专业发展中的作用，从根本上解决职业教育教师专业发展的瓶颈问题，2001年起，教育部又分批确定了10个全国职业教育师资专业技能培训示范单位，主要面向全国重点建设的职业教育师资培训基地及其教师，为其提供直接接触行业企业一线实际、进行专业技能训练的实训场所（见表5-9）。

表5-9 全国职业教育师资专业技能培训示范单位

年份	数量/个	单位名单
2001	6	上海宝钢集团公司、海尔集团、四川长虹电子集团有限公司、中国第一汽车集团公司、东风汽车公司、苏州工业园区职业技术学院
2007	2	北京首都旅游集团有限公司、武汉华中数控股份有限公司
2012	2	神州数码网络（北京）有限公司、浙江天煌科技实业有限公司

（五）坚持人才强教定位，拓宽职业教育教师专业发展路径

自20世纪90年代末以来，教师是一种专业性的职业已逐渐成为人们的广泛共识。伴随着职业教育规模的急速扩张和内涵建设的日益加强，教师专业发展的内涵是什么，有哪些阶段，包括哪些结构，流行的理论模式又有哪些，可以采取哪些有效途径，等等，诸如此类关于教师专业发展的理论与实践问题层出不穷。围绕科教兴国战略，中国始终坚持人才强教的基本定位，通过多种方式拓宽职业教育教师专业发展路径，有力促进了教师专业素质与水平的整体提升。

第一，构建了比较系统的职教师资培养体系。各个职业技术师范学院、职业技术师范大学充分发挥各自优势，加强了对教师教育的学位、学科、专业、课程等的优化与改革，使教师教育的专业化有了系统化、科学化的保证。从学位制度上看，构建起了涵盖从本科、研究生、博士到博士后的较为完整的职业教育教师人才培养体系；从学科、专业上看，根据区域经济社会发展的需求，设置和不断完善了工学、教育学、管理学、经济学、艺术学、文学、理学等多个学科门类，并着力建设了"校级—市级—省部级—国家级"四级递进的重点

与特色学科和专业建设项目;从课程上看,以专业建设为抓手,通过加强校企合作、工学结合等方式深化了课程建设,打造了教师教育的国家级、省部级精品资源共享课程。

第二,打造特色职教师资专业发展模式。在研究与实践过程中,各校结合办学实际与地方经济、人文、教育等特色,打造了多种极具特色的职业教育教师专业发展模式,不仅有针对性地满足了日益增长的职业教育办学条件需求,还从战略认识与实践层面将教师视为一种可持续性发展的资源优势,将专业发展塑造为职业教育发展的核心竞争力,实现了师资培养的重大突破。例如,天津职业技术师范大学在全国首创并实行了"双证书、一体化"人才培养模式、"双导师、双基地、双证书"研究生培养模式;作为全国第一所由国务院批准成立的本科师范院校,吉林工程技术师范学院以培养高素质、高水平的职业教育教师为根本使命,以坚持应用型专业教育为主线,着力打造出了闻名全国的"三位一体"教师培养模式,即人才培养强调职技高师教育、高等工程教育、高等技术教育相融合,注重师范性、应用性、学术性的"三性"统一;[①] 广西师范大学职业技术师范学院始终强调人才培养"职业性(能做)、师范性(会教)、发展性(善学)""三性"相统一,在探索中形成了"理实一体、业师同授、双证并举"的"双师型"教师培养模式;浙江工贸职业技术学院以教师专业发展的核心问题为导向,以教师队伍能力提升机制建设为总纲,构建了分阶段、分批次、分类型、分层次、有针对性的"'管、培、促、帮'一体化"教师专业发展体系;为了提高教师的专业能力、课堂教学能力、实习实训指导能力等,绍兴市中等专业学校构建了"中、高、企三元鳌合,训、学、研三位一体"的教师专业发展高端模式与"一链多径"纵横教师专业发展系统,[②] 显著提高了教师队伍的专业化水平。

[①] 《吉林工程技术师范学院 2014 年度本科教学质量报告》,见吉林工程技术师范学院网(http://www.jlenu.edu.cn)。

[②] 吴家宏:《中、高、企三元鳌合 训、学、研三位一体:绍兴市中等专业学校开启教师专业发展高端模式》,载《职业》2015 年第 3 期,第 27-29 页。

第三，形成了多元化的专业发展方式。作为影响教师专业发展目标与成效的重要因素，围绕哪些主题、开设哪些内容、采取什么样的活动形式等极其重要。随着教育扩招后经济社会的快速变化，人们认识到，职业教育教师专业发展不同于普通中小学、本科院校的教师专业发展，其具有自身独特的属性，因此不能照搬照抄其他做法。职业教育教师专业发展除了加强基础课、专业课的教学，还应强化教育实践环节的教学，凸显教育教学能力、实践教学能力、自我反思与改进能力等的培养。为此，在这一阶段，更强调了跨学科、跨学院、跨学校的协同以及对教师专业发展不同阶段及其特征的遵循。职业教育机构通过改变角色、提供多种培训项目、打造培训基地等积极推动教师专业发展方式的多元化。较为盛行的有集中培训、经验分享、课堂观摩、专业教研、企业实践、奖励教学优良教师等，各有特色。

这一阶段，摆正职业教育教师专业发展地位、多途径加强职业教育教师专业发展已成为职业教育乃至全社会的共识，无论是各级政府层面、职业院校层面，还是教师个体层面，均积极推动教师专业发展，成效显著。一方面，职业教育教师专业发展拥有了坚实的法律支持与保障；另一方面，打造了具有兼具区域与校本特色的教师专业发展模式，或者是多元化的专业发展方式。可以说，中国能在 10 余年间创建出世界上最大规模的职业技术教育体系，这一阶段的教师专业发展成效巨大，功不可没。数据显示，2000—2014 年，高职高专院校数量从 442 所增至 1327 所、专任教师从 8.7 万人增至 43.8 万人，中等职业教育学校从 19727 所减为 11878 所、专任教师从 79.7 万人增至 85.8 万人（2008 年为 89.5 万人，达最高值）。然而，与内涵建设的要求相比，职业教育教师专业发展水平仍显滞后，仍待大幅提高，存在诸多主要问题，如教师培养的效率和质量有待提高，培训相关方从根源上缺乏主动性、积极性、参与性等，企业参与幅度与深度严重不足以致教师实践教学水平的提高极其有限，教师专业发展计划的针对性不强，专业发展方式侧重于低互动性、高灌输性等。

六、职业教育教师专业发展转型阶段:产教融合创新发展至今

随着产业结构转型升级速度的加快,职业教育结构不尽合理、内涵建设有待提高、教师专业发展水平较低等问题越来越不能完全适应经济社会发展需求。2013 年年底,《中共中央关于全面深化改革若干重大问题的决定》提出"加快现代职业教育体系建设,深化产教融合、校企合作,培养高素质劳动者和技能型人才"①,将产教融合作为促进职业教育改革与发展的新方向。2014 年 6 月,国务院在《国务院关于加快发展现代职业教育的决定》提出"巩固提高中等职业教育发展水平,创新发展高等职业教育,引导普通本科高等学校转型发展"②等任务,产教融合、特色办学是五大原则之一。随后,首都师范大学科德学院、上海师范大学天华学院、南京师范大学泰州学院、中山大学南方学院、广东技术师范学院天河学院等 600 多所本科院校纷纷转型为职业技术学院,成为本科层次职业教育的先行者。为舞好职业教育高质量发展的大旗,2019 年 4 月,教育部、财政部印发了《中国特色高水平高职学校和专业建设计划项目遴选管理办法(试行)》的通知,要求高职院校从创新融合发展、标准体系建设、形成特色模式、国际化发展等方面实现突破,高职教育进入以"双高计划"为引领、以内涵建设为核心的高质量发展阶段。在这一背景下,职业教育教师专业发展进入了转型阶段,凸显产教融合、跨界融合、强化实践、"双师型"教师专业发展、个体成长与团队建设相结合等特征。

---

① 《中共中央关于全面深化改革若干重大问题的决定》,见中华人民共和国中央人民政府官网(http://www.gov.cnjrzg2013-11/15/content_2528179.htm)(2013-11-15)[2017-9-25].

② 《国务院关于加快发展现代职业教育的决定》,见中华人民共和国中央人民政府官网(http://www.gov.cn/zhengce/content/2014-06/22/content_8901.htm)(2014-06-22)[2018-1-4].

(一) 大力加强职业教育教师专业发展的特色顶层设计

从政策上看,顶层设计日益清晰、完善、有特色。教育部先后颁布了《高等职业教育创新发展行动计划(2015—2018年)》(2015年)、《教育部办公厅关于启动实施高等学校新入职教师国培示范项目的通知》(2016年)、《职业学校教师企业实践规定》(2016年)、《教育部 财政部关于实施职业院校教师素质提高计划(2017—2020年)的意见》(2016年)、《教育部关于实施卓越教师培训计划2.0的意见》(2018年)、《关于全面深化新时代教师队伍建设改革的意见》(2018年)、《深化新时代职业教育"双师型"教师队伍建设改革实施方案》(2019年)等文件,针对教师专业发展的重点与难点问题,加大力度,予以突破。例如,《高等职业教育创新发展行动计划(2015—2018年)》提出坚持产教融合、校企合作,坚持工学结合、知行合一,"围绕提升专业教学能力和实践动手能力,健全专任教师的培养和继续教育制度。推进高水平大学和大中型企业共建'双师型'教师培养培训基地,探索'学历教育+企业实训'的培养方法;完善以老带新的青年教师培养机制;建立教师轮训制度;专业教师每五年企业实践时间累计不少于6个月。增强职业技术师范院校的职教教师培养能力"[①]。《教育部 财政部关于实施职业院校教师素质提高计划(2017—2020年)的意见》提出了"加快建成一支师德高尚、素质优良、技艺精湛、结构合理、专兼结合的高素质专业化的'双师型'教师队伍"[②]的目标,以"中央引领,地方为主;对接需求,重点支持;协同创新,注重实效;规范管理,确保质量"为原则,分层分类开展培训,包括职业院校教师示范培训、中高职教师素质协同提升、校企人员双向交流合作三大计划内容(如图5-1所示)。

---

① 《教育部关于印发〈高等职业教育创新发展行动计划(2015—2018年)〉的通知》,见中华人民共和国教育部官网(http://www.moe.gov.cn/srcsite/A07/moe_737/s3876_cxfz/201511/t20151102_216985.html)(2015-11-02)[2016-5-17]。

② 《教育部 财政部关于实施职业院校教师素质提高计划(2017—2020年)的意见》,见中华人民共和国教育部官网(http://www.moe.gov.cn/srcsite/A10/s7011/201611/t20161115_288823.html)(2016-11-15)[2017-4-27]。

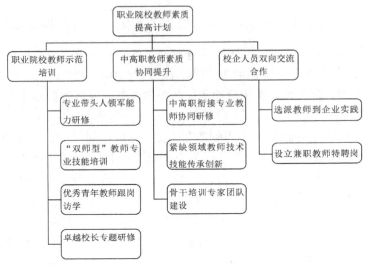

图 5-1 职业院校教师素质提高计划

（二）自上而下、分层分类开展职业教育教师专业发展路径创新

针对教师来源单一、专业化水平偏低、专业化标准不够清晰等问题，《国务院关于印发国家职业教育改革实施方案的通知》（国发〔2019〕4号）提出"专业教师原则上从具有3年以上企业工作经历并具有研究生以上学历的人员中公开招聘，特殊高技能人才（含具有高级工以上职业资格人员）可适当放宽学历要求，基本不再从应届毕业生中招聘。有条件的专业，要重点引进国内外高水平大学的博士毕业生、高级职称人员或省级以上技术能手等高层次人才"[1]，为新时代职业教育的高质量发展进一步提供了创新性的思路与操作方向。《深化新时代职业教育"双师型"教师队伍建设改革实施方案》则提出了建设分层分类教师专业标准体系、新教师准入制度改革等任务，从"双师型"教师资格准入、聘用考核、职业发展通道、待遇和保障机

---

[1] 《国务院关于印发国家职业教育改革实施方案的通知》，见中华人民共和国中央人民政府官网（http://www.gov.cn/zhengce/content/2019-02/13/content_5365341.htm.）（2019-02-13）[2019-3-1]。

制等方面为职业教育教师专业发展提供了新的指引,覆盖教师专业发展全阶段,既凸显了职业教育作为类型教育的定位与特征,又着重强调教师专业发展应在产教融合、跨界融合、个体成长与教学团队建设相结合等方面彰显特色(见表5-10)。

表5-10 深化新时代职业教育"双师型"教师队伍建设改革目标与内容①

总体目标	具体目标	改革内容
构建政府统筹管理、行业企业和院校深度融合的教师队伍建设机制,健全中等和高等职业教育教师培养培训体系,打通校企人员双向流动渠道,"双师型"教师和教学团队数量充足,"双师结构"明显改善。建立具有鲜明特色的"双师型"教师资格准入、聘用考核制度,教师职业发展通道畅通,待遇和保障机制更加完善,职业教育教师吸引力明显增强,基本建成一支师德高尚、技艺精湛、专兼结合、充满活力的高素质"双师型"教师队伍	到2022年,职业院校"双师型"教师占专业课教师的比例超过一半,建设100家校企合作的"双师型"教师培养培训基地和100个国家级企业实践基地,选派一大批专业带头人和骨干教师出国研修访学,建成360个国家级职业教育教师教学创新团队,教师按照国家职业标准和教学标准开展教学、培训和评价的能力全面提升,教师分工协作进行模块化教学的模式全面实施,全面推进"1+X"证书制度试点工作,辐射带动各地各校"双师型"教师队伍建设,为全面提高复合型技术技能人才培养质量提供强有力的师资支撑	建设分层分类的教师专业标准体系
		推进以"双师素质"为导向的新教师准入制度改革
		构建以职业技术师范院校为主体、产教融合的多元培养培训格局
		完善"固定岗+流动岗"的教师资源配置新机制
		建设"国家工匠之师"引领的高层次人才队伍
		创建高水平结构化教师教学创新团队
		聚焦"1+X"证书制度开展教师全员培训
		建立校企人员双向交流协作共同体
		深化突出"双师型"导向的教师考核评价改革
		落实权益保障和激励机制,提升教师社会地位
		加强党对教师队伍建设的全面领导
		强化教师队伍建设改革的保障措施

---

① 《四部门关于印发〈深化新时代职业教育"双师型"教师队伍建设改革实施方案〉的通知》,见中华人民共和国中央人民政府官网(http://www.gov.cn:8080/xinwen/2019-10/18/content_5441474.htm)(2019-10-18)[2019-11-2]。

依据政策指引以及教师专业发展的实际需求，各地、各职业院校纷纷结合实际，通过出台相关意见办法，打造产教融合教师专业发展平台，拓展与理顺教师来源渠道，开展多边多向交流等方式破解教师专业发展难题，塑造特色教师专业发展模式。港澳台地区在全民教育、终身教育理念的影响下，不断贯通职业教育与普通教育，并在教学上将二者融合为一体，在教师培养培训上强调各种资源作用下个人潜能的充分发挥和专业的持续成长，例如，澳门高度强调教师的培训，由澳门教育暨青年发展局、劳动事务局等政府部门，澳门大学、澳门理工学院、澳门旅游学院等高校，以及行业协会等共同合作开展教师培训、延续职业培训、语言（中文、葡语）培训等；台湾将高职教育重心下移，强调校企深度合作培养培训教师，为在职教师开办了由高校承担、产学共同参与的大学二年制在职专业研修班，以及硕士和博士研究生在职专业研修班。依据教育部文件精神，2017年起，浙江省、四川省等相继启动了《职业院校2017—2020年教师素质提高计划》，积极推进校企双向交流合作，各职业院校相继建立了教师到企业实践、企业人才到学校任教的常态化运行机制。其中，浙江省提出了"分层分类组织，有计划、分步骤地开展教师全员培训，全面提升职业院校教师'双师'素质和校长办学治校能力。加强卓越教师、校长、专业带头人、优秀青年教师等的培养，建设一支能引领我省职业教育高水平发展的名师和骨干教师队伍；支持开展中职、高职、应用型本科高校教师团队研修和协同创新，创建一批中高职教师专业技能创新示范团队；推进教师和企业人员双向交流合作，建立教师到企业实践和企业人才到学校兼职任教常态化机制"[①]的目标，既有专业带头人领军研修、骨干培训专家展开团队建设、企业实践锻炼培养培训、赴境外培训研修等十大重点项目，也有全员培训、骨干教师培训、校本培训、新教师入职培训四个层面的培训。浙江工商职业技术

---

① 《浙江省教育厅关于实施浙江省职业院校教师素质提高计划（2017 - 2020）的通知》，见浙江职成教网（http://www.zjzcj.com/show.php? id = 28764）（2017 - 06 - 13）[2017 - 12 - 1]。

学校通过引培并举、深化产教融合和校企合作的方式，打造出了高水平的专职、兼职教师队伍；无锡职业技术学院与东南亚教育部长组织合作设立了"中国—东盟教师培训发展中心"，利用校企合作平台、中外合作平台等开展了多期教师培训项目，为当地职业教育发展搭建了教师成长的高层次交流平台，提升了教师的开放性思维，拓展了其国际视野。

综上，无论是从职业教育现代化发展的进程及规律上看，还是从职业教育的顶层设计上看，抑或是从教师专业发展的内在机理上看，自 2015 年以来，教师专业发展在职业教育紧密服务国家战略、积极融入区域经济社会发展和促进产业结构转型升级方面的作用与地位日益突出，围绕新时代职业教育发展的新需求，自上而下推进，不断强化产教融合、协同发展、分层分类改革、多元培养培训、个人与团队建设相结合。教师专业发展是一项系统的工程，也是一个需要自觉自省的持续行动，而这些重要改变正在逐步改进职业教育教师专业发展潜在已久而长期难以得到较好改善的现实问题，不断彰显出职业教育教师专业发展不同于普通师范教育的特征，标志着具有职教特色的教师专业发展时代已经到来。

职业教育教师专业发展 国际比较与模式构建

第六章
中国职业教育教师专业发展的现实审视

作为全球人力资源第一的大国、世界第二大经济体和制造业基地,中国在较短的时间内创办了世界上最大规模的职业技术教育体系,造就了一支高素质技术技能人才大军,成为中国经济社会转型升级与快速发展的重要人才支撑与智力保障,其中,教师专业发展起到了重大作用。可以说,职业教育教师的专业化发展既是构建现代职业教育体系的基石,也是推动区域经济社会可持续发展的坚实保障。为此,研究我国职业教育教师队伍现状、职业教育教师的培养、职业教育教师的资格及其认定、职业教育教师的在职发展方式以及职业教育教师专业发展的问题等,不仅有利于丰富职业教育教师专业发展的理论,而且对于认识我国职业教育教师专业发展现状、诊断当前职业教育教师专业发展的问题和提高教师队伍专业发展水平等也具有很强的实践推进意义。

一、职业院校与教师队伍现状[①]

(一)职业院校数量与结构

《中国统计年鉴 2020》显示,2019 年,国内有职业院校 11501 所,包括高职院校 1423 所,中职学校 10078 所。可见,从职业教育内部结构来看,中职学校占职业院校总数的 87.63%,是高职院校数量的 7 倍之多(如图 6-1 所示)。

---

① 本部分内容数据来源于《中国统计年鉴 2020》。

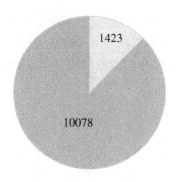

图 6-1 职业院校的数量比较（单位：所）

其中，中职学校主要由普通中专、成人中专、职业高中、技工学校等机构组成，其中，普通中专 3339 所，占中职学校总数的 33.13%；职业高中 3315 所，占 32.89%（如图 6-2 所示）。

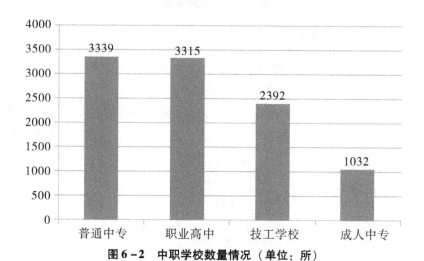

图 6-2 中职学校数量情况（单位：所）

从高职院校、中职学校所处的阶段上看，在普通高校阶段，院校数量共计 2688 所，主要包括本科院校、高职院校以及其他普通高教机构，其中，高职院校 1423 所，占 52.94%；高中阶段学校共 24375

所，包括了普通高中和中职学校，其中，中职学校 10078 所，占 41.35%。由此可见，高职院校占了普通高等教育的半壁江山，而中职学校也已占了近整个高中阶段学校的一半（如图 6-3 所示）。

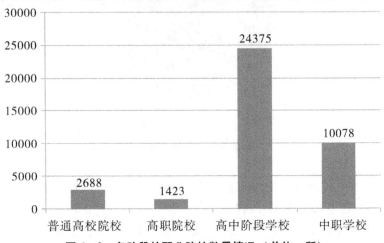

图 6-3　各阶段的职业院校数量情况（单位：所）

（二）教师数量与结构

从教师队伍上看，2019 年，国内职业院校共有教师 177.27 万人，其中，专任教师 135.73 万人，占 76.57%。

在 177.27 万名职业教育教师中，高职高专教师数 69.94 万人、占 39.45%，中职学校教师数 107.33 万人、占 60.55%（如图 6-4 所示）。

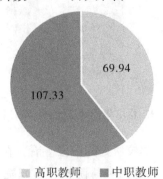

图 6-4　2019 年高职、中职专任教师数量（单位：万人）

在135.73万名专任教师中,高职高专专任教师数51.44万人,占37.90%;中职专任教师数84.29万人,占62.10%。可见,高职教师与中职教师规模之比接近4∶6(如图6-5所示)。

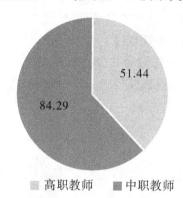

图6-5　2019年高职、中职专任教师数量(单位:万人)

单从中职学校层面上看,2019年,中职学校教师总数107.33万人,其中,普通中专、职业高中、技工学校、成人中专各占37.14%、31.66%、25.33%、5.87%。中职学校专任教师总数84.29万人,其中,普通中专、职业高中、技工学校、成人中专各占36.72%、33.79%、23.81%、5.68%(如图6-6所示)。

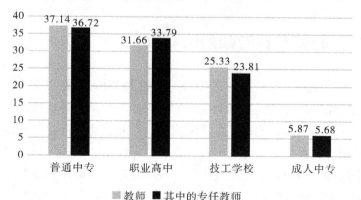

图6-6　2019年中职学校教师队伍情况(单位:%)

从高职院校、中职学校所处的阶段上看,在普通高校阶段,教师总计 256.67 万人,其中,高职院校教师 69.94 万人,占 27.25%;在高中阶段,教师总数 390.95 万人,其中,中职学校教师 107.33 万人,占 27.45%。与此同时,在 174.01 万名普通高校专任教师队伍中,高职院校共有 51.44 万名专任教师,占 29.56%;在 270.41 万名高中专任教师中,中职学校专任教师共 84.29 万人,占 31.17%。可见,在同一阶段教育类型中,高职院校教师、中职院校教师以及专任教师数量均占约 1/3 的比重(如图 6-7 所示)。

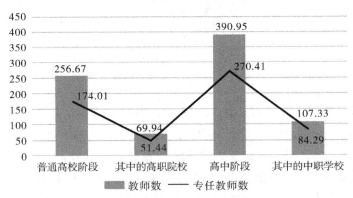

图 6-7 2019 年职业院校教师规模的横向比较(单位:万人)

二、职业教育教师的培养

教师职业是一个专业化的职业早已被国家写入法律中,也在职业教育现代化发展的过程中逐渐成为学界的普遍共识。要从事职业教育教学工作,必须也必然得经过系统化的、专业化的、科学化的培养培训。从职业生涯的完整周期上看,职业教育教师的专业发展一般可分为三个阶段,即职前专业发展阶段、入职专业发展阶段和在职专业发展阶段。无论哪个阶段,都对教师整体专业发展水平的提升有着至关重要的影响,关系到具有中国特色职业教育事业的全局。本部分着重探讨职业教育教师的培养,也就是职业教育教师是怎样培养的、侧重于哪些层次等。

（一）培养机构与层次

长期以来，我国各级各类学校教师培养的重任主要由中等、高等师范院校等承担，而伴随教师教育的开放化发展，各类大学也成为教师培养的重要力量。从国际惯例以及国内教师教育的发展过程上看，教师教育通常分为定向型、非定向型、就业培训型的培养模式。改革开放以来职业教育的发展实践表明，教师培养是沿着三种模式，由不同类型的教育机构承担。例如，定向型的职业教育教师的培养基本上由独立设置的职业技术师范院校承担；非定向型的职业教育教师培养由普通本科院校设立的具有二级学院性质的职业技术教育学院承担，但师范功能比较淡化；就业培训型职业教育教师的培养则是从1999年开始，主要依据国家及地方的相关文件，依托普通高校、高职院校等单位，重点建设了职业教育专业教师和实习指导教师培养培训基地。① 因此，从主流上，目前，专门的职业教育教师培养主要依托三种类型的机构。

第一，独立型——独立设置的全日制职业技术师范学院。职业技术师范院校是我国职业教育教师培养的核心力量，发挥着主导作用、引领作用。其中，在国内，主要有天津职业技术师范大学、吉林工程技术师范学院、河北科技师范学院、广东技术师范大学、江西科技师范大学5所职业技术师范教育学院，它们独立设置，规模比较稳定，实力较为雄厚。2019年，5所学校全日制本科、研究生在校生合计91066人，培养的普通本科及以上学历毕业生共19796人（如图6-8、表6-1所示）。

---

① 庄西真：《构建新型职教教师培养培训体系》，见中国高职高专教育网（https://www.tech.net.cn/web/articleview.aspx?id=20181120091107410&cata_id=N007）（2018-11-20）[2019-2-4]。

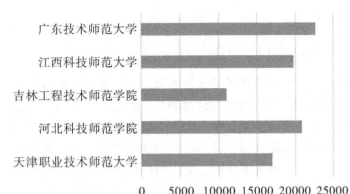

图 6-8 2018—2019 学年 5 校普通本科及以上学历在校生规模（单位：人）

表 6-1 2019 年 5 校普通本科及以上学历毕业生与各校所在省（直辖市）普通本科及以上学历毕业生情况（单位：人）

校名	毕业生数	省（直辖市）	毕业生数	总占比
天津职业技术师范大学	3778	天津市	98165	3.85%
河北科技师范学院	4806	河北省	188393	2.55%
吉林工程技术师范学院	2632	吉林省	135805	1.94%
江西科技师范大学	4446	江西省	133548	3.33%
广东技术师范大学	4134	广东省	297624	1.39%

资料来源：教育部 2019 年全国教育统计数据，以及 5 所学校的 2019 届毕业生就业质量报告。

以广东技术师范大学为例。2019 年，该校有工学、理学等 8 大主要学科门类，本科专业 67 个，其中，师范类专业 30 个，教育学、民族学等一级学科硕士学位授权点 4 个，电子信息硕士、教育硕士等专业学位授权点 3 个，广东省研究生联合培养基地 18 个；共有毕业生 4231 人，其中，研究生 251 人、本科生 3883 人、专科生 97 人。从就业去向上看，有 33 名研究生和 16 名本专科毕业生进入高职高专院校，有3名研究生和91名本专科毕业生进入中职学校。① 而2015—2019届的毕业生进入职业院校数据显示，师范类毕业生共1365人，有666名毕业生进入中职学校，62名毕业生进入高职高专院校，二者合计728人（如图6-9所示）。

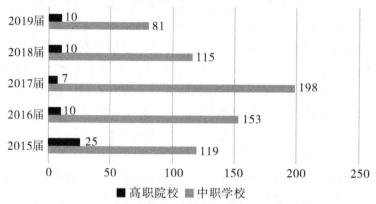

图6-9 广东技术师范大学2015—2019届师范类毕业生进入职业院校情况（单位：人）②

第二，附属型——本科院校设立的职业教育学院。近年来，随着教师专业发展的多元化、系统化、开放化，一些大学也积极创办了以职业教育教师培养为目标的二级学院，命名不一，有"职业教育学院""职业技术师范学院""职业师范学院"等，成为职业技术师范院校的重要补充，办学较为成熟的有华南师范大学职业教育学院、广西师范大学职业技术师范学院、河北师范大学职业技术学院、湖北工业大学职业技术师范学院、江西农业大学职业师范（技术）学院、云南师范大学职业技术教育学院、中国海洋大学职业技术师范学院等。

第三，就业培养培训型——职业教育教师培养培训基地。根据《面向21世纪教育振兴行动计划》的文件精神，1999年至2012年，

---

① 《广东技术师范大学2019届毕业生就业质量年度报告》，广东技术师范大学2019年。

② 同①。

国家采取多种手段，大力发挥实力较强的普通本科院校、高职院校等的力量，分三批建设了天津大学、河北科技师范学院、北京师范大学、广东职业技术师范大学等 85 个全国重点职业教育师资培训基地，示范带动了各省市积极建立了近 400 个省级职业教育教师培养培训基地，形成了国家基地面向大区域、省市基地面向小区域，分工协作、有序衔接的工作体系，成为职业教育新教师培养、在职教师培训、职业教育教师开展科研工作等的重镇。为进一步健全职业教育教师专业发展体系，2001—2012 年，教育部建立了北京首都旅游集团有限公司、上海宝钢集团公司、神州数码网络（北京）有限公司等全国职业教育师资专业技能培训示范单位 10 个，面向全国重点建设的职业教育师资培养培训基地，为其教师提供接触一线工作实际、进行专业技能训练的实训场所。

受经济社会发展水平、高等教育结构调整、职业教育社会地位与社会认知等多种因素的影响，各类理工类、师范类、综合类大学等，也是职业教育教师尤其是具有研究生学历教师来源的主要渠道，但普遍存在培养目标单一、培养内容与教育教学实践脱离严重、教师职业素养单薄、教育专业特征不明显等问题。绝大多数教师在学校接受完专业教育后是通过新教师入职培训、在职发展等才逐步建立起对教育教学实践的认识并培养不同水平的教学技能的。另外，还有若干专业课教师、实习指导教师培养培训机构，均按照自己对职业教育的理解开展工作。

从教师培养的层次上看，一般分为本科和研究生两种，以本科层次为主，同时注重通过打造特色硕士学位授权点独立培养研究生，或者采用与其他高校、科研机构等合作共建基地，开展高层次人才计划等方式联合培养研究生。

（二）培养目标与内容

高水平的教师队伍是职业教育实现高质量发展的重要保证。近年来，为促进教师专业发展、提高教育教学水平，切实服务职业教育与区域经济社会发展，职业教育教师培养机构纷纷提出了各自的教师培养目标。例如，湖北工业大学职业技术师范学院师范类专业——"机械设计制造及其自动化"提出本科生的培养目标是"具有良好的人文素养与科学精神，具备机械设计制造的基础知识与应用能力，掌握机械工程领域内的基础理论、专业知识和专业技能，掌握师范教育的基本理论和教师技能，具备较强的专业实践能力和创新精神，既能胜任职业院校专业课程教学和科研工作，又能在企业中从事机械工程领域的相关技术工作，具有较强适应能力的高素质复合型人才";① 职业技术教育——加工制造类全日制教育硕士专业学位研究生的培养目标则是"培养掌握现代教育理论、具有较强职业技术教育教学实践和研究能力的高素质中等职业学校专业教师"。② 天津职业技术师范大学坚持"动手动脑、全面发展"的办学理念，强调理论与实践紧密结合的高素质职教师资培养，其中，师范类专业表现为"学术性、职业性、师范性""三性"统一等。

从共性特征上看，各职业教育教师培养机构在人才目标上着力强调三个特征：第一，以学生为中心，卓越发展，引领示范所在区域乃至全国职业技术师范教育；第二，以国家、区域职业教育发展对教师的需求为导向，不断强化产教融合、校企合作、协同育人；第三，加大理论与实践的紧密结合，实现学术性、职业性、专业性、师范性等的有机统一。

传统观念认为，只要大学毕业，拥有一定的知识、学历基本符合职业院校教学岗位要求，便可以胜任教师工作。近年来，随着国家对职业教育地位与功能的日益重视，人们越来越认识到，教师是一种实践性与专业性特别强的职业，不仅要具备基本的知识、情感与能力，更要具备较强的职业核心能力，例如，课堂教学能力、人际沟通交往能力、教学反思与改进能力等，并将这些能力紧密联系教育教学实际，融于专业发展之中。围绕教师应具备的能力与素质，职业教育教

---

① 《机械设计制造及其自动化（师资）》，见湖北工业大学职业技术师范学院官网（https://zsy.hbut.edu.cn/info/1021/1028.htm）（2020-7-1）[2020-7-20]。
② 《湖北工业大学教育硕士研究生培养方案》，湖北工业大学 2020 年版，第 5 页。

师培养机构主要从知识、能力、素质等多个维度开展教育教学内容的设计与实施,并具体落实或聚焦在课程这一关键载体上,普遍强调宽口径、厚基础、高素养、重实践。目前,国内的职业技术师范教育主要培养中等职业学校教师,以本科层次的专业为主;在课程结构上,依据学科专业的逻辑,按照核心专业学科先设置专业,根据专业再设置课程,一般按照学时及要求等分为公共基础课程、学科专业课程(学科基础课程、专业教育课程)、创新创业课程和实践教学课程(见表6-2)。

表6-2 本科层次职业教育教师培养的课程结构

课程类别	主要课程名称	学分占比
公共基础课程	德育类(思修等)、工具类(外语、写作、信息技术等)、人文类(语文、历史等)、职业素养类(职业生涯规划等)、身心健康类(体育、心理健康等)	25%~35%
学科专业课程	学科平台/基础课程,即同一学科门类下各专业共同的专业基础理论课程;专业教育课程,即对应普通高等学校本科专业目录的专业知识和专门技能的课程	50%~60%
创新创业课程	大学生就业创业指导、创新能力、创业基础、网络创业培训等课程	5%~11%
实践教学课程	教育实习、生产实习、社会调查、课程设计、技能训练、毕业设计、劳动教育、创新创业实训等,学分计算因校而异	—

资料来源:主要职业教育教师培养单位的人才培养方案。

各类课程具体内容以及所占学时学分因校而异、因专业而异。但从整体上看,公共基础课程学分约占人才培养方案总学分的25%~35%,学科专业课程一般分为学科基础课程和专业教育课程,合计占总学分的50%~60%,实践教学课程有单独计算学分,也有放置在总学分中。近年来,其重要性日益受到学校重视,各相关学校不断加大实践教学课程比重与实施力度。例如,2018年,吉林工程技术师范学院修订了本科各专业的人才培养方案,对照国家质量标准,将总学分调整为 168 学分,将实践环节学分占比提高到总学分的 37%。① 另外,近年来,应"双创"教育的需求,部分学校开设了创新创业课程,学分占比 5%~11%。与此同时,按照基础性和应用性,课程可以分为理论课程、实践(实习)课程;按照学习要求及选择方式又可以分为必修课程(公共必修课、学科专业基础课)和选修课程(公共选修课、专业选修课)、实习实践,如公共基础课可以有必修的课程,也有选修的课程。以广西师范大学职业技术师范学院 2018 级工艺美术专业(职教师资)为例,该专业隶属于艺术学门类,相近的专业有服装与服饰设计、环境设计、工业设计、视觉传达设计、动画和公共艺术,为此开设了通识素质教育课程、大类基础课程、专业核心课程、专业发展课程、创新创业实践课程、实践教学课程,其中,通识素质教育课程占比 30.3%、专业发展课程占比 25.5%(见表 6-3)。

表 6-3 广西师范大学职业技术师范学院 2018 级工艺美术专业
(职教师资)课程结构②

课程类别	主要课程名称	学分占比
通识素质教育	观石读史、独秀大讲坛(含历史哲学与语言文学、形势热点与创新创业、教师教育与职业发展等六大模块)等	30.3%
大类基础课程	速写、色彩写生、二维构成设计、三维构成设计、计算机辅助设计、雕塑基础、中国工艺美术史、白描技法、书法等	15.8%
专业核心课程	漆工艺陈设品设计、木雕工艺陈设品设计、陶瓷工艺陈设品设计、教师职业技能训练、教师职业道德与专业成长等	19.4%

---

① 《吉林工程技术师范学院 2018—2019 学年本科教学质量报告》,吉林工程技术师范学院 2019 年,第 17 页。
② 《工艺美术(职教师资)人才培养方案》,见广西师范大学职业技术师范学院官网(http://www.zsxy.gxnu.edu.cn/2019/0603/c2216a153248/page.htm.)(2019-6-3)[2020-4-15]。

续表 6-3

课程类别	主要课程名称	学分占比
专业发展课程	职场礼仪、民俗工艺欣赏、家纺布艺陈设品设计、图案创意设计、灯具设计、旅游工艺品设计、设计策划与管理等	25.5%
创新创业实践课程	创新创业实践	9.1%
实践教学课程	理实一体化课程专业实验课程：漆工艺陈设品设计、金属工艺陈设品设计、家纺布艺陈设品设计等，综合训练学生的动手能力和实践能力； 创新创业集中实践性教学环节：专业实习、专业考察、教育实习、毕业设计（论文）等	

为规范职业技术师范教育的专业办学，2019 年 10 月，教育部教师工作司根据《教师法》《中等职业学校教师专业标准》等文件精神，颁布了《职业技术师范教育专业认证标准》，将职业技术师范教育的专业办学质量分为相互衔接、逐级递进的三个水平，即基本要求（包括 4 个一级指标、18 个二级指标）、合格要求（包括 8 个一级指标、42 个二级指标）和卓越要求（包括 8 个一级指标、46 个二级指标），每一层级包含不同的指标体系，体现出专业性、职业性和师范性的高度融合，首次以国家的名义为新时期职业技术师范教育的专业质量提出了明确要求，也进一步规范了各职业技术师范院校的办学工作（见表 6-4）。

表 6-4 职业技术师范教育专业认证三级标准体系①

级别	一级指标	二级指标
基本要求	课程与教学	3 个：教师教育课程学分、人文社会与科学素养课程学分、专业课程学分占总学分比例

---

① 《教育部教师工作司印发关于〈职业技术师范教育专业认证标准〉和〈特殊教育专业认证标准〉的通知》，见教育部（http://www.moe.gov.cn/s78/A10/tongzhi/201910/t20191030_405965.html.）（2019-10-31）[2020-8-21]。

续表6-4

级别	一级指标	二级指标
基本要求	合作与实践	3个：专业实践和教育实践时间、实习生数与教育实践基地数比例、实习生数与专业实践基地数比例
	师资队伍	6个：生师比、专业教学法教师数、具有高级职称教师占专任教师比例、具有硕博士学位教师占专任教师比例、"双师型"教师占专业课教师比例、兼职教师与专任教师比例
	支持条件	6个：教学日常运行支出占生均拨款总额与学费收入之和的比例，生均教学日常运行支出，生均实践教学经费，生均专业类和教育类纸质图书，微格教学、语言技能、书写技能、专业实践教学实训室等教学设施，校内专业技能实训场所
合格要求	培养目标	3个：目标定位、目标内涵、目标评价
	毕业要求	11个：践行师德（师德规范、教育情怀、工匠精神）、学会教学（专业知识和能力、专业实践能力、教学能力）、学会育人（班级指导、综合育人、职业指导）、学会发展（学会反思、沟通合作）
	课程与教学	5个：课程设置、课程结构、课程内容、课程实施、课程评价
	合作与实践	5个：协同育人、基地建设、实践教学、导师队伍、管理评价
	师资队伍	5个：数量结构、素质能力、"双师型"教师、实践经历、持续发展
	支持条件	3个：经费保障、设施保障、资源保障
	质量保障	4个：保障体系、内部监控、外部评价、持续改进
	学生发展	6个：生源质量、学生需求、成长指导、学业监测、就业质量、社会声誉

续表6-4

级别	一级指标	二级指标
卓越要求	培养目标	3个：目标定位、目标内涵、目标评价
	毕业要求	14个：践行师德（师德规范、教育情怀、工匠精神）、学会教学（专业知识和能力、专业实践能力、教学能力、融合创新）、学会育人（班级管理、综合育人、职业指导）、学会发展（自主学习、反思研究、国际视野、交流合作）
	课程与教学	5个：课程设置、课程结构、课程内容、课程实施、课程评价
	合作与实践	5个：协同育人、基地建设、实践教学、导师队伍、管理评价
	师资队伍	5个：数量结构、素质能力、"双师型"教师、实践经历、持续发展
	支持条件	3个：经费保障、设施保障、资源保障
	质量保障	4个：保障体系、内部监控、外部评价、持续改进
	学生发展	7个：生源质量、学生需求、成长指导、学业监测、就业质量、社会声誉、持续支持

在研究生层次的职业教育教师培养上，课程体系一般分为学位公共课程、专业基础课程、专业选修课程、实践教学课程等主要模块。有些学校还将参加会议、学术报告等纳入必修课，而跨一级学科考入或同等学力硕士生必须补修相关专业的核心课程，如跨专业考入自动化专业硕士研究生或同等学力硕士生需补修自动控制理论、电机拖动等课程（见表6-5）。

表6-5 研究生层次职业教育教师培养的课程结构

课程类别	主要课程名称	学分占比
学位公共课程	外语、政治等	20%～30%
专业基础课程	教育学原理、职业教育心理学、中外教育史、课程与教学论、教育统计等	27%～45%
专业必修课程	参加会议、学术报告等	
专业选修课程	教育社会学、教育政策与法规、班级管理、信息技术教学、职业教育课程开发、职业教育行政等	约20%
实践教学课程	教育实践（实习、见习、课例分析、微格教学、调查、班级实务等）、企业实践	10%～40%
补修课程	专业基础/核心课程	

以2018年天津职业技术师范大学职业技术教育学专业的硕士研究生课程为例，整个课程架构分为学位课（包括公共课和基础课）、必修课、选修课、实践课、补修课5大模块。总学分不少于35学分，其中，学位课不少于21学分，实践课不少于4学分。① 以学位课为例，分为4门公共课、9门专业基础课以及10门选修课。关于补修，该校规定，本科专业非教育学相关专业的学生或同等学力生，需补修教育学、心理学等课程（见表6-6）。②

---

① 刘尚儒、邵长兰：《对职业技术教育学硕士研究生课程设置的分析及思考》，载《天津职业技术师范大学学报》2018年第4期，第64页。
② 《专业介绍》，见天津职业技术师范大学官网（https://yjsh.tute.edu.cn/student_come/zyjs.htm）（2017-3-16）[2020-4-2]。

表6-6　2018年天津职业技术师范大学职业技术教育学专业硕士研究生课程①

课程类别	课程名称	学分	备注
学位公共课	中国特色社会主义理论与实践研究、英语	各2分	必修
	马克思主义与社会科学方法论、自然辩证法概论	各1分	二选一
学位基础课	教育科学研究方法、教育学原理、职业教育心理学、中外教育史专题、教育统计及SPSS应用（上）、教育哲学	各2分	必修
	高等教育、心理学、职业技术教育学、实验设计学	各2分	至少选1门
必修课	学术报告、专业外语（外文文献翻译）	各1分	—
选修课	教育社会学、教育测量与评价、职业教育课程开发、职业指导理论与实践、质性研究方法、教育统计及SPSS应用（下）、教育政策与法规、中外教育名著导读、职业心理学、职业心理咨询	各2分	10门，至少选4门
实践课	科研实践与社会调查、教育教学实践	各2分	必修
补修课	教育学、心理学	不计学分	跨一级学科考入或同等学力生补修

因体制、文化等的不同，港澳台地区的职业技术教育有着各自的发展特色，教师培养也不例外。以台湾地区为例，其职业技术教育被称为"技职教育"，功能与性质比较多元。根据《师资培育法》，台湾职业学校教师的培养包括教育专业能力培养与专门技术能力培养两方面内容，其中，前者是由台湾地区教育主管部门规定的26个教育

---

① 刘尚儒、邵长兰：《对职业技术教育学硕士研究生课程设置的分析及思考》，载《天津职业技术师范大学学报》2018年第4期，第64页。

学程学分组成，后者由获得授权的各个师资培育机构自行制定《专门科目学分对照表暨施行要点》并报备台湾地区教育主管部门。①

（三）培养方式与手段

职业教育教师培养机构的层次、类型、定位等导致了不同的培养方式、课程结构、教学形式等。长期以来，我国教师培养大多朝着综合性大学看齐，主要采取"3+1"模式，即在"保持四年学制不变的前提下，实现学科专业和教育专业的剥离，前三年集中完成通识教育和学科专业教育，后一年重点进行教师专业化教育，即教育学、心理学、教育实践等教育学科的专业训练"。② 在这一大环境的影响下，除了独立设置的职业技术师范院校以及近年来新设立的附属于大学的职业技术师范学院，其他培养职业教育教师的机构在相当大程度上沿用了这一模式，或是在大学里设教育学院、师范学院，培养专业课教师，或是以专业教育为中心，在后期修习师范教育课程，或是入学时即是师范生，混合学习学科专业、教育专业课程，等等。

随着近年来职业技术师范院校（学院）在教师培养力量上的崛起，人才培养方式与手段开始呈现出具有职业教育特色和教师专业发展规律的特征，主要表现在以下五个方面。

第一，突出"工匠之师"人才的培养，跨学科、跨界培养"复合型"人才。针对传统教师培养模式下培养目标单一、培养内容与教育教学实践严重脱节、教育教学训练不足等问题，职业技术师范院校越来越重视理论与实践的紧密结合，聚焦专业实践能力，跨学科打破学科壁垒，跨界打破行业壁垒，通过整合、优化、校企协同等进行复合型人才培养，构建起以职业技术师范院校为主体、多元协同合作、产教融合的高水平"双师型"教师培养格局。

---

① 赵丽玲：《从成人学习动机和障碍观点探讨高职教师专业发展》（博士学位论文），"国立"彰化师范大学工业教育与技术学系2011年，第85页。
② 贺祖斌等：《教师教育：从自为走向自觉》，广西师范大学出版社2009年版，第71–72页。

第二，瞄准国家急需，创新"双证书"人才培养模式。从新时代经济社会发展对职业教育的更高要求出发，职业技术师范院校围绕国家急需的产业、行业，将学历学位证书与职业技能证书相结合，创建了"双证书"人才培养模式，如"本科＋技师"双证书，并不断丰富内涵，将创新创业教育、职业技能竞赛等融入"双证书"实施过程中，培养高等技术应用人才。与此同时，为落实"双证书"人才培养，通过校企合作创新并落实"双导师""双基地"等培养模式。以天津职业技术师范大学为例，学校在获得硕士学位授予权之后，不断加大学科建设力度，创新性实现了职教师资培养模式从"双证书一体化"转向"双导师、双基地、双证书"研究生人才培养模式。

第三，注重构建多元一体化职业教育师资培养体系。近些年来，职业教育界在"一体化"教师培养上进行了丰富而有力的探索，既体现在本硕一体化培养"双师型"职教师资，又体现在职业性、技术性、师范性、专业性、研究性等的一体化，还体现在专业理论与实践技能的一体化，极大推动了专业应用型人才的培养。例如，江西科技师范大学构建了"综合素质、专业能力、职业方向"相统一、"职教师资类、普教师资类、应用类"三类专业方向分流的"三位一体分流培养"模式①，有效实现了人才的高素质、个性化培养。

第四，动态调整职业教育教师培养的专业结构。为培养更符合区域经济社会发展需求的职业教育教师，近年来，职业技术师范院校依据产业发展动态，加大了对专业结构的动态调整，尤其是顺应新科技发展趋势，在"互联网＋"、人工智能、物联网、大数据、智能制造、新能源等方面增设了职教师范专业方向。

第五，加大对教育教学理论的更新与实践训练。针对专业与课程设置固化、内容长期不变、陈旧老化等问题，职业技术师范院校在人才培养的过程中，持续加大最新研究成果、实务性教育教学等内容的融入，如不仅仅开设了教育学、心理学等基本课程，还开设了教师职

---

① 《江西科技师范大学审核评估学习手册》，见江西科技师范大学法学院（http://fxy.jxstnu.edu.cn/index.php？s＝news&c＝show&id＝801）(2018－9－25)[2020－4－8]。

业技能训练、职业教育心理学、教师职业道德与专业成长、职业教育学、中职学生心理辅导与教育、教师资格考试实务等课程，扩大覆盖面，提高实用性。同时，开展新时代"三教"改革，通过运用活页教材、信息技术等增强教学的灵活性和时代性。

三、职业教育教师的资格及其认定

（一）基本类别

依据《中华人民共和国教师法》《教师资格条例》等规定，在职业院校中专门从事教育教学工作，必须依法取得教师资格。根据院校层次、岗位类型等，可将职业教育教师资格分为：第一，初级职业学校文化课、专业课教师资格（隶属于初级中学教师资格）；第二，中等专业学校、技工学校、职业高级中学文化课、专业课教师资格（简称"中等职业学校教师资格"）；第三，中等专业学校、技工学校、职业高级中学实习指导教师资格（简称"中等职业学校实习指导教师资格"）；第四，高等学校教师资格。成人教育机构的教师资格一般按成人教育层次和以上规定确定相应的类别（如图6-10所示）。

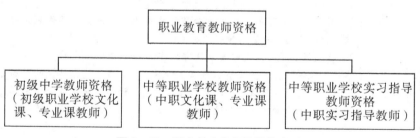

图6-10 职业教育教师资格的类别

随着社会现代化的发展，教育普及化水平、国民受教育程度不断提高，初级职业学校作为职业教育的一种类型曾经的辉煌已不在，规模渐渐萎缩，从改革开放初的1626所骤减为2017年的17所，已是凤毛麟角。因此，当前我国职业教育教师资格基本由中职学校教师资格、中职学校实习指导教师资格以及高校教师资格组成。可以发现，高职教师资格尚没有国家层面上的统一规定，而是基于所属层次将其纳入整个高等教育范畴。

（二）资格内容

当前，不同类别的职业教育教师资格与认定条件主要包括四个方面，即学历要求、专业技术要求、教育教学能力要求以及品德要求。各类别的基本要求如表6-7所示。

表6-7 职业教育教师资格基本内容

类别/条件	中职学校教师资格		高校教师资格
	文化课、专业课教师	实习指导教师	
学历条件	高等师范院校本科或其他大学本科毕业及其以上学历	中职学校毕业及其以上学历，对于确有特殊技艺者，经省级以上人民政府教育行政部门批准，其学历要求可适当放宽	研究生或者大学本科毕业学历
专业技术条件	无	具备国务院教育行政部门规定的学历，并应当具有相当助理工程师以上专业技术职务或者中级以上工人技术等级	无
教育教学能力条件	1. 具备承担教育教学工作所必需的基本素质和能力。具体测试办法和标准由省级教育行政部门制定； 2. 普通话水平应当达到国家语言文字工作委员会颁布的《普通话水平测试等级标准》二级乙等以上标准。少数方言复杂地区的普通话水平应当达到三级甲等以上标准；使用汉语和当地民族语言教学的少数民族自治地区的普通话水平，由省人民政府教育行政部门规定标准； 3. 具有良好的身体素质和心理素质，无传染性疾病，无精神病史，适应教育教学工作的需要，在教师资格认定机构指定的县级以上医院体检合格		
品德条件	遵守宪法和法律，热爱教育事业，履行《教师法》规定的义务，遵守教师职业道德		

资料来源：《中华人民共和国教师法》《教师资格条例》。

结合职业教育教师专业发展的历史脉络,可以发现,教师入职资格是随着《中华人民共和国教育法》《教师资格条例》《中华人民共和国教师法》等一系列政策的出台、实施与完善而得到明确规定的。此外,相对于高职教师,国家对中职学校教师资格的界定更为明确,分门别类地确定了各类中职学校教师的职务名称、任职条件、晋升依据等,如对技工学校、高级技工学校教师的专业技术条件做出了明确界定,并结合诸如中职学校类型等布局结构的优化、中职办学定位与功能的调整等时代发展需求而进行调整,实现了与时俱进,沿用至今(见表6-8)。

表6-8 技工学校、高级技工学校教师资格条件①

类别要求	技工学校			高级技工学校		
	文化理论课教师	专业理论课教师	生产实习指导教师	文化理论课教师	专业理论课教师	生产实习指导教师
专业技术要求	无	本专业某一职业(工种)初级或以上技能水平	高级以上(含高级)技能水平或相应专业高级以上(含高级)专业技术职务	无	本专业某一职业(工种)中级或以上技能水平	技师以上(含技师)技能水平或相应专业高级以上(含高级)专业技术职务
学历要求	高等职业技术师范学院、普通高等师范学院或者其他高等院校本科或以上学历	高级技工学校(高职院校)或以上学历	高等职业技术师范学院、普通高等师范学院或者其他高等院校本科或以上学历		高级技工学校(高职院校)或以上学历	

为加强教师的职业理想和道德建设,提高教师道德水平和育人质量,增强教师职业道德规范逐渐成为教师资格之本,也是教师这一职

---

① 宫雪:《改革开放以来我国职业教育教师政策研究》,载《中国职业技术教育》2012年第21期,第29页。

职业教育教师专业发展　国际比较与模式构建

业作为专门性职业必须坚持的职业道德和价值准则，具有与时俱进性、不可替代性。其中，依据 2011 年颁布的《高等学校教师职业道德规范》，高职院校教师作为高校教师序列，其职业道德规范主要包括爱国守法、敬业爱生、教书育人、严谨治学、服务社会、为人师表①六大内容。依据《中小学教师职业道德规范》（2008 年），中职学校师德主要包括爱国守法、爱岗敬业、关爱学生、教书育人、为人师表和终身学习六个部分，② 强调爱和责任，时代性、时效性和针对性特别强。2013 年以来，按照国家要求，通过将师德教育纳入教师教育课程体系、加强师德宣传等，建立健全了教育、宣传、考核、监督与奖惩相结合的师德建设长效机制（见表 6-9）。③

表 6-9　职业院校师德要求

类别	文件依据	师德要求	特色
中职	《中小学教师职业道德规范》	爱国守法、爱岗敬业、关爱学生、教书育人、为人师表、终身学习	以爱和责任为核心，强调针对性和实效性
高职	《高等学校教师职业道德规范》	爱国守法、敬业爱生、教书育人、严谨治学、服务社会、为人师表	强调高素质、专业化、服务性

（三）入职认定

符合教师资格条件的人员需要经过认定才能获得相对应的教师资

---

①　《关于印发〈高等学校教师职业道德规范〉的通知》，见中国教师资格网（http://www.jszg.edu.cn/portal/policy_regulation/whole_policy?id=591）（2012-5-28）[2019-2-3]。

②　《教育部　中国教科文卫体工会全国委员会关于重新修订和印发〈中小学教师职业道德规范〉的通知》，见中华人民共和国教育部官网（http://www.moe.gov.cn/jyb_xxgk/gk_gbgg/moe_0/moe_1964/moe_2462/tnull_39978.html）（2008-9-1）[2018-4-30]。

③　《教育部关于建立健全中小学师德建设长效机制的意见》，见中国教师资格网（http://www.jszg.edu.cn/portal/policy_regulation/whole_policy?id=6776）（2013-9-9）[2018-12-21]。

格证，进而从事专业化的工作。因此，可以说资格认定是确认教师资格的关键一环，也是构建可持续性、系统性教师专业发展体系的准绳。

《中华人民共和国教师法》规定了不同类别教师资格的认定单位，其中，"中职学校由县级以上地方政府教育行政部门组织的有关主管部门认定，高等学校教师资格由国务院或省、自治区、直辖市教育行政部门或由其委托的学校认定"①。以江苏省为例，2020年，该省初级中学教师资格由南京市秦淮区教育局、无锡市教育局、太仓市教育局等100个单位认定，中等职业学校教师资格、中等职业学校实习指导教师资格由南京市教育局、无锡市教育局等12个区市教育行政部门认定。

当前，高职教师资格尚没有国家和省域层面上的统一规定，基于所属层次将其纳入整个高等教育范畴，由省级教育行政部门或其委托的普通高等学校认定。在基本条件上，除了思想品德、体检、学历、普通话水平等以外，还需参加高校教师岗前培训与取得合格证书，参加高校教师教育教学基本素质和能力测试等。其中，高校教师岗前培训目的在于帮助教师掌握教育教学基本理论、提高教学技能、加强对学校和岗位工作的理解、做好职业与专业发展规划、迅速适应新教师的角色定位等。以江苏省为例，高校教师岗前培训的对象是新入职的专任教师、辅导员、高校拟聘任教的医学附属医院临床教学人员，以及学校根据需要确定的其他从事教学相关工作的专业技术人员以及管理人员，培训内容包括教师职业道德规范、政治思想和意识形态教育、现代教育理论、教育政策法规、教育教学基本技能等，培训方式有网络培训、校本培训、个人自学等。②而教育教学基本素质和能力测试旨在通过说课、面试、试讲等方式测试申请人是否具有扎实的专

---

① 《中华人民共和国教师法》，见中华人民共和国教育部官网（http://www.moe.gov.cn/s78/A02/zfs_left/s5911/moe_619/tnull_1314.html）（1993-10-31）[2018-10-21]。
② 《省教育厅关于认真做好2019年全省高等学校教师岗前培训工作的通知》，见江苏省教育厅官网（http://jyt.jiangsu.gov.cn/art'3/13/art_58320_8273752.html）（2019-3-13）[2020-7-1]。

业（学科）知识、技能、素养等，主要内容包括专业（学科）理论知识、技能、相关的实践能力，教育教学能力，仪表举止、语言表达、心理素质等基本教育素质。

随着高职教育在整个国民教育体系中地位的提升，其高等性与职业性这一独特的双重属性日益突出，决定了高职教师虽然在层次和类别上隶属于高等学校教师资格，但具有不同于普通本科院校教师的属性，如学术性、职业性、技术性等的高度融合。那么，高职教师应具备什么样的独特资格？应怎样进行独具特色的认定？这些问题引发人们越来越多的关注、思考和探索。自 2014 年以来，各地高职院校对高职教育教师的资格认定开展了创新性的探索，呈现出具有高职特色的认定方式。第一，将高校教师资格证书视为教师专业技术职务认定和评审的必备条件。第二，调整并扩大高校教师资格认定的高职院校范围，扩大院校办学自主权。以浙江省为例，从 2014 年起，浙江省将委托认定本校任教人员高等学校教师资格的学校范围扩大至所有全日制普通高等学校，①绍兴职业技术学院、浙江商业职业技术学院、浙江汽车职业技术学院、浙江舟山群岛新区旅游与健康职业学院、浙江长征职业技术学院、浙江医学高等专科学校、浙江机电职业技术学院、宁波卫生职业技术学院等多所高职院校获得批准与委托，负责本校任教人员的高校教师资格认定工作。第三，创新高职院校教师资格认定机制。例如，广东轻工职业技术学院在研究职业院校教师胜任力特征的基础上，出台了《"高职教育教师资格"认定实施与管理办法》等文件，于全国高职院校首次明确提出了高职教师资格的四个条件，即具有高校教师资格证、具备高职教育教学能力、具有企业实际工作经历和具有实践操作能力，由此首创了高职教育教师资格认证制度，把高职教育教师资格证作为学校专业教师职称评审和岗位聘用的必要条件，通过有计划地安排培训、参加专业实践等方式提升教师的

---

① 《浙江省教育厅关于加强和改进全日制高等学校教师资格认定工作的意见》，见浙江省教育厅官网（http://jyt.zj.gov.cn/art-10/28/art_1532982_27487286.html）（2013-10-28）［2020-5-21］。

高职教育教学能力和实践水平。

四、职业教育教师的在职发展方式

随着职业教育现代化的发展，人们对职业教育教师专业发展的认识不断提高。这不是为了发展而发展，也不是在外界的推动下被动发展，而是基于经济社会发展和教师自我发展的"双重需求"进行的经验的不断积累和专业技能的可持续性改进，前者体现为外在助推性，后者体现为内发性，即教师专业发展有赖于内外力量的相辅相成，具有双重动力特征。如何开展活动这一关键问题直接影响着教师专业发展成效的高低，在职业教育发展、社会需求变化、生源特征不同、科学技术革新等力量的推动下，职业教育教师专业发展的方式更加多样化。

通常情况下，职业教育教师专业发展的方式有五个主要划分标准，与非职业教育领域的教师专业发展相比，在主要划分标准与相应的方式上并无极大差异，具有一定的规律性和极强的相似性，但在具体特征、活动形式、内容设计上极为不同。

（一）依据动力特征：自发式和强制式

按照动力特征，可将教师专业发展的方式分为自发式和强制式。教师具有多种专业需要，不仅是多元的、有层次的，而且是不断发展变化的，并在专业发展过程中表现出不同的动机。自发式的方式是由教师本人发起的，通过自我警醒、自我反思、自我探索与主动建构来更新知识、提高技术技能，如阅读、研究、观察、教学实践改进等，这是一个基于主观能动性的自觉性、自主性的成长过程。强制式的方式是教师以外的元素，如教研室、所在二级学院（系）、学校、教育行政部门等结合职业教育发展需要而要求教师必须履行的教育职责，参加各级各类的教育培训计划、研习活动等。

(二)依据学习时间：全日制式和非全日制式

按照学习时间，可以分为全日制学校式和非全日制式（或继续教育式）。在发达国家和地区，也有以弹性学制和年学分制来划分全日制式和继续教育制式的，如完成年学分高于 12 学分的即为全日制学习，低于 12 学分的为非全日制学习。在国内，职业教育弹性学制和完全学分制尚在探索和完善，对于全日制的界定更多的是区分其与函授、夜校等形式的继续教育的本质不同。就职业教育教师专业发展而言，在职前培养阶段，需要在国家规定的修业年限内，全日或者大部分时间都在学校学习，即是最普遍意义上的全日制式。而在在职阶段，教师结合发展需求，通过参加全国统招统考，以脱产的方式进行学习，取得硕士及以上学历也被视为全日制发展式。而为了更好地扩大教育供给、培养专业人才，湖北省从 1998 年开始，在湖北第二师范学院等高校探索性实施了高等教育自学考试，设置了全日制助学班，采用全日制教学形式和管理模式。非全日制式是为了响应产学结合的时代需求的一种学习方式，学习时间与工作时间不冲突，有比较灵活的上课时间和授课方式，学员可根据自身情况，选择面授的假期班、周末班以及网络远程班等。例如，近 10 年来，职业院校开展的在职教师学历提升计划，教师可以参加高等教育自学考试，在职攻读学士、硕士、博士学位等，有效提高了职业院校教师的学历达标率。

(三)依据教育形式：线下式、线上式和混合式

随着教育信息化进程的加快，"互联网+""大数据"等催生出了教育教学的新业态、新形式、新内容，线上教育发展很快，尤其是在新冠肺炎疫情的影响下，发展势头迅猛，成为疫情期间的新常态。在信息技术与教育教学深度融合的时代潮流下，职业教育教师专业发展呈现出线下式、线上式和混合式等多元形式。

长期以来，教师专业发展主要是以线下的形式，即采取面对面的方式进行，如专题讲座、各类工作坊、随堂听评课等。以台湾为例，近年来，流行的教师专业发展活动形式有研习活动、经验分享、课堂

观摩、工作坊、微型教学、专业学习社群、教师传习等，各有特色。例如，教师传习是以各院系为单位，以教学优秀的教师为领头人，扮演传授者的角色，通过组建团队的形式分享教育教学经验，提供专业发展咨询；专业学习社群是以社会互动学习为理念，依据不同教师专业发展的需求，由教师自行规划教学相关社群活动，营造专业对话、组织学习、"互相取暖"的氛围，促进服务对象学习效能的最大化。[1]

线上式是指依托互联网、移动终端等信息化平台，开展教师专业发展活动，具有随时性、随地性、个性化、共享性等特征。它在20世纪90年代随着互联网的兴起而萌生，到了2011年后，在新兴技术、"互联网+"、5G等的浪潮中呈现井喷式发展，如MOOC平台、职教云、学习通、区域性的高校教师学习平台。而为应对突如其来的新冠肺炎疫情，做到"教师不停教，学生不停学"，保证教育教学质量，线上教育成为"非常态"下的"常态之举"，职业院校开展了多样化的线上教师培训。例如，2020年5月，广东省教育厅对全省高职院校的调查显示，疫情之前，仅有35.57%的教师开展过线上培训；疫情之后，在自上而下制度化的推进下，各高职院校面向教师、管理人员等迅速建立了常态化的线上教学培训体系，覆盖面100%，既有协同运行的校外教学平台和自建平台，又有直播、录播、线上互动研讨等多种形式，还有提问、调研、讨论、头脑风暴、分享展示、小组PK等活动。

混合式则是既有充分利用信息化手段的线上式，也有便于直接沟通交流的线下式，能够较好地满足教师自主学习、个性化学习等方面的需求。目前，教师专业发展线上式与线下式两种模式并存，各具优势。

（四）依据主体结构：个体式和班组式

按照主体结构或者学习对象，可以分为个体式和班组式（团体式）。

---

[1] 李士娟、代建军：《教师专业学习社群研究：背景、内涵与价值意蕴》，载《教育理论与实践》2016年第22期，第45页。

其中，个体式是教师在自己教学经历的基础上从实际需求出发的自主性发展，重视个体差异性、特色化与主动性。班组式则是聚焦教师共同面临的实际问题、较为一致的兴趣与主题等，组织"菜单式"培训，不同的教师组成一个班或团队，是一个通过集体授课/班级授课、共同讨论、共建项目等方式实现共同学习与成长的过程。针对传统教师培训班级授课制忽视个体差异，教师学员被迫接受而学习效果不够显著等问题，近年来，职业院校着力实施了以教学团队为单位的教师专业发展模式，注重产学研结合推动教学改革，促进高水平、高素质、专业化的职业教育教师发展。例如，从 2012 年起，南京市教育局启动了职业教育优秀教学团队建设工程，在短短的 5 年间，共建设了 49 个专业教学团队和 11 个公共基础课教学团队。[①] 中青年教师队伍迅速成长为教育教学骨干，成为提升学校教育质量的核心力量。

（五）依据主要途径：院校式和校本式

依据主要途径，教师专业发展分为院校模式、校本模式。其中，院校模式是以重点高校、特色高校等为主要基地，对教师进行在职培训，使其掌握课程的教学环节、提高教师教学水平，主要有国家级、省级等各类培训项目。例如，2018 年，根据教育部《职业院校教师素质提高计划项目管理办法》要求，山东省共设置了 101 个省级和国家级职教教师培训项目，包括了专业带头人领军能力研修、卓越校长专题研修、优秀青年教师跟岗访学、名师工作室主持人培训、紧缺专业教师技艺技能传承创新平台建设和主持人培训、教师企业实践等。[②] 校本模式是围绕学校发展需求、聚焦本校教师专业发展问题，以学校为单位构建的专业发展支持系统，促进本校教师教育教学水平的提

---

① 《关于认定南京市职业教育优秀教学团队的通知》，见南京市教育局官网（http://edu.nanjing.gov.cn/njsjyj/201810/t20181023_604056.html）（2018 - 10 - 23）[2020 - 7 - 7]。

② 《关于做好山东省职业院校教师素质提高计划 2018 年国培、省培项目申报工作的通知》，见青岛职业技术学院官网（http://www.pxxy.qtc.edu.cninfo1033/1846.htm）（2018 - 6 - 11）[2020 - 7 - 6]。

高。例如，近 10 年来，为应对信息化发展、"少子化"等社会现状，改造技职教育，台湾的技职院校将教师专业发展作为重要手段，所采取的主要措施有：成立教学资源中心、教学发展中心等专门机构，因地制宜出台符合本校实际的教师发展办法、方案、实施要点等，制定与实施旨在鼓励教师创新教学方式和方法、树立创意教学榜样的"创意教学实施计划"等。① 为加快建设高素质专业化创新型职教师资队伍，广东省通过加强师德师风、建立政校行企共建共享性协同培养体系、健全"双师型"教师发展制度等方式积极探索建立创新性的教师发展体系，如广东轻工职业技术学院对全体教职工实施职业生涯全过程管理，通过每年与北京联合大学、清华大学等重点大学开展骨干教师培训，开展"名师讲堂"，建立常态化的教师专业实践制度，开展混合式教学改革设计等主题培训等方式，为教师专业发展创造了良好条件，校企共建共有多元化特色教师队伍。

另外，还可以按照学习取向，分为被动发展型和省思探究型等。而在具体的形式上，还有以下几种方式：第一，针对在职中青年教师尤其是骨干教师和开设市场急需专业与新课的教师，选派教师外出进修，如到境外、国外的职业院校，拓展国际视野，填补专业教学空白，学习借鉴先进职业教育教学经验，提高专业教学能力；第二，政府牵头与德国、英国、法国、瑞士等发达国家以及联合国教科文组织职教中心等开展教师培训项目，如"中国高等职业教育联合革新计划——高职教师教育与培训"项目，包括高职教师在职硕士教育项目、引入国际职教先进理念和优质教育资源、学习优秀高职院校有效的教学方法和手段、了解国外职教教师职业素质和能力要求等；第三，以专业课教师、实习指导教师为主要对象，组织开展制度化的教师企业实践活动，提高教师的专业技术水平和实践应用能力等。

---

① 《致理科技大学教学卓越计划创意教学补助要点》，见致理科技大学教学发展中心官网（http://bk100.chihlee.edu.tw/files/11-1035-1660-1.php?Lang=zh-tw）（2016-3-10）[2017-1-14]。

五、职业教育教师专业发展的问题

教师专业发展是一个通过学习与成长赋予其专业化职业地位,并不断提升职业素养与技能的螺旋上升式的过程。21世纪以来,顺应知识经济时代终身学习的时代潮流,以及应对职业教育大改革、大发展的现实需要,我国将教师专业发展视为职业教育改革的核心推动力,通过建立系统化的职教师资专业发展政策体系、创新职教师资培养培训制度、打造多样化职教师资培养培训机构/基地等多种方式取得了显著成就,形成了多种发展特色、模式,促进了教师素质和能力的整体提升。但随着经济社会的发展,尤其是现代职业教育体系的建立与完善,以及新时代下《加快推进教育现代化实施方案(2018—2022年)》《国家职业教育改革实施方案》等顶层设计的出台与实施等,职业教育教师专业发展的潜在问题越发凸显,核心在于缺乏职业教育本质特色,不能较好地适应新时代经济社会高质量发展的要求,具体体现在以下六个方面。

(一)职业教育教师的国家资格缺乏合理调整与适时更新

诚如上文所述,我国职教师资资格主要由中职学校教师资格、中职学校实习指导教师资格和高校教师资格组成。但在不同类型、不同定位和不同目标的职业院校中,教师队伍的类别并不完全相同,甚至复杂得多。依据国家规定的教师资格制度、职业院校及其教师的特殊属性,职业院校教师按来源一般分为校内专任教师和校外兼职教师,以前者为主、后者为辅;按岗位性质可将教师分为专任教师、行政人员、教辅人员、工勤人员,以及校办工厂(企业)、农场职工等,最近的一次人事制度改革则将之分为管理人员、教师、教辅人员和工勤人员。按授课类型、学科又有不同划分,如国家统计年鉴显示,教育部将中职学校专任教师分为三个类别,即文化基础课教师、专业课教师和实习指导教师,其中,专业课涵盖了资源环境类、农林牧渔类、交通运输类、轻纺食品类、公共管理与服务类、教育类等19大类。

又如,赵志群、卢连伟等学者将职业院校专任教师分为专业课教师和文化课教师,其中,专业课教师又可以分为理论课教师、"双师型"教师和生产实习指导教师三个类别。①

依据《中华人民共和国教师法》《教师资格条例》等文件,国家从政策层面对职业教育教师资格进行了统一规定,并延续至今。其中,对中职学校的教师资格要求主要是针对文化基础课、专业课和实习指导课三个类别的教师,但对高职院校教师的资格要求既没有类别上的区分,也没有具有高职特色的明确要求,缺乏针对性、特色性。而自高等学校扩招以来,中职、高职教师队伍均发生了类别、结构等方面的变化,但沿用的主体政策未有变化,比较滞后于时代发展需求,而且各类学校尤其是中职学校教师职务名称、任职资格要求等各有其名,专业发展方向与所在专业领域、任教科目等的要求差距较大的现象也比比皆是。与此同时,随着经济社会的快速发展,职教师资的要求有着新变化、新要求,但欠缺国家层面上合理的调整与更新,尤其是不同岗位、各类教师的资格要求,以及高职教育师资的资格要求均不够完善。高职教育教师职业资格的缺失、教师职业资格条件与要求的滞后,以及相关政策的不连续性、不明晰化等问题势必对教师专业发展产生深刻影响。

(二)高职教育教师的国家职业资格与专业标准缺位

国家通过颁布与实施《中华人民共和国教师法》《教师资格条例》《关于技工学校、就业训练中心以及民办职业培训机构教师上岗资格认定的有关问题的通知》等文件,对中职教师资格进行了法律层面的规定;在遵循职业教育发展规律,认同与尊重中职学校教师的独特性和专业性的基础上,颁布了《中等职业学校教师专业标准(试行)》,提出了中职教师专业标准的基本框架,包括3个维度、15个领域和60个要求,其中,前3个维度分别为专业理念与师德(职业

---

① 菲利普·葛罗曼、菲利克斯·劳耐尔:《国际视野下的职业教育师资培养》,石伟平译,外语教学与研究出版社2011年版,第56页。

理解与认识、对学生的态度与行为、教育教学态度与行为、个人修养与行为)、专业知识(教育知识、职业背景知识、课程教学知识、通识性知识)、专业能力(教学设计、教学实施、实训实习组织、班级管理与教育活动、教育教学评价、沟通与合作、教学研究与专业发展),[①] 并提出教师专业发展应从行业企业和个人发展两个重要维度出发,通过积极参与专业培养培训、企业实践等多种途径来推进。由此,中职学校教师的培养、入职、培训、考核、晋升等有了明确的政策依据,这 3 个维度、15 个领域、60 个基本要求可视为其专业标准的基本框架或核心素养。

那么,就高职教育而言,教师的职业资格是什么?与普通本科院校有什么区别?专业标准包括哪些方面?这些问题从根本上决定着整个高职教育及其教师专业发展的"底色"与核心指向。然而,就高职院校教师而言,无论是具有高职教育特色的、隶属国家层面规定的职业资格,还是教师专业标准,二者同时缺位,正深刻影响着高职教师的专业发展。一方面,基于"从层次上,高职教育是高等教育"与"从类别上,高职院校属于普通高等院校"的认知,直接将高职教师职业资格纳入整个普通高等学校教师资格范畴。依据这一共性,长期以来,高职院校对照普通本科院校的标准进行教师资格认定,严重忽视了高职教育的职业性属性,也忽视了高职教师专业发展的个性,以及自主性、反思性。另一方面,国家虽然已经出台和实施了《中等职业学校教师专业标准(试行)》,但在高职教师专业标准上并未有相关规定,始终缺位,从根本上影响了教师专业发展的方向、程度以及不同类型教师的专业发展水平。教师专业标准不等同于教师职业资格,前者体现的是教师的职业认同、专业精神、教育水平、学习与反思能力等,是其专业发展的指针,决定了教师专业发展的方向,后者是教师这一种职业应具备的基本的道德素养、职务和技术要求等,二者并不相同。

---

① 《教育部关于印发〈中等职业学校教师专业标准(试行)〉的通知》,见教育部官网(http://old.moe.gov.cn/publicfiles/business/htmlfiles/moe/s6991/201309/xxgk_157939.html)(2013-9-24)[2019-5-15]。

（三）职业教育教师的实际素质低于任职资格要求

2019 年，全国职业院校共有教师 177.27 万人，其中，高职高专教师数 69.94 万人，中职学校教师数 107.33 万人；专任教师有 135.73 万人，其中，高职高专专任教师 51.44 万人，中职专任教师数 84.29 万人。而 2000 年，高职专任教师仅为 8.7 万人，中职专任教师 79.7 万人。在 10 余年间，随着高职院校的扩张，教师规模急剧增加，与此同时，中职学校规模逐渐减小，因而教师队伍总数变化不太大。足以可见，在改革开放初期尤其是高等学校扩招后，职业教育迎来了大发展，使得高职院校及其教师数呈现出"双增长"、中职学校及其教师数呈现"一降一平"的发展曲线，整体教师队伍数量在 10 余年间翻倍增长。在这一快速发展的过程中，职业教育教师来源变得极其多样，既有来自理科院校、工科院校、农科院校、师范院校等高校的，也有从企业和事业单位聘请的专职或兼职教师。与此同时，为扩充教师队伍，文化课教师转向专业课教师、行政或工勤岗位教职工向专任教师转岗、教师任教专业课与所学专业不对口、直接招聘普通本科院校毕业生任教等现象比比皆是。因此，虽然从历史演变上看，职业院校教师资格水平逐年改观，但是，教师实际素质与职业资格要求相比仍存在不小的差距。

以中职学校为例，1996 年，中职学校无论是专业课教师还是实习指导教师，数量都极其匮乏。其中，在数量结构上，职业高中专业课教师数和实习指导教师数分别占专任教师总数的 45.5% 和 2.6%；从学历结构上看，职业高中具有大学本科及以上学历的专任教师仅占 31%，技工学校则为 37.4%，可见，达标率比较低。与此同时，"大部分青年教师缺乏专业实践经验、专业技能以及职业教育教学理论"。[1] 这一状况远不能适应职业教育跨世纪发展和改革的重大目标。

---

[1] 《国家教委关于加强中等职业学校教师队伍建设的意见》，见中华人民共和国教育部官网（http://old.moe.gov.cn/publicfiles/business/htmlfiles/moe/moe_724/200506/8946.html）（2005-6-9）[2018-1-21]。

为切实提高教师专业能力与水平,国家相继颁布了《国家教委关于加强中等职业学校教师队伍建设的意见》等文件,明确了中职教师的学历达标水平与目标,以及培养、培训的路径,如"到2000年中专学校教师要基本达到本科学历,职业学校、技工学校60%以上的教师要达到本科学历"①。据国家统计数据显示,2003年,中职学校中具有本科及以上学历的专任教师仅占66.54%,其中,具有本科及以上学历的实习指导教师仅占39.42%。2018年,两个数据分别为92.10%、80.29%,和2000年的目标相比有较大提升,但相比于教师职业资格的要求,学历达标率仍有一定差距(见表6-10)。

表6-10 2003—2018年中职学校专任教师学历达标情况(本科及以上)

年份	专任教师	实习指导教师
2003	66.54%	39.42%
2008	79.03%	54.02%
2013	87.94%	70.70%
2018	92.10%	80.29%

数据来源:教育部2003年、2008年、2013年、2018年教育统计数据。

从教师的专业技术条件上看,国家规定中职学校实习指导教师"应当具有相当助理工程师以上专业技术职务或者中级以上工人技术等级"。而国家统计数据显示,2008年,中职学校中具有中级及以上职称的实习指导教师仅占49.64%,2013年为54.28%,2018年则为57.40%,增长幅度十分缓慢,专业技术水平达标率远低于国家规定(见表6-11)。

---

① 《国家教委关于加强中等职业学校教师队伍建设的意见》,见中华人民共和国教育部官网(http://old.moe.gov.cn/publicfiles/business/htmlfiles/moe/moe_724/200506/8946.html)(2005-6-9)[2018-1-21]。

表6-11 2003—2018年中职学校专任教师专业技术资格达标情况（中级及以上）

年份	专任教师	实习指导教师
2003	57.6%	—
2008	60.14%	49.64%
2013	63.92%	54.28%
2018	67.73%	57.40%

数据来源：教育部2003年、2008年、2013年、2018年教育统计数据。

与此同时，职业院校还聘请了大量的兼职教师，大多来自企、事业单位实践经验丰富的专业技术人员。以中职学校为例，数据显示，2004年，兼职教师有80804人，而后持续增长，至2012年时达到最高峰的106549人。近年来，根据中职学校布局结构的调整优化，兼职教师数量虽然呈下降趋势，但占教师总数的比例基本保持在12%上下，2013年占比12.62%、2018年占比11.72%（如图6-11所示）。

图6-11 2004—2018年中职学校兼职教师数量变化情况（单位：人）

针对短期内新设置的专业、校企合作的重点专业，加大高素质兼职教师聘请力度成为职业院校及时补充教师队伍的重要手段。例如，2003—2018年，本科及以上学历的中职兼职教师占比逐年上升，从

72.47%提升到81.81%。然而，兼职教师存在学历、专业技术条件、教育教学能力、道德素质等方面的较大差异，尤其是专业技术与职业经验丰富但教育教学知识和技能不足的问题始终存在，成为教师专业发展的重大挑战（如图6-12、图6-13所示）。

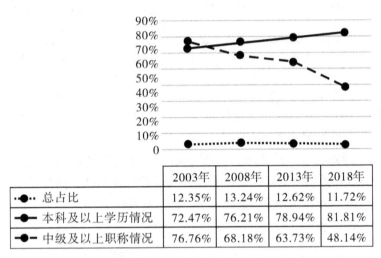

	2003年	2008年	2013年	2018年
⋯●⋯ 总占比	12.35%	13.24%	12.62%	11.72%
─●─ 本科及以上学历情况	72.47%	76.21%	78.94%	81.81%
─●─ 中级及以上职称情况	76.76%	68.18%	63.73%	48.14%

图6-12　2003—2018年中职兼职教师队伍情况

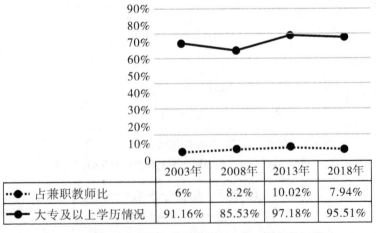

	2003年	2008年	2013年	2018年
⋯●⋯ 占兼职教师比	6%	8.2%	10.02%	7.94%
─●─ 大专及以上学历情况	91.16%	85.53%	97.18%	95.51%

图6-13　2003—2018年中职兼职实习指导教师队伍情况

（四）职业教育教师培养培训的体系不够健全

作为类型教育，职业教育教师的职前养成应当具有自身的特色和基本规律。目前，我国职业教育教师的职前养成主要依托的是独立设置的职业技术师范院校、本科院校、职业教育师资培养培训基地，其中，实习指导教师还可以来源于职业院校。无论是从机构的设置还是新教师培养体系，相较于高等教育扩招前均取得了长足进步，但教师培养培训体系还不健全，存在系统性与科学性不足的问题。

第一，教师培养的目标定位不够清晰。目前，我国职业教育教师培养主要有本科和研究生两个层次，以本科层次为主。其中，独立设置的老牌职业技术师范院校主要培养本科生，普通本科院校附属的职业技术师范学院把主要精力放在研究生的培养上，而各类理工类、师范类、综合类大学则是教师尤其是具有研究生学历高职教师来源的主要渠道。从应然的角度讲，每一层次都应该有不同的目标定位。但从实然角度上看，除了独立设置的职业技术师范院校，其他不同类型学校的目标趋同化较为严重，本科和研究生的培养目标单一、知识面较窄、界限不够清晰，研究生的培养目标大多侧重于职业技术教育学学术素养的培养，或是教育管理、财经商贸等某些领域教育硕士的培养，专业大类覆盖面偏小。

第二，课程设置与教学内容有失偏颇。从历程上看，专门化、较为系统化的师资培养是 20 世纪末期在教育事业大调整、大变革中正式发展起来的，受本科院校影响极大，再加上职业教育社会地位低、重精英教育轻技能教育等历史与现实因素的影响，大多数职业技术师范教育机构惯于向本科看齐，或盲目升本、向综合性大学发展，或是与重点大学攀比，没有突出职业技术教育的特点，以至于课程设置与教学内容具有比较浓厚的本科院校色彩，重学轻术，面向生活生产实际的训练不足，缺乏发现与解决实际问题的能力以及职业教育教学所必备的知识基础与能力训练。

与此同时，目前，具有职业教育特色的教师培养的国家课程标准与专业标准并不健全，如职业技术师范院校教师教育课程的设置、改进与完善依据的是《教师教育课程标准（试行）》（2011 年）、《教师教育振兴行动计划（2018—2022 年）》（2018 年）等文件，但尚未出台专门的职教师资培养的课程标准，各校的课程目标与体系结构大有不同。那么，职教师资培养的课程标准是什么？各类专业、各层次学生培养的课程体系与课程结构应如何设置？对诸如此类的问题并未达成共识。而在教师专业标准上，也仅有《中等职业学校教师专业标准（试行）》，缺乏具有国家纲领性的高职教师专业标准。以上这些问题极大制约了职业教育领域师资培养专业与课程目标、体系、结构等的设置与实施。除此之外，学校与行业企业的联系不够紧密，难以根据经济社会发展态势和需求及时调整专业与课程结构、更新教学内容。

第三，新教师入职前的专业训练不够。自 20 世纪末期以来，我国职业教育发展速度迅猛，规模体系达到世界第一。随着学生数量的急剧增加、学校对高学历教师的追求以及市场急需专业实力的扩充，我国在 20 余年内增加了大量的职业教育教师。大多数新教师都是大学一毕业就直接走上中职、高职讲台，并没有在企业工作的实际经历，其中，又有相当大一部分教师从事的是基础理论研究工作，缺乏与企业的联系。为弥补新教师的教学短板、提升新教师的教学素养并促使新教师尽快转变角色，新教师的岗前培训成为各校的必然举措，但多年以来一直存在培训时间较短、培训"过场化"、培训内容"一刀切"、欠缺针对性与服务意识等问题，如学校对所有新教师"一视同仁"地开展教育教学理论、教学方法、师德规范等的培训，忽视了不同专业领域教师的学习特点与多元需求，同时，"大部分培训部门选取某一集中时间（大部分是半个月，有的省份是一周）将教师集中到一起，采取大班化教学、传统讲授的课堂模式"。① 这种僵硬化、灌输式、急功近利性的培训大大降低了岗前培训的成效，何况，教育教学知识的掌握和能力的养成也并非一蹴而就的。

---

① 郭晓君：《时代诉求与现实桎梏：高职院校教师岗前培训面临的双层境地》，载《职业技术教育》2020 年第 13 期，第 53 页。

(五) 职业教育教师专业发展的产教融合水平偏低

作为职业教育发展的内涵特征和现实需求，产教融合日益受到学界的高度关注，这是职业院校密切服务区域经济社会发展的重要途径，也是教师实现可持续性专业发展的新动力和增长点。然而，长期以来，受职业教育社会地位不高、企业逻辑与学校逻辑差异、职业教育教师来源多样与素质参差不齐等多种因素的影响，教师队伍的产教融合水平偏低，始终成为摆在职业教育高质量发展路上的一道难题，可谓是既存在老难题，又糅杂着新问题。

第一，从宏观层面上看，产教融合"两张皮"的实质问题仍未得到根本解决。产业和职业教育所属的领域不同，体制机制相异较大，所秉持的价值取向、功能定位与政策体系亦有不同，二者之间存在着显著的"进入壁垒"，企业的主动性与积极性不高，对职教教师专业发展的开发主体作用难以充分发挥出来。随着"国20条"等多个政策的出台，"放管服"的改革与深化得到进一步推进，产教融合的壁垒已从政策层面给予重大突破，但新政策的落实与执行效果仍待较长时间的探索与检验，同时，政策的进一步细化问题直接影响着教师专业发展的方向和深度。

第二，从中观层面上看，产教融合的深度不够。在职业教育领域，产教融合既是促进教育链、人才链与产业链、创新链有机衔接并实现人力资源供给侧结构性改革的关键途径，也是拓宽教师专业发展路径和方法的现实所需，体现着职业教育系统与产业系统之间人、财、物、技术等各要素的组合、优化以及融合。但长期以来，我国职业教育和行业企业之间还只是较浅层次的校企合作，主要表现为校企点对点输出高校人力资本、专产面对面提升专业服务产业的能力，与之相对的产教关系则表现为单向或偶然联系、双向交流互动与合作，合作形式比较单一、办学主体与治理方式比较传统，更多的是"产教结合"而非"产教融合"。创建具有职教特色的专业发展模式，有希望通过产教深度融合来解决。

第三，从微观层面上看，产教融合型教师队伍的建设不够有效。

产教融合既是职业教育改革与发展的社会基础,也是职业教育作为类型教育的核心保证,倡导优势互补、合作共赢。要贯彻好"国20条"等重大政策、推进产教深度融合,教师是首要资源,可以有效解决教师与产业脱节或是严重滞后于产业发展、缺乏实践经历等问题。而高质量的教师发展更是产教深度融合的关键所在,这就提出了"产教融合型教师队伍的建设与发展"这一新的命题,并已然成为促进教师高质量专业发展的核心问题,即如何建立起政校行企多方协同机制,提高教师的产教融合水平,形成有效的校企双方共建共有"双师双能"教师,并将这一体制机制的协同创新融入教师发展全过程,贯穿产教融合各个环节。

(六) 在职教师专业发展缺乏系统化的自我反省机制

近年来,为引导教师自我反思与改进、增进专业知识与技能、提升专业发展水平,针对职教教师专业发展中的资源整合不足、技术力量匮乏、行政支持不足等问题,职业院校采取了整合优化教育资源、加强制度设计与组织保障等多种手段推进教师发展。例如,台湾地区将"教师专业发展评鉴"修正为"专业发展支持系统",实施了区域教学资源中心计划,以及系所课程教学评鉴等,设置了教育部技职校院南区区域教学资源中心、高屏区域教学资源中心等9个区域教学资源中心,[①] 以评价、奖励、督导、协助等方式推动区域职教教师专业发展。然而,从实施效果上看,在职教师的专业发展缺乏高互动性。

第一,专业发展的互动性与反思性较低。流行的在职教师专业发展形势有集体研讨、专题演讲、外出考察等多种形式,但教师大多被动接受,相互间的沟通交流、协商对话、探究学习不够,互动性偏低。同时,常常以技巧性的活动为主,即在短期内被灌输各种课堂与教学技巧,偏向如何进行教学、如何完成课堂教学任务,但教师的主动性和反思性并未被完全发挥出来。"教师对自我专业发展的反思是

---

① 周红莉:《当前台湾地区职业教育教师专业发展的做法与借鉴》,载《广东轻工职业技术学院学报》2017年第3期,第33页。

自我更新取向教师专业发展的基础",① 但缺乏高互动性、反思性与改进性的专业发展组织,亟待在个体反思与团体分享中构建专业化、系统化的自省机制。与此同时,有调查显示,为应付各类检查或考核任务、参加比赛、协助其他部门工作等,有不少教师在教学之外要承担很多价值低、琐碎的事务性工作。如何减少不必要的工作量、更专注于教学与专业发展,也需要政策的指引与落实。

第二,专业发展偏向单一学科(专业),跨学科(专业)性不足。产业转型升级的智能化、绿色化、服务化等多种态势对职业教育的人才培养提出了新的诉求,要求其具有较强的可持续发展的能力,如信息技术应用能力、人际沟通与交际能力、应用文写作能力、数理逻辑能力等。那么,如何培养满足这些新的需求的人才？这一命题直接考验着教师的专业智慧,需要教师具有管理、数学、环境、信息技术等方面广泛的学科知识。然而,教师专业发展大多局限于所属领域的单一学科(专业),跨学科(专业)性严重不足。这种以单学科(专业)为中心的专业发展虽然具有清晰的边界和目标定位,但过于封闭、保守、被动,忽视学科(专业)之间的联系,不仅会"形成'等和靠'的专业发展劣根性……专业发展提升缓慢且难持续"②,也必将脱离职业教育改革与发展的潮流,不符合职业教育作为跨界教育、类型教育的典型特征。

第三,缺乏有实践经验的高水平教师。在职业院校教师大量增加的过程中,教师大多是从高校直接进入高校,一方面缺乏技术开发、实际企业项目运行的实践经验,另一方面缺乏系统的教育教学训练,这与改革开放初期许多教师尤其是工科教师有比较丰富的企业经历形成了鲜明对比。对于职业教育教师而言,在教学中,提出、解决与行业企业发展相关的实际问题能够大大促进专业的自主发展。与此同

---

① 叶澜、白益民等:《教师角色与教师发展新探》,教育科学出版社 2001 年版,第 318 页。
② 罗生全、周莹华:《跨学科共同体提升教师专业发展效能的价值、经验及策略体系》,载《湖南师范大学教育科学学报》2020 年第 3 期,第 73 页。

时,当前,政校行企多元协同、对有实践经验的高水平教师的引培与保障机制还不够完善,如何打造校企共育共有"双师"队伍、如何构建高水平技术研发团队实现个人与组织的共同发展等,这些问题必然会影响对课堂教学的反思与改进,进而影响到教师专业发展的张力。

第七章
中国职业教育教师专业发展的模式构建

在国际比较与本土脉络梳理中可以发现，职业教育教师专业发展离不开一个国家和地区的政治、经济、文化等的现代化发展，既有共同的发展规律可循，也有各自的发展特色与模式，具有重大的借鉴价值。当前，以人工智能为代表的新一代信息技术蓬勃发展，产业转型升级进程加快对人才培养提出了更新的诉求，职业教育与区域经济社会的联系更加紧密……这些变化正在重新定义或塑造职业教育教师专业发展的价值、内涵、路径和模式，呈现出多种发展趋向。而随着我国进入以高质量发展为主旋律的新时代，职业教育一方面面对着"智能＋"的跨界融合、产业链与创新链对人才的新需求、高职百万扩招等的挑战；另一方面面对着"一带一路"倡议和粤港澳大湾区战略的实施、职业教育新的顶层设计、产业结构转型升级与创新发展等的机遇，重构具有本土特色的职业教育教师专业发展模式必然成为中国职业教育高质量发展的重要目标。

一、职业教育教师专业发展的时代背景

作为职业教育的第一资源，教师专业发展水平直接决定了职业教育质量。我们必须放眼国际，站在职业教育改革与发展的前沿，紧密结合区域经济社会发展的要求，努力把握职业教育教师专业发展的趋向。

（一）全球转型注入教师发展新内涵

当前，无论是全球经济、政治，还是科学技术、文化教育等，都在经历着深刻而又久远的转型，无时无刻不深深影响着职业教育的发

展。例如,产业数字化和数字产业化发展加速了经济的创新发展,颠覆并转变了现有的产业结构、发展模式、消费模式等,职业教育在信息化发展的过程中有了更多的可能性和增值性,而现代科技发展的前沿性、多学科、跨学科、综合化发展趋势促进了职业教育办学模式的转变。又如,在欧美次贷危机、贸易保护主义、新冠肺炎疫情等的影响下,当前全球化进程呈现出逆全球化和全球化转型并存的显著特征,世界格局正在重新洗牌,职业教育应何去何从,也是世界各国必然面对的问题。

全球政治、经济、文化、教育的转型开启了职业教育现代化纵深发展的新征程,挑战与机遇同在,为教师专业发展注入了新内涵,主要体现在:其一,近 10 年来,产业结构的转型、优化与升级为职业教育教师专业发展提供了新导向、新命题、新需求,国际上关于职业教育教师发展的研究呈上升趋势,与学生培养、教育机制形成了明显的研究聚类,专业知识的更新、教育绩效、教师培训、课程改革等问题是教师发展的研究热点。① 其二,进一步更新和提升教师专业标准、职业核心能力,既能体现出教师专业发展的规律,又能较好地与各国、各地区的经济和职业院校实际相匹配,日本、澳大利亚等纷纷加强了教师专业标准与制度的更新、完善,促进持续性、高质量的教师发展,如日本实施了动态教师资格证书制度,每 10 年更新一次教师资格条件、标准,澳大利亚在教师资格标准培训包——"培训与鉴定"(Training and Assessment)中规定了"教师采用工作本位教学制度,将工作内容、过程和环境融入教学"。② 其三,教师专业发展的需求更加多样化,既有不同专业类型、不同年龄与学历层次教师的需求,又有不同来源、不同生涯阶段教师的需求。为此,德国、英国、澳大利亚等发达国家和地区不断优化教师队伍结构,细化类别,明确

---

① 赵亮、王文顺、张维:《近十年来国际职业教育研究的轨迹、热点和趋势:基于 SSCI 数据库(2008 - 2018 年)的文献计量分析》,载《中国职业技术教育》2019 年第 9 期,第 64 页、第 66 页。

② 佛朝晖:《职业学校教师企业实践,看国外怎么做》,见人民网(http://edu.people.com.cn/n1_0630/c1053 - 29374573.html)(2017 - 6 - 30)[2019 - 7 - 5]。

功能，理清定位，使教师专业发展体系的设计更加个性化、丰富化，凸显服务性。其四，教师专业发展不是为了发展而发展，而是为了不断提高教学实效与教育品质，持续而又自觉地自我完善与自我实现的系统过程，需要政策的牵引和各利益相关体的统筹，以及多种资源力量的优化聚合，体现出深度与广度的有机结合，内在价值与外在价值的统一。

（二）科技革命推动教师专业新发展

当前，以新智能技术、新材料技术、新生物技术等为主力的新科技革命潮起潮涌，给各行各业带来了史无前例的深远影响。在相关学科的基础上，发展出了信息科学技术、生物医学工程技术、化工技术、航空航天技术等跨学科的新兴领域、新型学科、前沿交叉学科等，无不体现出多种学科、多个领域的汇聚、交叉与融合，在促进技术革命、提高社会生产力等方面成效显著。

新科技革命的迅猛发展、多学科的集成交叉等，为职业教育教师专业的新发展提供了基础。一是设置新的学科、专业与课程，尤其是集合了不同学科领域的交叉学科，依此通过集成、创新、重构等方式设置专业及课程，而非简单的"沙拉"式组合或"炒剩饭"，教师所属的专业大类、所学的课程内容将更加丰富。二是为达到新学科、专业、课程教学的目标，以及满足多元化、个性化的需求，搭建教师专业发展的网络信息服务平台、共建共享教学资源成为近年来各国职业教育改革的重点内容，教学手段、学习方式也不断进行着改革与创新。例如，近年来，可汗学院、慕课、翻转课堂等在职业教育课堂教学中的盛行正是对该趋势的迎合。而网络教育等非正式学习在促进教师专业发展中的地位也更加突出。例如，澳大利亚职业院校为教师制定了个性化的在线培训课程，英国、意大利、比利时等国家已经通过法律规定了教师的非正式学习与正式学习等值等效。三是加大教师培养培训的跨界融合力度，尤其是充分发挥行业、企业及其他社会力量产教融合型的专业发展。例如，立陶宛把职业教育教师持续专业发展工作纳入法律，启动了三个重大计划，着力提高教师的关键能力、专业能力和特殊能力，具体体现在：“委托雇主协会培训职业教育与培训教师的技术能力；重点支持职业教育与培训教师的国际交流学习，将教师送往国内其他职业院校或海外企业进行培训；注重与高等教育机构（技术型大学）密切合作，培训职业教育教师的关键能力和教学能力。"① 可见，加大与企业生产实际的联系、提高教师的技术能力是重中之重。

（三）终身教育加速教师角色新转变

终身教育的思想自古有之，但正式登上人类历史舞台是 1965 年由联合国教科文组织成人教育局局长保罗·朗格朗在成人教育促进国际会议提出，指"人的一生的教育与个人及社会生活全体的教育的综合"。② 至今，终身教育在全球的发展，已成为对现代教育影响最为深远的教育思潮之一。终身教育是指从"摇篮"到"坟墓"的教育，体现在人的各个生命阶段、各个生活领域，内涵丰富，具有开放性、多样性、持续性、综合性等特性。从内涵与特征上看，职教教师专业发展与终身教育具有高度的一致性，并随着 21 世纪以来的国际经济社会发展，二者的结合更加紧密。加快建立健全终身职业教育体系已成为国际共识，已形成国家行动，例如，芬兰以公平和信任为教育理念，构建了并行而互通的教育体系，"建立了能力导向的国家资格认证体系、与欧盟资格框架相兼容的国家学分框架体系"，③ 践行终身教育；为适应经济改革需求，实现"技能澳大利亚"的目标，澳大利亚通过建立多元化机构，建立国家统一证书、文凭和资格框架，充分发挥行业和市场机制作用等途径，建立了世界领先、全面贯彻终身教育

---

① 刘盈盈、徐国庆：《立陶宛职业教育教师专业发展的路径与特色》，载《教育探索》2018 年第 6 期，第 115 页。
② 保罗·朗格朗：《关于终身教育》，转引自吴遵民《现代国际终身教育论》，上海教育出版社 1999 年版。
③ 钟真宜：《终身学习理念下的芬兰职业教育发展路径及启示》，载《职业教育研究》2020 年第 9 期，第 92 页。

理念的职业教育体系。①

从经济社会发展的主要动力及潮流上看,新一代信息技术、人工智能等正引领着各行各业深刻而全面转型,加快建立适应"智能+"时代的终身职业教育体系、适应"智能+"带来的就业结构与方式转变以及新职业与新岗位的新需求已迫在眉睫。在这一潮流中,职业教育教师培养培训体系更趋于系统化、规范化和一体化,确保了各阶段教师队伍的稳定、角色的渐变与质量的提升。而教师在专业发展中的角色也因所处阶段、所应需求、所对场景等的不同而在发生转变,但总体而言,教师不仅局限于成为教育政策的执行者、专业知识的传授者和主流文化的阐释者,而应该是以学生为中心并具备沟通与合作能力、批判与改进能力、反思与创新能力的终身学习者、教学自省者与反思者、价值的自我实现者。与此同时,基于不同阶段专业发展能力与素质的不同,教师的角色亦有不同体现,甚至充斥着内在价值与外在价值、自主与他主等的"两难"。从这个层面上讲,教师专业发展综合了专业角色、职业角色、学术角色、生活角色等各类复杂角色,在不同阶段处理和协调好各种角色的关系,使其能够互为促进,②亦成为教师的必修课。

(四) 职业教育改革再造教师发展新动能

职业教育改革与发展是世界性议题,是各国和各地区应对经济社会发展变化的主要手段之一。近年来,面对日益复杂多变的经济社会环境及其多样化需求,各国和各地区大力推进职业教育改革,呈现出新气象,主要着重于:一是努力打破固有的路径依赖、提高职业教育地位,重塑政府、市场与学校的关系,建立更加紧密的产学研合作机制,激发职业教育更大的社会效益。例如,新西兰修正了《教育(职

---

① 董文娟:《澳大利亚职业教育与培训的终身教育理念意蕴》,载《职教通讯》2017年第31期,第24-25页。
② 李双、彭敏:《国际职业教育知识图谱研究:基于SSCI数据库(2009—2018年)的计量分析》,载《西南大学学报(社会科学版)》2018年第6期,第63页。

业教育改革）》，进一步提高行业在职业教育与培训上的领导地位。芬兰颁布《2019—2023 年计划》，将加大职业教育和培训投入作为建立"具有包容性和竞争力的芬兰"的重要手段。① 二是面向未来、面向终身学习，加强职业教育与培训和个人职业生涯、国家战略目标的融合性，更新职业教育理念，如美国出台《加强 21 世纪的职业与技术教育法》等，从推崇"学校到工作"（School to Work）转向倡导"学校到生涯"（School to Career）理念。② 三是建立适应新科技革命和劳动力市场的终身职业教育体系，并带动职业教育体制、资质框架等方面的更深刻变革。四是推动更高水平的职业教育对外开放，加大国际职业教育资源的对话与合作，如德国制定《中国战略（2015—2020）》，提出了提升"中国能力"的六大目标和 9 个行动领域的政策框架，其中就包括"强化职业教育"合作。③ 五是进一步推进职业教育与信息技术的深化与融合，如打造职业教育和培训数据库，探索实施更大范围、更高水平的线上与线下混合教学和个性化教学等，加大数字化建设投入、加强数字化技能培养培训等。

由此可见，职业教育是涉及多方面利益的复杂共同体，尽管在不同国家和地区有着不同的演进逻辑与目标，但在适应经济社会转型需求的过程中具有共同的改革方向，这赋予了职业教育教师专业发展的新动能。其一，创新驱动改革发展、提升教育品质是当前及未来较长一段时期内职业教育教师专业发展的引擎，涵盖教师专业发展的价值定位、目标、路径等，并贯穿整个生命周期。其二，产教融合、协同发展、跨界合作为职业教育教师专业发展注入新能量，能够有力改进教师专业实践能力薄弱等问题，对于新教师而言，能够加快其专业成长速度。例如，美国教师专业发展学校实行大学教师与职前教师的课

---

① 段皎辉：《芬兰政府在〈2019—2023 年计划〉中强调职业教育与培训》，载《世界教育信息》2019 年第 17 期，第 76 页。

② 刘蔚：《从政策到实践：国际金融危机以来美国职业教育发展新趋势研究》，载《高等职业教育：天津职业大学学报》2019 年第 2 期，第 6－7 页。

③ 刘奕涛：《德国提升"中国能力"的教育策略：动因、举措与启示》，载《比较教育研究》2019 年第 9 期，第 13－14 页。

程合作等,对于老教师而言,能够进一步提升品质,成为"专家型""卓越型"教师。其三,应用科技在教师专业发展中大有可为,有力促进教师更好地整合和利用资源、调整教学、提高反思能力,既能满足自己发展的个性化需求,也能较好地适应不同学习者的需要。

(五)生源特征提出教师能力新期望

21世纪以来,伴随着经济、政治、文化等的全球化发展,劳动力的全球流动性日益增强,为提高技术技能人才"以外语能力、国际专业技能、跨文化能力"[①]为主要内容的国际素养和竞争力,职业教育国际化发展成为各国进一步提升教育质量、应对经济社会转型的战略举措。与此同时,老龄化、少子化已成为一个全球问题,一边是老龄化人口数量不断攀高,一边是生育率持续走低,甚至日本等很多国家和地区新生儿的出生率远远低于人口老龄化速率。职业教育国际化、人口"一高一低"的态势等对职业教育生源的影响日益加重,也对职业教育环境与质量带来了巨大冲击。例如,为应对生源减少的困境,台湾开启了高校裁撤与合并大潮,并采取多种手段吸引大陆以及海外生源赴台就读,英国、德国、韩国、澳大利亚等纷纷加强对国际生源的吸引。而为适应产业升级要求、解决高技能人才短缺问题、推进职业教育作为类型教育的发展等,中国出台《国家职业教育改革实施方案》《高职扩招专项工作实施方案》等文件,推进高职扩招工作,主要对象是高中毕业生、退役军人、下岗失业人员、农民工、新型职业农民等。可见,无论从国际上还是各国和地区单独来看,职业教育的生源背景更加多元化。多元背景学习者具有不同的个性、学习基础、学习特征和学习需求,那么如何提高学生学习动力、如何促进学生的自主学习、怎样建立良好的师生互动关系、哪种教学方法更简洁高效、怎样精进教学技巧与提升教学品质等,诸如此类的问题的解答均对职业教育教师能力提出了新的期望。通过分析生源结构与特征,结

[①] 石伟平:《职业教育国际化水平和国际竞争力提升:战略重点及具体方略》,载《现代教育管理》2018年第1期,第72页。

合人才培养的核心能力与要素等,构建基于多元生源背景和以学生为中心的教师专业能力框架与质量保障体系、推进教师专业能力的制度化和精准化发展已成为当前国际职业教育教师专业发展的主要目标。

二、职业教育教师专业发展的国际经验

(一) 当前发展特点

通过对美、英、德、日等国家职业教育及其教师发展历史与现状的比较,不难发现,发达国家职业教育教师专业发展具有以下六个主要特点。

第一,注重以质量为核心的内涵建设,持续加强对职业教育的顶层设计,出台了一系列保障职业教育改革发展、满足高技能劳动力需求、提高经济发展水平的战略,追求职业教育的卓越发展。与此同时,欧美次贷危机以来、新冠肺炎疫情期间,很多行业都面临着艰难困境,不转型无以幸存、不改革无以发展。职业教育也是如此,只有进行全面性的结构改革,才能"幸存下来"并实现可持续发展。其中,教师专业发展是重中之重,是关键依靠。

第二,全球化、科技创新等趋势深刻影响着宏观——产业经济、中观——岗位需求与工作领域、微观——专业与课程教学,终身学习、学习型社会等理念进一步在职业教育领域得到普及,贯穿教师专业发展全过程。当前的理论研究与实践重点正从结果导向转向过程导向,职业教育与教师均在积极应对这些新情况。

第三,职业教育办学存在利益冲突,反映出政府、雇主、教育机构、个人等利益体之间的权力关系,因此,其培养培训体系具有折衷性质。[①] 各个利益相关体在职业教育及教师专业发展中功能不一,并扮演着不同的角色,因国而异,因地而异。例如,在德国模式中,政

---

① 琳达·克拉克、克里斯托弗·温奇:《职业教育:国际策略、发展与制度》,翟海魂译,外语教学与研究出版社2011年版,第1页、第12页。

府发挥着协调、管理、控制的作用,集中控制但不包揽一切,诸如雇主联合会、工会等集体决议具有法律效力的社会伙伴是该模式成功的关键。在英国模式中,政府发挥着单一的治理或监督作用。①

第四,随着新产业、新技术、新业态的广泛应用,新一轮的全球产业重构、企业重组如火如荼,跨大区域的劳动力市场流动速度日益加快,就业市场进一步分化,"低技能、低收入"和"高技能、高收入"并存。② 在应对这一需求变化的过程中,职教教师专业发展的形式更加多样,除了传统的外在方式(政策指导)和内在方式(个体设计),向其他国家同行借鉴先进经验也成为有效的方式之一。例如,为增进"德国工业4.0"和"中国制造2025"的有效对接,近5年来,德国出台了一系列战略合作政策,包括建立"中德职教合作联盟",建立示范伙伴关系,深化职教领域的务实合作,促进学生、教师交流和自由流动,提升国际化程度③等重要内容。

第五,为突破教师发展的"经验主义"模式桎梏,并实现教学与科研的适当平衡、提高教育教学水平、更好地培养人才,国外不断加强教与学的学术研究,鼓励、引导与支持教师通过加强教学过程研究、向学术团体乃至公众等分享研究成果,促进自身有意义地教学、学生有效学习。

第六,职业教育教师的供给、稳定性、发展水平等存在不同程度的差异,针对职业教育对新教师的需求加大、某些急需专业的教师短缺或是保持教师队伍的稳定性等问题,为那些未从事教育行业或未取得某些教师资格条件的人群等提供从事职业教育的替代路径成为发达国家的一个选择。同时,以优质、发展为导向,不断完善这一替代性的职业教育教师培养体系,如采取严格的教师评估、让同一专业领域

---

① 琳达·克拉克、克里斯托弗·温奇:《职业教育:国际策略、发展与制度》,翟海魂译,外语教学与研究出版社2011年版,第14-15页。

② 《新工业革命冲击全球劳动力市场分析》,见搜狐网(https://www.sohu.com/a/107867661_393482)(2016-07-27)[2019-05-18]。

③ 刘奕涛:《德国提升"中国能力"的教育策略:动因、举措与启示》,载《比较教育研究》2019年第9期,第13-14页。

的优秀教师为新教师提供指导和咨询等。

(二) 面临重大挑战

世界经济已进入新的发展周期,在互联网、大数据、物联网、云计算、数字化、智能化等的推力下,经济发展模式、产业增长方式等发生着巨大变革,深刻影响着职业教育的发展方向、教师的教学模式与学生的学习方式,教师专业发展并不能"独善其身"。当前,美国、英国、德国等发达国家的职教教师专业发展正面临着下述三个重大问题和挑战。

其一,面对次贷危机、新冠肺炎疫情等带来的经济动荡,越来越多的企业到了生死攸关时刻,越来越多的雇主推卸培训责任或无法继续履行培训职责,职业教育办学面临着危机与挑战,这势必影响教师的培养培训、教师队伍的稳定以及教师的专业水平。职业教育要在动荡不安的社会环境中积极争取雇主、行业协会、商会等的支持,构建并保持良好的合作关系、适应市场需求,同时又能符合学生利益、促进有意义教与学、提升专业发展水平,无疑是重大挑战。

其二,作为21世纪以来教育改革的一种潮流,职业教育与普通教育融合成为有力破解"双轨制"教育体系问题并促进教育公平的创新手段,在不同国家与地区有各具特色的表现,涌现出了新的职业院校与教育模式,如美国高中阶段的"生涯学校""技术准备""工作高中""双学分课程"等,力图"打破学术知识与职业知识的障碍"。① 但关于"职业教育的目的是什么?"的争议始终存在。是以就业为目的,培养实用价值,为工作或者劳动力市场做准备,还是为了培养全面人格、强大心智,抑或是不以工作为唯一、关于工作而非为了工作的职业教育?教师专业发展必须考虑到这个目的。与此同时,在这一潮流下,教师培养培训如何融合职业教育与普通教育,如何通过"教学相长"促进持续性的专业发展,至今未有定论。

---

① 琳达·克拉克、克里斯托弗·温奇:《职业教育:国际策略、发展与制度》,翟海魂译,外语教学与研究出版社2011年版,第92–93页、第96页。

其三，随着社会需求的不断变化，各国职业教育面临着的不同问题，相关政策也有较大的调整和变化，如美国加强了职业课程和学术课程的整合；澳大利亚以技术立国的基本原则，与时俱进，"标准化"设计了职业教育教师的职业资格、学历、学位证书体系；日本不断强化"引领世界职业教育的精益思想和工匠文化"[1]，并将职业教育纳入国家终身教育体系、融通普职生涯发展途径、颁布与实施《职业段位制度》以确立国家职业资格标准[2]等。这些政策上的调整和变化对教师的要求与日增加，再加上学生需求的新变化、新要求，对职业教育教师培养培训工作不断提出新的挑战。

（三）比较中的启示

在职业教育现代化发展的过程中，相互交流、相互借鉴早已成为世界各国和地区进一步发展和完善职业技术教育的重要手段。基于职业教育教师专业发展的综合趋势，通过比较，我国职业教育教师专业发展可从以下四个主要方面进行借鉴。

第一，重视构建完善的教师专业发展保障体系。上至各级政府、下至学校，应建立起一套完善的国家职业资格框架制度、教师培养培训机制、职业院校教师准入制度、质量保障体系等。可以借鉴澳大利亚等发达国家不过分突出学历和职称，而是结合国家专业资格、职业教育教师资格、职业教育课程等要求，鼓励教师紧跟行业技术发展步伐，成为终身学习者[3]的先进经验和做法。2020年10月13日，中共中央、国务院印发的《深化新时代教育评价改革总体方案》提出了破"五唯"（唯分数、唯升学、唯文凭、唯论文、唯"帽子"）的新理

---

[1] 安冬平、张晓丹：《日本经验历史追踪下的我国职教师资培养路径创新建构》，载《教育与职业》2019年第4期，第88页。
[2] 《日本提升职业教育地位的实践》，见搜狐网（https://www.sohu.com/a/210786215_99901520）(2017-12-15)[2020-09-06]。
[3] 吕红、石伟平：《澳大利亚职业教育质量保障体系研究》，载《外国教育研究》2009年第1期，第87页。

念,"吹响教育综合改革攻坚战号角",① 有利于促进教师专业发展的改革与转型。

第二,严格要求职业教育教师的资历。从国际经验上看,一方面,发达国家和地区职业院校要求教师应具备"双证书、双经历"的资质,即"专业资格证书+教师资格证书""专业领域工作经历+实际教学经历";另一方面,规定了教师应具备的基本职业能力,包括跨学科的教学能力、信息技术应用能力、教学反思与评估改进能力等。例如,澳大利亚创新与商业技能委员会 2012 年公布的职业培训教师能力框架包括了 4 项工作领域能力(教学能力、评估能力、行业与社区合作能力、系统与合规能力)、6 项技术领域能力(领导能力、处理宗教事务能力、文化能力、创新能力、团队与交往能力、基于证据的实践与研究能力)。② 因此,我国应在职业教育教师的国家职业资质框架上加大研究和创新性探索与实践。

第三,构建政校行企密切合作的战略伙伴关系。政府应在建立有效的职业教育教师培养培训体系中处于中心地位,根据产业结构转型升级需求加强政策支持与保障;专业、行业协会是职业教育与行业企业实践联结的重要纽带,应深度参与人才培养过程;学校及其他教师专业发展机构应加强服务意识,对教师专业发展提供力所能及的帮助,打造具有校本特色、国际视野的教师专业发展支持体系。例如,德国教师进修学院提前一年让教师知道要培训的内容,每年列出三四百个专题,教师可根据自己的情况进行选择,提前做好计划,充分体现了教师培训方面的服务意识。③

---

① 《怎样破"五唯"促教育评价科学转型:专家解读〈深化新时代教育评价改革总体方案〉》,见中华人民共和国教育部官网(http://www.moe.gov.cn/jyb_xwfb/xw_zt/moe_357/jyzt_2020n/2020_zt21/baodao/202010/t20201021_495912.html)(2020-10-21)[2020-10-29]。

② 李一:《澳大利亚卓越的职业教育专业化师资培养路径探析》,载《职业技术教育》2014 年第 4 期,第 84 页。

③ 王孙禺、刘继青:《中国工程教育:国家现代化进程中的发展史》,社会科学文献出版社 2013 年版,第 402 页。

第四，打造系统化、组织化、多元化的职业教育教师培养培训支持系统。注重教师专业发展的顶层设计，关注职业教育、教师专业发展等领域的动态，通过组织管理、制度创新等给予可具操作性的指导建议和沟通协调。改革与创新新教师入职后的适应性培训，不仅仅是教育学、课程与教学、心理学等方面知识的简单传递，还要进行一定时间的技术锻炼、课堂教学协助工作等，切实掌握职业教育教学的基本理论与方法，并转化为实践。注重教师的企业经历经验，改变从高校直接招聘应届毕业生走上讲台的传统做法，加大对各行各业具有丰富实践经验的专业技术人员的招聘力度。积极引进、聘请行业企业专家、技术骨干、领军人才等，引领并促进教师队伍的整体专业发展。加强对教师专业发展阶段及其成效的评估，探索建立国家级具有职业教育特色的教师专业发展认证过程和评估系统。

三、职业教育教师专业发展的本土构建

随着职业教育现代化的发展以及人们对职业教育地位和作用认识的提升，职业教育教师作为一种特定的职业已然经历了从一般化到专业化、从经验化到理性化、从分散化到系统化的转变过程。因此，作为一种专业性的职业，职业教育教师的"专业性"不仅仅是也不应当只是个体化、个性化的实践探索与经验总结，而是基于这一职业所服务领域的特征，普遍性与特殊性相结合的有组织的、系统的专业发展。虽然我国职业教育教师专业发展存在多种问题，面临许多挑战，但通过对国内外职教发展动态、产业结构转型升级的人才需求、国家对职业教育顶层设计的转变以及教师专业发展的新趋向等的仔细分析，可以发现，职业教育教师专业发展也面临着良好的发展机遇（如图 7-1 所示）。

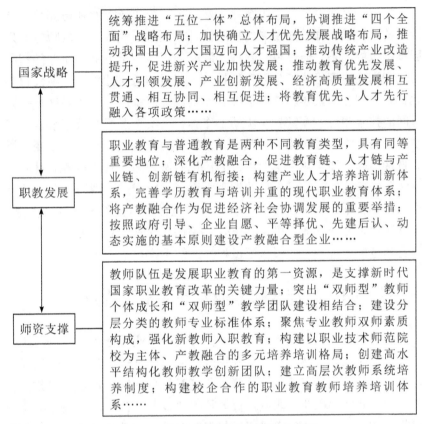

图7-1 职业教育教师专业发展的机遇

首先，从战略层面充分认识到人才资源是创新型国家建设的第一战略资源。当前，我国经济已从高速增长阶段转向高质量发展阶段，正处在经济发展方式转变、产业结构优化升级、经济增长动力转变的关键期，创新是核心引擎，人才是建设创新型国家、实现高质量发展的第一资源。实施科技强国、制造强国等战略，必须着眼于国内外发展的大趋势，培养和造就出规模宏大、梯队合理、素质优良、有责任、有担当、有作为的人才方阵。

其次，从顶层设计上明确职业教育的类型特色与价值定位。《国家职业教育改革实施方案》提出"职业教育与普通教育是两种不同教育类型,具有同等重要地位",这一全新而又精准的定位对于职业教育发展具有重要的划时代的指导意义。围绕这一全新的定位,职业教育的国家政策从倡议规定与价值探索走向宏观指导与法制保障,不断拓宽职业教育改革与发展的思路,强调"需求导向""跨界""协同""深度融合""精准""共同体"等关键词,尤其是把产教融合提升到推进人力资源供给侧结构性改革的战略层面,为产教融合的法制化建设与职业教育的高质量发展提供了有力保障。

最后,教师专业发展成为新时代职业教育改革的重大支撑。21世纪以来的实践表明,教师专业发展在推动职业教育服务区域经济社会发展中发挥着重要作用,成绩斐然。为适应"苟日新、日日新"学习需求的变化、学习方式的变革,并解决教师产教融合整体水平偏低、实践能力不足、资源整合不够等问题,在当前及未来相当长的一段时期内,职业教育教师专业发展着重突出"双师型"教师个体成长与团队建设的结合、分层分类发展、产教融合型培养培训等特色的塑造。职业教育教师专业发展有了更加丰富的内涵、更具特色的表征。

从比较与借鉴的视角出发,可从以下四大方面构建具有我国特色的职业教育教师专业发展模式。

(一)健全职业教育教师专业发展政策体系

在国际职业教育现代化发展的新一轮浪潮下,中国职业教育必须主动求变,聚焦高质量发展的新时代命题,进一步加强教师专业发展的政策支持与保障,健全"三性合一"(科学性、系统性、创新性)的政策体系,充分发挥政策的"宏观的引导、保障、协调与支持"[①]作用。

1. 增强政策的科学性

职教教师专业发展既是一个理论问题,也是一个实践问题,概念丰富、取向多样、形式与内容多元,不同的国家和地区具有不同的政

---

① 刘晖:《高等教育发展的"中国模式"》,中国社会科学出版社2013年版,第219页。

策保障体系。因此，无论是就其普遍规律性还是区域特殊性而言，其政策体系的构建首先应加强科学性。具体体现在：其一，关于教师专业发展政策的论证应充分、制定应科学、执行应有效；其二，政策信息必须全面、及时、准确；其三，能够对当前的职业教育形势与教师需求做出正确的研判与预测，科学评测、及时反馈；其四，教师专业发展的定位应清晰、目标应明确；其五，理论与实践均应符合职业教育的特征，体现职业教育的特色。

依据前文分析，从政策保障上看，目前，当务之急有三。其一，针对不少地方、学校开展的专业发展活动不够深入，教师主动性不够等问题，应加强对教师专业发展的调查研究，特别是对教师的主体诉求、区域职业教育的形势、潜在的瓶颈问题等的研究，在此基础上，科学探究与论证新时代职教教师专业发展的定位、目标、实施条件、重点工作等，并出台相应的、可操作性强的行动方案或配套细则等。其二，应"将标准化建设作为统领职业教育发展的突破口"[①]，跳出普通本科院校的教师标准模式，建立职业教育界普遍认可的教师培养、准入、培训等的标准，尤其是缺位已久的高职教师专业标准和国家资格制度，健全国家职业教育教师资格认定与专业标准体系。其三，依据《职业技术师范教育专业认证标准》和各地职业教育的独特性，完善职业技术师范院校的专业设置与优化、人才培养质量监测等细则。

2. 突出政策的系统性

教育政策功能的充分发挥离不开系统性，即聚焦职业教育教师专业发展的关键问题、重点问题，明确政策制定与执行的相关利益主体，并厘清"是什么""为什么""怎么干"，统一思想、各司其职、各尽其责、相互协作。在此基础上，致力于推动教师专业发展政策从侧重于零散性、局部性、经验性转向综合性，形成综合的系统性

[①] 《国务院关于印发国家职业教育改革实施方案的通知》，见中华人民共和国教育部官网（http://www.moe.gov.cn/jyb_xxgk/moe_1777/moe_1778/201904/t20190404_376701.html）(2019-4-04)[2020-2-12]。

效应。

其一,提升认识,充分发挥各利益相关体的独特功能。作为一项系统性的复杂工程,职业教育教师专业发展与政府、学校、企业、行业协会、科研院所等社会各界联系紧密,需要各自发挥的功能也不一样。为促进教师专业发展、推动职业教育与区域经济社会的高质量互动,政府、学校、企业、行业协会、科研院所等社会各界应充分发挥功能。例如,政府在宏观政策引导、协调、监督、咨询等方面的作用不可取代;职业院校是制定本校教师专业发展政策和贯彻落实上级教育管理部门相关政策的主体力量,应根据办学定位与目标主动担负起规划和促进本校教师专业发展的使命,构建符合本校发展需求、具有本校发展特色的教师专业发展支持系统,积极扮演好教师专业发展的顶层设计者、合作关系的维护者、沟通管道的建立者、学生有意义学习的把关者等;行业协会是职业院校与政府、企业、行业等沟通、交流与合作的纽带和桥梁,在教师培养培训制度建设、专业发展标准与质量评价、产教融合型教师发展等方面有着凝心聚力、民主协商、决策咨询、监督反馈等的独特作用;教师是实现自身专业发展的独特生命个体,具有持续追求专业发展、自觉履行专业义务的权利。

其二,厘清层次,建立"纵向有序衔接、横向有力融合、区域协调发展、院校相互促进"的政策体系。伴随职业教育进入高质量发展阶段,依托标准化、特色化职业教育教师资格与专业认证标准体系的构建,不同利益主体功能的科学定位与充分发挥,应建立"纵向有序衔接、横向有力融合、区域协调发展、院校相互促进"的职业教育教师专业发展政策体系。

其中,"纵向有序衔接"是指职业教育教师专业发展政策的制定、实施与改进并非孤立存在的,而是对以往相关教育政策的有效承接与延续,对后续相关教育政策的启迪,同时,也应体现出层级分明、相互联结的国家、地方、学校三级政策体系的构建与完善。

"横向有力融合"是指学校早已不是远离社会的"象牙塔"、关起门来办学的"孤岛",职业教育教师专业发展与课堂教学、专业建设、产业发展、经济转型等紧密相关,其政策的制定与实施不能仅仅局限在教师个体、"三尺讲台"、学校范畴,应大叠加、大协同与大融合,应扩大专业发展的"朋友圈",顺应职业教育与普通教育的融合趋势,深化产教融合。

"区域协调发展"是指针对不同地区经济发展不平衡、职业教育发展水平不一等普遍存在的现象,充分依托各区域的经济与职业教育优势,打破边界壁垒,促进教育资源流动,整合优势资源,打造多元平台,探索教师专业发展的区域协调战略的制定与实施,这也是有效助推职业教育区域协调发展战略的重要举措。

"院校相互促进"是指在万物互联互通的当今时代,职业院校与职业院校之间不是相互平行、互不关联的存在,而是互相促进、协同发展的共同体,院校间应建立教师专业发展的相互对话与合作机制,多方协同与成长的行动模式以及合理整合与分享的资源系统。例如,近年来,香港持续加强了本地区高校之间以及与内地、国外高校之间的院校协作,有针对性地开展教师培训。

其三,注重对政策的接续性与阶段性检讨。尽管职业教育及其教师专业发展的政策各有不同和侧重,但在内容上具有发展性。因此,应注重对政策的接续性和过程性检查、修正等。例如,港澳台地区的教育行政部门十分重视对各项政策的检讨和修正,及时发现不足、解决问题,与此同时,第三方组织、社会有识之士等也积极建言献策,诸如香港的教师及校长专业发展委员会(前身为"师训与师资咨询委员会")、香港教育统筹委员会、"台湾"教师会等教育咨询机构或组织在相当大程度上替代了政府在政策调研、制定、咨询等方面的职能,有力保证了政策制定的科学性与有效性,畅通了政府、社会、学校、教师等的沟通渠道,也在某种程度上体现了教师专业发展的话语权、自主权。

3. 激发政策的创新性

高素质的教师队伍对于推动职业教育的创新与改革起着基础性、关键性的支撑作用,但目前看来,我国职业教育教师的高质量专业发展依然有较长的路要走,尤其是由于职业教育与普通教育泾渭分明,人们对职业教育作为类型教育的内涵与边界尚未有统一共识,职业教育与产业界的目标与利益的本质不同,以及职业教育教师队伍"先天性"实践能力不足等,职业教育教师专业发展的相关政策更侧重于以价值定位、理念引导等为主的队伍管理、培养培训、薪酬与奖励等,缺乏创新。职业教育应致力于从某些方面内容的改革转向更加综合的系统化改革,加强特色性的宏观政策指导与实施细则的制定,鼓励各地、各职业院校通过跨界合作,探索制定教师专业发展理念、内容、方法、模式等综合性的创新政策。

例如,紧密围绕国家人才战略需求,教育部、人力资源和社会保障部、企业、行业等部门和单位联合行动,实施"职业教育教师专业发展创新行动计划",整合优势,突出特色;坚持职业教育作为类型教育的独特定位,从当前职业教育的现状与教师队伍的整体素质出发,明确分层分类教师专业发展的定位,推动教师专业发展的政策与实践从以本科层次为主的定位转向本科和研究生层次并重,并着重于高职教师专业标准、资质与能力框架等国家政策的加快出台与落实;设计职业教育教师的多种替代路径;鼓励各校勇于打破原有的思维惯性和制度框架,通过建立"需求考量—优先排序—制定规划—实施规划—成效评估"教师专业发展规划制定流程,创设跨学科的新兴专业与课程,产教融合构建教师专业发展网络,校企互动创建强化实践能力的创新型的培养培训体系,探索和推广跨社区、跨校区的创新型教师专业发展活动等多种跨界交流与合作,积极推行各种有针对性、有时效性的教师专业发展模式,实现教师专业发展核心素质与能力的培养与提高。

(二)构建一体化职业教育师资培养培训体系

传统的教师培养培训体系在职业教育现代化发展中发挥了重要的人力支撑与质量保障的作用,但随着社会主要矛盾的转变以及产业结构的升级,在教师地位不断提升的同时,无论是内在需求还是外在环境,均对教师的专业素养与发展能力提出了更高的期望,传统而又封闭、彼此独立而又分离的教师培养培训体系显然已不能适应新时代高质量发展的需求,客观上要求建立一个开放、多元、一体化的具有中国职业教育特色的教师培养培训体系，可从以下三个方面予以推进。

1. 加快推动教师培养培训层次战略转型

我国的职业教育以中等职业教育和高等职业教育为主，在短短的半个多世纪间创建了世界上最大规模的职业技术教育体系，发展层次上经历了从20世纪后半期以中职教育为重到21世纪以来以高职教育为重的转变，一方面顺应了高等教育从精英化到大众化的历史跨越，另一方面也体现了人们对更高教育水平和质量的追求。在这一过程中，教师培养培训的层次应如何定位？实践表明，教师专业发展的政策导向与实践发展在改革开放前后定位于专科层次，20世纪末期以来定位在本科层次。当前，高职教育已占我国职业教育的半壁江山，面临着高质量发展的新时代诉求，同时，建设本科高职院校已是大势所趋，而教师整体专业发展水平有待提升。因此，职业教育教师培养培训的层次应进行战略转型，从以本科层次为主的定位转向本科和研究生层次并重、协调发展，带动教师专业发展标准、人才培养过程、教育教学质量监控与评价等一系列改革与发展。

2. 加大职业技术师范院校布局调整力度

依据潘懋元教授的观点，院校布局结构是指"在各地的数量分布状况，不同形式和不同等级学校的分布，不同科类专业的分布"①，即主要包括学校的区域分布、科类专业分布、院校层次分布等。面对新时代、新需求、新目标，我国职业技术师范院校布局结构的调整迫在眉睫，也势在必行，应在两个方面有主要体现和突破。

第一，加强职业技术师范院校建设。作为职教师资培养的主要阵地，独立设置的职业技术师范院校为数并不多，如在我国，曾经有天津职业技术师范大学等8所单位，但随着教育改革的深化，部分单位或改名，或升格为综合大学，严重削弱了职业教育师资培养培训的力量。尽管有华南师范大学等本科院校设立了职业技术师范教育类的二级学院，但仍不能较好地满足职业教育教师培养的需求。为此，应着力突出职业技术师范院校的先导地位，一方面，可根据不同区域经济

---

① 潘懋元、王伟廉：《高等教育学》，福建教育出版社2007年版，第72页。

社会发展需求以及职业教育现状,通过合并、新建、升格等方式增设一批职业技术师范院校。例如,2020年,德州市印发的《德州市人民政府关于印发〈推进职业教育创新发展试验区建设 打造职业教育创新发展高地的实施方案〉的通知》,拟整合德州高级师范学校、中北大学德州研究生分院、德州市职业教育公共实训中心资源,通过"两校一院一中心"的建设模式和"本科+技师(预备)"的"双证书"人才培养模式,创建德州职业技术师范大学。① 另一方面,应大力支持一批实力强、水平高的职校和应用型本科院校等举办职业技术师范教育,与其他职业技术师范单位形成相互独立、竞争与补充的关系。

第二,建立有特色、有品质、合理的专业布局。专业布局是职业教育与经济社会互动发展的关键联结点,应与区域产业结构及其劳动力市场需求相匹配。目前,我国职业教育师资培养的专业设置依据的是教育部于2012年颁发的《普通高等学校本科专业目录(2012年)》。在这一目录里,国家通过撤销、归入基本专业和保留为特设专业的方式对《职业教育师范专业目录(95版)》原有的36个专业进行了调整,如"撤销了12个专业,特设了11个专业、分属于3个学科门类、7个专业类别"②。然而,因历史与现实等多种复杂的原因,职业教育师资培养的专业设置缺少独立性、覆盖面小、滞后性较大、稳定性与规范性不足,应根据区域经济社会发展所需要的职业岗位、职业群和技术领域,以及职业教育的专业结构进一步优化专业布局。一是必须明确专业设置与建设的师范性、学术性与职业性,三者同等重要的地位决定了其培养的准教师将来是否能够适应并胜任职业教育工作,以及是否具有可持续的专业发展潜力,以此构建中职、高职教师专业标准体系。二是依据职业教育作为类型教育的定位,参考职业

---

① 《德州市人民政府关于印发〈推进职业教育创新发展试验区建设 打造职业教育创新发展高地的实施方案〉的通知》,见德州市人民政府官网(http://wap.dezhou.gov.cn/n43516910/n43517487/c56493840/content.html)(2020-7-3)[2020-11-10]。

② 唐慧、谢莉花:《我国职教教师培养专业设置的历史、现状与发展》,载《职业技术教育》2018年第19期,第51页。

院校专业目录中的专业类别,合理制定规范化的职教教师专业目录,并设置宽口径专业领域,即"将基本技能要求相同、专业技能要求相关的若干个专业归入同一个宽口径专业领域"①。三是紧跟区域经济社会发展需求和新一轮科技革命、产业结构转型升级趋势,一方面增加职业院校需求量大、稳定性高的专业,另一方面积极发展新专业、特色专业、龙头专业,在保持存量、提高增量、做优质量中提升专业覆盖率,带动原有专业布局的结构优化。四是进一步打破壁垒,顺应职业教育领域专业集群发展态势,尤其是新领域、新技术、新命题等专业、课程之间的交叉和融合,构建新方法与新手段支撑的、与行业企业发展实际需求紧密结合的多学科、跨专业交叉的职教"四新"("新文科""新工科""新农科""新医科")专业与课程体系,加强"四新"专业内部间的深度融通、文科与理工农医的交叉融合,并融入信息技术。五是建立职业教育师资培养专业设置的质量诊断与持续改进机制。

3. 构建职前职后本硕贯通的育训体系

长期以来,我国职业教育师资培养、新教师入职、在职发展三个阶段是相互独立又彼此割裂的关系,各自为政、各行其是。随着职业教育内涵建设进入以高质量发展为主题的深水区,潜在的问题越来越突出,直接影响着教师队伍的整体水平与教育改革的成效,集中表现为:其一,教师教育常常是一种以学历教育为目的的终结性教育,无法应对与满足教师可持续发展的专业需求;其二,教师培养培训机构并行存在,各有定位,难以沟通与整体规划;其三,资源重复建设、资源浪费、成效低等现象普遍存在,如培训内容重复、培训课程趋同、脱离实践等。教师专业发展是一个不断自我完善与实现、精进教学与提升专业能力的动态发展过程,终身学习贯穿整个职业生涯,一体化是必然的战略选择。

从本质上讲,"一体化"职业教育师资培养培训体系是终身教育

---

① 唐慧、谢莉花:《我国职教教师培养专业设置的历史、现状与发展》,载《职业技术教育》2018年第19期,第53页。

理念的体现，最终目的是构建终身职业教育体系、服务区域经济社会发展，包括四个方面的核心要义：一是职前、入职、在职这三个阶段的连贯性与递进性；二是学历教育和非学历教育的互补性、衔接性与融通性；三是中职教师与高职教师的对话、沟通、合作、帮扶等；四是本科层次职业教育师资培养培训与研究生层次师资培养培训的打通与有机整合。针对当前我国职业教育教师专业发展的问题，可从以下六个主要方面构建职前职后本硕贯通的育训体系。

第一，从战略层面上推动教师育训层次从以本科为主的定位转向本科和研究生层次并重、协调发展，进一步完善中职、高职教师专业标准和资格认定体系；第二，加强中职与高职院校在纵向上的贯通与横向上的融合，建立教师间的沟通对话、知识共享与学习成长平台，如建立"手拉手"专业成长社群、共同开展行动研究、共建自主学习共同体等；第三，加大力气推进教师线上与线下学习、学历教育与非学历教育的融通发展，并对教师的线上学习予以等值等效的成果认可，提升教师的主动性与自觉性；第四，改变"各自为政"的传统做法，通过加强各级各类师培师训基地建设、打造不同区域或层次的职教教师专业发展学校、构建同层次或跨层次之间的教师发展平台等方式，拓展开放型、一体化、多类别教师培养培训机构的建设路径，并加强管理；第五，加强对师培师训课程体系的系统设计，突出职前、入职、在职课程的有序衔接与互补提升，例如，以不同类型、不同阶段教师多元需求为导向，打造系统化的专业学习平台，建设模块化课程结构体系或"课程包"，教师可以自行选择、自由组合，亦可由平台依据需求推送智慧化方案，或是赋予教师一定的自主性，结合个性需求优化调整智慧方案；第六，与国际对接，建立健全职业教育教师专业发展的国家认证过程与评价系统，指导和服务教师专业发展。

教师专业发展是围绕教师这一职业而进行的系统设计，是完整而又持续的终身学习与成长的过程，贯穿教师整个职业生涯发展，不仅有师资培养这一"起始"、新教师入职培训这一"正式入场"，还应该有教师专业发展的"退出"，这就是职业教育教师"培养→准入→发展→退出"的完整专业发展链条。因此，应积极借鉴20世纪末以来发达国家和地区对教师退出机制改革的先进做法，探索建立职业教育教师专业发展的退出机制，激发教师的主动性、自觉性与长效性，永葆教师队伍可持续发展的活力。例如，加大对教师专业发展退出机制的研究，尤其是从政府层面、职业院校层面、企业层面等分析教师队伍稳定与发展的主要矛盾，教师退出机制对学校、教师、学生等的影响，以及退出机制欠缺的影响因素，在推行过程中可能会出现的问题、遭遇到的阻力或误区等；在职业教育发达的省市、地区、院校等探索灵活多样、弹性较大的教师任期制改革，并进行试点；打破教师是学校的"独属资产"或者教师的"学校所有制"，依据人才市场、职业教育发展需求，深化教师准入、补充与流动等方面的改革，尤其是跨校聘任，"校—校、校—企"多向流动等，以及养老、医疗等社会保障体系的完善，促进教师资源的优化。

（三）拓宽产教融合型职业教育教师专业发展路径

产教融合是职业教育发展的社会基础，也是构成职业教育作为类型教育的基本特色，已经成为中国职业教育深化改革与发展、实现高质量发展的关键举措，乃至主流形态。梳理国家关于产教融合的系列政策，可以发现，早期的产教融合政策侧重于政府宏观指导与价值探索。随着人们对产教融合重要性与必要性认识的普遍提升，以及各地、各校产教融合实践的多样化、特色化，产教融合政策越来越明确而具体，上升为国家基本制度，职业教育领域的产教融合在政策、体制机制、理论、实践等方面的成效显著，不断辐射在人才链、技术链、产业链之中，在促进产业结构优化升级和紧密服务国家战略中发挥着越来越大的作用。从近年来的顶层设计上看，凸显"需求导向""跨界""协同""深度融合""精准""共同体"等价值引领，突出了若干重点，如将产教融合作为整个教育事业发展的纲领性要求，着力创新产教深度融合的校企协同育人机制，提高行业指导能力等，拓宽了教师专业发展的路径，为破解教师专业发展难题提供了切实有效的方向。

当前，充分发挥学校、企业的"双主体"育人作用，加强产教融合型的教师专业发展,全面促进高素质技术技能人才培养供给侧和产业链需求侧的全方位融合,是职业教育深化内涵建设的重头戏和关键突破口,可从以下五个方面予以创新性探索与实践。其一,政校行企等相关办学力量应加强跨界合作、优势互补、抱团发展、共建共赢,加强研制能够从根本上有力促进产教深度融合的多边规则体系、有突破性与针对性的产教融合型师资建设的政策;其二,在浙江、天津、广东、江苏等职业教育办学水平较高的地区试点建设"双师双能"产教融合型企业,在国家大力建设的产教融合型企业中试点组建产教融合型教师团队,探索形成有效的校企双方共建共有的"双师双能"教师团队,有效实现校企教师双向流动、专兼互聘、跨界混编;其三,充分依托职业教育集团、"双师型"师培师训基地等平台的作用,建立人才库、智库,加强职业教育师资的流动、互助与共享,并鼓励、支持校企双方在课程开发、教学研究、资源共享等方面开展合作;其四,在特色专业、优势专业中多维度建设高水平、结构化的教师教学创新团队、科研与技术服务团队等,建立资源共享程度高、行动研究能力强的专业学习社群,分工协作开展模块化教学与反思性教学,抱团发展,并以点带面,示范带动其他专业教师的发展;第五,提高职业院校聘任企业技术能手、高技能人才、工匠大师等的自主权,加大"大师工作室"等的建设力度,带动学校专任教师发展。

(四)建立分层分类的教师专业发展支持系统

如前文所说,职业教育教师具有多种分类,如按岗位性质可分为专任教师、行政人员、教辅人员、工勤人员、校办工厂(企业)职工等,最近的一次人事制度改革则将之分为管理人员、教师、教辅人员和工勤人员;按授课类型、学科,又有不同划分,如专任教师分为文化课教师和专业课教师,后者又分为理论课教师、生产实习指导教师、"双师型"教师等,涵盖多个专业大类;按照招聘来源,又可以分为高校应届毕业生和具有行业、企业工作经历的社会人员。而2019年颁布并实施的《国家职业教育改革实施方案》明文规定"从2019年起,职业院校、应用型本科高校相关专业教师原则上从具有3年以上企业工作经历并具有高职以上学历的人员中公开招聘,特殊高技能人才(含具有高级工以上职业资格人员)可适当放宽学历要求,2020年起基本不再从应届毕业生中招聘"①,从政策导向上打破了职业院校从高校直接招聘应届毕业生走上"讲台"、重学历轻实践的传统做法,对教师的专业发展提出了更高的要求。因此,建立分层分类的教师专业发展支持系统尤为重要。

1. 整合优化教师专业发展资源

尽管很多职业院校已相继设置了教师专业发展的机构,如教师发展中心、教师培训中心、教师进修学院等,但在资源优化整合上仍有较大空间。其一,建立跨专业、跨校、跨地区的教师专业发展联盟,如成立华东、华北、华中、华南等大区域的职业院校教师专业发展联盟,构建沟通、交流与合作的长效机制,增进先进经验分享与借鉴,打造区域特色。其二,加强全国、区域性职业院校教师专业发展网络平台的建设,整合优化、共建共享教师专业发展的资源,尤其是在以下三个方面予以突破:一是实施开展不同类型、不同地区、不同层次教师专业发展的需求调查,聚焦教师专业发展的重点与难点问题;二是探索建立教师专业发展的专家智库,为平台资源的整合、模块化呈现等出谋划策;三是将专业发展资源数字化、模块化、在线化,推动教师线上学习成长,并予以一定的成果认可。其三,厚植知识管理、终身学习土壤,探索建立以学校为本位、以教师为中心的教师专业发展模式,整合学校资源,减轻教师事务性工作压力,推动教师专业学习社群的发展。

2. 健全教师专业发展制度与组织保障

院校是教师专业发展的主要规划者与推动者。其一,以真实需求为导引,规划更符合教师需求的活动,规范教师专业发展规划制定流程,即需求考量—优先排序—制定规划—实施规划—成效评估。其

---

① 《国务院关于印发国家职业教育改革实施方案的通知》,见中华人民共和国教育部官网(http://www.moe.gov.cn/jyb_xxgk/moe_1777/moe_1778/201904/t20190404_376701.html)(2019-1-24)[2019-1-30]。

二,加强分类教师专业发展规划及配套细则的制定,进一步规范与促进教师参与专业发展活动的义务,加强专项经费支持,增强教师的自发性、自觉性。其三,优化学校教师专业发展的组织结构与运作方式,建立强力支持系统及灵活、弹性、多样化的教师专业发展机制。其四,以合作、分享、成长、创新、尊重为理念,赋予教师更多专业自主权、决策权等,提升专业权威,共建学习型教师团队,塑造持续精进教学、提升自我、协同发展的组织文化与氛围。①

3. 于角色转变与多元有效活动中赋权增能

持续追求专业发展是职业教育教师实现自我的专业权利和责无旁贷的专业义务,② 而学校又是制约教师专业发展的关键因素,但这并非意味着教师专业发展应由教师本身或学校单方面形塑与推动,必须达到教师与学校组织之间使命、目标的平衡,而教师、学校角色的转变是首要一环。

第一,转变学校、教师在专业发展中的角色。教师专业发展是一种实践的智慧、对话的知识和意义的重构,充斥着行政与学术、结构约束与自主意识、理想状态与现实处境之间的矛盾和两难,并在教师教与学的过程中体现出不同的价值诉求,而缺乏对话、自上而下的控制框架尤其是学校对教学秩序管控过多、标准化限制与多元教学需求相矛盾等大大局限了教师的自我实现。为应对教育环境的挑战、满足不同的专业发展需求,学校应提升教师专业发展的服务意识,积极扮演教师专业发展需求的调查者与倾听者、专业发展系统的设计者、专业发展规划的制定者、多元活动的支持者、沟通渠道的构建者、合作关系的维护者以及学生学习质量的把关者等,教师不应只是教书匠、"传令兵"、政策执行者,应当是终身学习者、自我反思者、专业自律

---

① 周红莉:《当前台湾地区职业教育教师专业发展的做法与借鉴》,载《广东轻工职业技术学院学报》2017年第3期,第34-35页。
② 张媛甯:《大学教师教学专业发展之个案研究:以N科技大学为例》,载《师资培育与教师专业发展期刊》2012年第5卷第1期,第52页。

者、勇敢发声者以及学习经验的共同创造者，① 提高批判反思能力、专业自主能力、跨学科研究与教学能力。

第二，开展多元、有效的教师专业发展活动。教师专业发展活动是影响其成效的关键因素，具有不同的类型：按互动性程度可分为低、中、高三种类别；按概念类别又可以分为技巧焦点、方法焦点、历程焦点和学门焦点。分别对应不同的发展形势，如技巧焦点主要包括短期主题工作坊、个别咨询，方法焦点主要是教学方法示范，历程焦点有教学支持团队、教师学习社群等，学门焦点的形式则是同领域或跨领域教师小组。② 综合国际比较与我国职业教育教师专业发展的现状分析，我们应通过组织学习、共同体学习，加强教师个人知识的共享、交流、创新，不断丰富教师专业发展活动形式与内容，不单单侧重于专题演讲、短期密集、系列研习、研讨会、座谈会等活动，还应注重多方合作与交流、分享与讨论、协同与成长的活动，如教学观摩、微型教学、专业社群、合作成长团体、合作行动研究等，营造专业对话、学习型组织的良好氛围。

---

① 袁振国：《高端访谈：关于现代大学的思考》，教育科学出版社2011年版，第187页。

② AMUNDSEN C, ABRAMI P, McALPINE L, et al. The what and why of faculty development in higher education: An in-depth review of the literature, 2005（http://www.sfu.ca/rethinkingteaching/publications/CAmundsen.etal.pdf）.

第八章
中国职业教育教师专业发展的特色案例

伴随职业教育现代化进程的日益加快,中国职业教育教师专业发展取得了长足进步,在采取核心发展策略、面临共同发展问题、具有共同发展趋向等的同时,也呈现出不同地区、不同学校的独特性。基于职业教育的分层性、教师专业发展的阶段性,以及产教融合性三个核心因素,本章选取了天津职业技术师范大学、浙江工贸职业技术学院、扬州工业职业技术学院、绍兴市中等专业学校、浙江工商职业技术学院、广东轻工职业技术学院、宁夏职业技术学院、长沙航天学校、无锡职业技术学院、陕西工业职业技术学院 10 所学校作为典型案例学校。通过学校个案研究,总结典型经验与做法,以资借鉴。

一、天津职业技术师范大学:创新高水平师资培养模式

作为中国最早建立的以培养职业教育师资为主要任务的普通高师院校,天津职业技术师范大学从 1979 年建校至今,已有 40 多年的办学史,享有"中国职教师资培养的摇篮"的盛誉。学校是教育部与天津市共建的地方高水平特色大学,获批"双师型"职业教育师资博士培养,是全国重点建设职业教育师资培训基地、全国技工院校师资培训基地、全国高职高专教育师资培训基地、全国职工职业技能实训基地、全国青年高技能人才培训基地、国家高技能人才培训基地、教育部教育援外基地等。[①] 学校在职业教育师资培养培训上创新性强,特

---

① 《学校简介》,见天津职业技术师范大学官方网站(http://www.tute.edu.cn/xxgk/xxjj.htm)(2018-4-15)[2019-7-6]。

色鲜明。

（一）形成以"工学+教育学"为主线的学科专业结构

至 2018 年年底，学校有 10 个学院、2 个教学部和 1 个工程实训中心，设置本科专业 46 个，涵盖工学、教育学、理学等学科门类 7 个，以工学专业为主，占比超过一半。学校各类学科专业以工学和教育学为主干学科，理学为基础学科，管理学、经济学、文学等学科与工学、教育学相互结合、交叉支撑与协调发展。以 2017—2018 学年为例，工学专业占 54.5%、理学专业占 11.4%（如图 8-1 所示）。

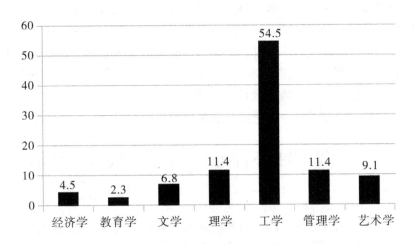

图 8-1　2017—2018 学年各学科专业占比情况（单位:%）①

（二）创新职业教育师资人才培养模式

以培养高素质师资为目标，学校自 20 世纪 90 年代开始开展创新性探索，在全国首创并实行了"双证书、一体化"人才培养模式、"双导师、双基地、双证书"研究生培养模式。其中，"双证书"是

---

① 《天津职业技术师范大学 2017-2018 学年本科教学质量报告》，天津职业技术师范大学 2018 年，第 2 页。

指"毕业证书+国家职业资格证书",同时瞄准国家急需,丰富内涵,如针对汽车、机电等职校相关专业师资所需,实施了"卓越人才培养计划",形成了较完备的卓越职教师资培养生源选拔体系以及面向中职学校的卓越师资人才培养体系,人才培养受到用人单位广泛好评。又如,从2015年起实施"工程实践教育",从机械设计制造及自动化、材料成型及控制工程等专业里面选拔学生,组建"工程实践教育"实验班,采用4年制本科、"2+2"模式等方式开展特殊人才培养①,使其同时具备操作技能(某工种高级工水平、若干工种中级工水平)、专业能力(工程应用人员普适性工作能力)和师范能力(实践教学能力、书写能力、语言表达能力等)。而"一体化"是指师范与职业的结合、理论与实践的结合,毕业生不仅能讲授专业理论课,还能指导专业技能训练。② 比如,以一体化教学实践能力的培养为主线,从师范技能和职业技能两个维度,构建了全方位、全过程的实践能力训练教学体系,以及"三层次、五阶段"工程实训教学体系,同时,加强了师范能力培养实践环节。③ 从课程设置上,以主干课程为主线,构建了由公共基础课程、学科平台课程、专业课程、自主发展课程、实践环节、素质拓展课程等组成的课程体系,体现出不同层次、不同内容、不同兴趣以及对实践环节的强化。

(三)首创高层次师资培养

社会发展对跨学科、"复合型"技术技能人才的需求日益增长,间接地对职业教育教师尤其是高层次、高水平的"双师型"教师提出了更多质和量的需求。然而,数量短缺、层次不高的问题始终存在。

---

① 《天津职业技术师范大学2016-2017学年本科教学质量报告》,天津职业技术师范大学2017年,第36页。

② 《"双证书制"简介》,见天津职业技术师范大学本科生招生信息网(http://zb.tute.edu.cn/info/1116/4880.htm)(2018-3-08)[2019-7-4]。

③ 《天津职业技术师范大学2017-2018学年本科教学质量报告》,天津职业技术师范大学2018年,第16页。

为此,学校不断探索博士人才培养的路径,其所开展的"'双师型'职业教育师资人才培养项目"于 2013 年获得国务院批准,成为第一家紧密服务国家特殊需求、培养博士职业教育师资的大学。其特色体现在:一是遵循教育学与工学有机结合的基本逻辑;二是面向社会需求,确立了"职业性+技术性+师范性+研究性"的"一体化"目标定位;三是构建了"跨学科+专业实践能力"考核的招生制度,以及以项目课程为核心或以核心课程为主,凸显专业实践能力培养的跨学科课程体系;四是打造了多学科校内外"双师型"指导教师团队,每位博士生由 4 人导师团队进行指导(校内工科导师 1 人、教育学博导 1 人、企业高级技师 1 人、其他职业院校学科带头人 1 人);五是建立"教育学+工学"的跨学科人才培养的组织体系与管理机制(如图 8-2 所示)。①

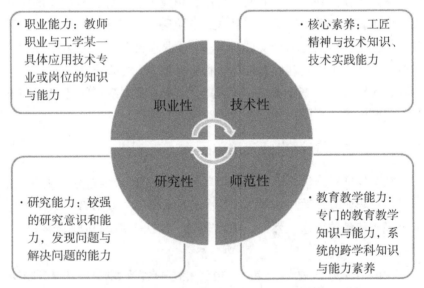

图 8-2 博士"双师型"人才培养目标特色

---

① 王振刚、孙翠香:《跨学科博士层次"双师型"职教师资培养机制研究:以天津职业技术师范大学"特需项目"为例》,载《职教论坛》2016 年第 23 期,第 5-10 页。

二、浙江工贸职业技术学院：构建"管、培、促、帮"一体化教师专业成长体系

浙江工贸职业技术学院是省属公办高职院校，由杭州钢铁集团公司举办。学校前身是1960年创建的"温州动力机厂技工学校"，1999年通过联合改制的方式成为高职院校，至今已有60年的办学历史，荣获"全国职业教育先进单位"（教育部等六部委）、"首批全国创新创业典型经验高校50强"（教育部）、"全国深化创新创业教育改革示范高校"（教育部）、国家级众创空间（科技部）、教育部现代学徒制试点单位（教育部）、浙江省高职优质建设校（浙江省教育厅）。①

学校现有12个学院、15个职能部门、三大园区②、三大基地③，瞄准专业发展前沿和经济社会发展重大需求，开办了36个专业，形成了以先进制造类、电子信息类、产品设计类、数字经济类等优势特色专业群为核心，其他专业对接区域优势产业链的一体化发展格局。2018年，学校有全日制高职生9022人；教职工847人，其中，专任教师344人，占40.61%；研究生学历教师197人，占23.26%；高级职称教师183人，占21.61%；35岁及以下青年教师338人，占39.91%（见表8-1）。④

---

① 《学校简介》，见浙江工贸职业技术学院官网（http://www.zjitc.netxxgkxxjj.htm）(2018-9-8)[2019-7-12]。

② 三大园区为浙江创意园、温州市知识产权服务园、国家广告产业试点园。

③ 三大基地为国家高技能人才培训基地、国家中小微知识产权培训（温州）基地、省级工业设计示范基地。

④ 《浙江工贸职业技术学院高等职业教育质量年度报告（2019）》，浙江工贸职业技术学院2018年，第6-7页。

表 8-1　2018 年教师队伍结构①

师资结构	类别	数量/人	比例/%
年龄结构	35 岁及以下	338	39.91
	36～45 岁	331	39.08
	46～60 岁	153	18.06
	61 岁及以上	25	2.95
职称结构	高级	183	21.61
	中级	270	31.88
	初级及以下	394	46.52
学历结构 （官方数据错误）	博士研究生	33	3.9
	硕士研究生	164	19.36
	本/专科	247	29.16

围绕"立德树人、内涵发展、质量立校"的主线，学校坚持改革创新，突出办学特色，在教师专业发展上办出了自己的特色。

（一）突出教师专业发展的核心问题导向

高职教师与普通本科院校教师有着最本质上的区别，即不仅需要扎实的专业基础理论知识，也需要一定的实践操作技术与技能。为此，高职院校在多年的发展中，围绕"双师"素质构建了独特的概念体系和专业发展模式。学校依照教学诊改的原理，通过研究发现，与很多高职院校一样，学校普遍存在着非师范院校毕业的专业课教师比例较大、兼职教师大多集中于专业课教学、专业主任年轻化与管理经验不足等"老大难"问题，迫切需要提高教师的专业理论应用和操作能力、加快教师专业化的成熟周期等②，成为建立健全教师专业发展体系的核心问题导向。

---

① 《浙江工贸职业技术学院高等职业教育质量年度报告（2019）》，浙江工贸职业技术学院 2018 年，第 6-7 页。

② 邱开金：《教师专业成长要过哪些"坎儿"》，见《中国教育报》2017 年 10 月 10 日，第 10 版。

(二) 构建一体化教师专业成长体系

以教师队伍能力提升机制建设为总纲,学校构建了分阶段、分批次、分类型、分层次、有针对性的"'管、培、促、帮'一体化"教师专业成长体系。其中,"管"是指一系列师资队伍制度建设;"培"是培养、培训,包括常规的进修、访学,以及符合高职院校发展规律和"双师"素质建设的项目,如教师下企业实践、访问工程师校企合作项目等,着重于探索校本特色"园区化"教师专业发展模式;"促"是以专业(专业群)自主能力提升、"三个一"青年教师能力过关等活动考核的方式进行过程指导、教学磨炼,提升教师自主性;"帮"是指通过教授工程、博士工程等建立教学科研帮扶指导活动机制(如图8-3所示)。

图8-3 "一体化"教师专业成长体系

(三) 着重青年教师综合能力的提升

在产教融合成为职业教育发展的战略举措和建设优质高职院校的背景下,学校稳步推进教育综合改革,青年教师队伍在逐渐扩大。2015年,35岁以下教师有86人,占专任教师的30%;[①] 2016年,35岁以下教师有126人,占37.28%;[②] 2017年,35岁以下教师有108人,

---

[①] 《浙江工贸职业技术学院高等职业教育质量年度报告(2016)》,浙江工贸职业技术学院2015年,第36页。

[②] 《浙江工贸职业技术学院高等职业教育质量年度报告(2017)》,浙江工贸职业技术学院2016年,第8页。

占 31.86%。① 然而，在这一过程中，出现了两个普遍问题：一是管理层面，专业主任虽然专业水平较高，但较为年轻化而管理经验不足、管理能力不强；二是普通教师层面，新教师虽然学历层次较高、理论知识丰富，但是教育教学知识与技能薄弱、高职教师角色认同感不强、应用和操作能力跟不上。为此，2014 年，学校将青年教师的专业发展提至学校战略发展层面，以"组合拳"思维为指导，实施了 3 年一周期的青年教师综合能力过关工程：初级、中级职称新教师 3 年内必须通过上课、单元说课、课程设计三大项目考核，与岗位、职称晋升挂钩，过关标准由学校制定；专业主任则需要通过示范课、创新教研会和说专业三个项目的考核，与业绩和聘用挂钩。②

（四）不断增强教师专业发展经费保障

近 5 年来，学校持续加强了青年教师专项、教授工程培养专项、博士工程专项、专业带头人培养专项、青年骨干教师培养专项、青年教师导师制专项、教师出境培训专项等的经费投入，显著促进了教师专业发展（见表 8-2）。

表 8-2 专任教师专项经费投入（单位：万元）

指标	2014 年	2015 年	2016 年	2017 年	2018 年
青年教师培养专项	42.61	145.08	100	110	缺少数据
出国（境）培训专项	25	51.44	78	90	—
教师专业素质提升专项	82.39	177.48	150	158	—
专项经费合计	150	374	328	358	

数据来源：浙江工贸职业技术学院高等职业教育质量年度报告（2015—2019）。

---

① 《浙江工贸职业技术学院高等职业教育质量年度报告（2018）》，浙江工贸职业技术学院 2017 年，第 14 页。

② 邱开金：《教师专业成长要过哪些"坎儿"》，见《中国教育报》2017 年 10 月 10 日，第 10 版。

三、扬州工业职业技术学院：构建高职教师分级认定制度

2004 年，扬州化工学校和扬州建筑工程学校合并组建成扬州工业职业技术学院，由江苏省教育厅主管，是苏中地区最大的工科类高职院校、全国现代学徒制试点单位、全国职业院校创新创业教育先进单位、江苏省示范性高职院校和江苏省职业教育先进单位，连续三年荣获全国职业院校国际影响力 50 强。[1]

在办学过程中，学校始终坚持以立德树人为根本，以石油化工类、建筑类等行业为依托，以高端技能型人才培养为重点，紧密服务行业和区域经济社会发展，探索并构建出"区—园—企—校共同发展"的办学模式、"双导向四融入一驱动"的人才培养模式、"启航—竞航—远航"的"三航"育人模式和"PRL 互嵌式园企校共发展"办学模式，充分彰显了自身的办学特色。

近年来，围绕"人才强校"战略，学校以打造卓越师资队伍为抓手，通过"分类培养、分层提升"等方式为教师专业发展搭建了"立交桥"，尤其是构建了严格的分级制度，成为近年来的重大创新。2018 年，学校有教师 1003 人，其中，专任教师 427 人，占 42.57%。在专任教师队伍中，"双师"素质教师 381 人，占 89.23%；高级职称教师和硕士以上学历教师分别有 157 人和 335 人，分别占 36.8% 和 78.45%。拥有省"333 工程"人才 7 人、省高校"青蓝工程"优秀中青年学术带头人 7 人、优秀中青年骨干教师 17 人、优秀教学团队 3 个、全国化工行业教学名师 2 人、省科技创新团队 1 个。[2]

（一）建立分层分类教师专业发展体系

以教师实际需求为导向，学校建立了"青年教师—中青年骨干教

---

[1] 《扬州工业职业技术学院简介》，见扬州工业职业技术学院官网（http://www.ypi.edu.cn/_s88/2009/1029/c2258a44956/page.psp）（2020 - 12 - 2）[2020 - 12 - 20]。
[2] 《扬州工业职业技术学院高等职业教育质量年度报告（2019）》，扬州工业职业技术学院 2018 年，第 30 - 31 页。

师—专业领军人才"分层分类的专业发展体系，主要体现在：第一，针对不同教师、不同需求，构建"金字塔"式教师梯队，充分发挥优秀教师的示范带动作用，如实施省校两级"青蓝工程"，组建教学与科技服务团队，促进高层次人才成长与发展，注重专业领军人才的作用，以培育教学名师为抓手，提升教学团队专业发展水平；第二，以任务驱动为形式，开发设计培训方案，项目化设置培训内容；第三，开展形式多样的教师培训，包括系统化校本培训、省级专项教师培训等，如国家级及省级骨干教师培训、青年教师企业定岗培训、访问工程师项目等；第四，打造不同层类、联合备课、跨界混编的教师队伍，提升教师的产学研水平，赋能专业发展。比如，探索并形成了校企合作"1+1+1专业导师制"，由一个学生、一个专职专业导师和一个兼职专业导师组成，具备"导学""导能""导业"[①]三个核心功能，整个教育过程即是产学研合作过程，实现了技术技能人才培养和教师专业发展的融合。又如，遵循"创新在扬工、创业在园区"的理念，以校企人员互聘、职务互兼、项目互助、能力互提为手段，[②]吸引高层次人才，组织教师到企业兼任技术岗位负责人，[③]设立技能大师工作室，共享高层次人才，拓展教师专业发展空间。

（二）建立教师分级认定制度

以需求导向、分类培养、分层提升为基本原则，近年来，学校将构建和完善教师成长平台体系与部门年度考核目标挂钩，建立了激励与约束并行、注重引领成长的严格的教师分级制度。第一，紧密围绕打造货真价实的"双师型"教师的核心目标，以校外实践为主、校内实践为辅，"上得课堂、进得厂房"，按照企业的人才要求进行教学，

---

① 《扬州工业职业技术学院高等职业教育质量年度报告（2014）》，扬州工业职业技术学院 2013 年，第 12 页。

② 《扬州工业职业技术学院高等职业教育质量年度报告（2015）》，扬州工业职业技术学院 2014 年，第 13 页。

③ 《扬州工业职业技术学院高等职业教育质量年度报告（2016）》，扬州工业职业技术学院 2015 年，第 34 页。

同时实现教师自身素质与能力的提升;第二,陆续出台了10多个文件,包括《"双师型"教师管理办法》《技能大师工作室管理办法》《"双师"素质教师队伍建设实施办法》等;第三,实施5个等级的"双师型"教师认定制、年审注册制,使"双师型"教师发展落到实处;第四,加强经费保障,每年投入500万元,用于"双师型"教师津贴(见表8-3)。①

表8-3 "双师型"教师分级认定②

等级	认定条件	津补贴
一级	具有副教授以上专业技术职务。 获国家级教学名师、中华技能大奖、全国技术能手、省级科学技术一等奖(前5)以上;或获省级教学名师、技术能手、技能状元、首席技师、省级科学技术二等奖(前5)以上	同时满足任意1条: (1)有10年以上的企业实践经历; (2)参加技能大赛获国家级一等奖或创作的作品被省级以上专业机构收藏、重大设计项目被采用3件以上,其中至少1件参加全国专业展览或被国家级专业机构收藏或设计作品被知名机构、大型活动采用,收藏、采用需提供相应的证书和材料; (3)主持完成企业横向课题经费到账100万元以上,课题应有正式的立项报告或签订的正式协议和结题报告; (4)主持完成专业相关国家级科研课题1项以上,课题应有正式的立项报告或签订的正式协议和结题报告;或获得授权并转化的发明专利(第一)、国家级工法(第一)4项以上或获得中国专利金奖1项以上	3000元/月

---

① 徐华:《搭建教师专业成长"立交桥"》,见《中国教育报》2018年1月2日,第10版。

② 《扬州工业职业技术学院"双师型"教师管理办法》,见扬州工业职业技术学院官网(http://ty.ypi.edu.cn/gb/bmgk/szdw/2017-04/1492134713.shtml.)(2017-4-14)[2019-7-15]。

续表 8-3

等级	认定条件		津补贴
二级	具有副教授以上专业技术职务。获省级教学名师、技能能手、技能状元、首席技师、省级科学技术二等奖（前5）以上；或获省级以上团队负责人、省级科学技术三等奖（前5），且满足下列条件中的任意1条；或获市厅级以上技术能手、技能状元、首席技师、正高级工程师等正高级专业技术职务、市科技进步一等奖（前3）以上	同时满足任意2条： (1) 有8年以上的企业实践经历； (2) 本人参加技能大赛获国家级三等奖以上；或创作的作品被省级以上专业机构收藏、重大设计项目被采用2件以上，其中至少1件参加全国专业展览或被国家级专业机构收藏或设计作品被知名机构、大型活动采用，收藏、采用需提供相应的证书和材料； (3) 主持完成企业横向课题经费到账80万元以上，课题应有正式的立项报告或签订的正式协议和结题报告； (4) 主持完成专业相关省部级科研课题2项以上或参与完成（前3）国家级科研课题2项以上，课题应有正式的立项报告或签订的正式协议和结题报告；或获得授权并转化的发明专利（第一）、国家级工法（第一）3项以上或省级专利金奖1项以上	2000元/月
三级	具有副教授以上专业技术职务。获省级以上团队负责人、省级科学技术三等奖（前5）；或获市厅级以上技术能手、技能状元、首席技师、正高级工程师等正高级专业技术职务、市科技进步二等奖（前3）以上，且满足下列条件中的任意1条；或获校级教学名师、高级工程师等副高级专业技术职	同时满足任意2条： (1) 专业课、专业基础课教师有5年以上的企业实践经历；公共课教师指导社团或担任兼职辅导员8年以上； (2) 主持建设本专业领域国家级以上实训基地、工程研发中心等项目，必须为自主开发设计； (3) 指导学生参加技能、创新创业大赛获国家级一等奖或指导的学生社团获国家级表彰； (4) 本人参加技能大赛获省级一等奖以上，或创作的作品被省级以上专业机构收藏、重大设计项目被采用3件以上，收藏、采用需提供相应的证书和材料；	1000元/月

续表 8-3

等级	认定条件	津补贴
三级	务、一级职业（或相当的执业）资格，市科技进步三等奖（前3）	（5）主持完成横向课题经费到账50万元以上，公共课教师到账经费30万元以上，课题应有正式的立项报告或签订的正式协议和结题报告； （6）主持完成专业相关省部级科研课题1项以上或参与（前3）国家级科研课题1项以上，课题应有正式的立项报告或签订的正式协议和结题报告；或获得授权并转化的发明专利（第一）、省级工法（第一）2项以上或获得省级专利优秀奖1项以上	1000元/月
四级	具有讲师以上专业技术职务。获市厅级以上技术能手、技能状元、首席技师、正高级工程师等正高级专业技术职务，市科技进步二等奖（前3）以上；或获校级教学名师、高级工程师等副高级专业技术职务，一级职业（或相当的执业）资格，市科技进步三等奖（前3）以上，且满足下列条件中的任意1条；或取得中级以上非教师系列专业技术职务、二级职业（或相当的执业）资格、校级团队负责人	同时满足任意2条： （1）专业课、专业基础课教师有3年以上的企业实践经历；公共课教师指导社团或担任兼职辅导员5年以上； （2）主持建设本专业领域省级以上实训基地、工程研发中心等项目，必须为自主开发设计； （3）指导学生参加技能、创新创业大赛获国家级三等奖以上或指导的学生社团获省级以上表彰； （4）本人参加技能大赛获省级二等奖以上，或创作的作品被省级以上专业机构收藏、重大设计项目被采用2件以上，收藏、采用需提供相应的证书和材料； （5）主持完成横向课题经费到账30万元以上，公共课教师到账经费20万元以上，课题应有正式的立项报告或签订的正式协议和结题报告； （6）主持完成专业相关市厅级科研课题1项以上或参与（前3）省级科研课题1项以上，课题应有正式的立项	500元/月

续表 8-3

等级	认定条件	津补贴
四级	报告或签订的正式协议和结题报告；或获被授权并转化的发明专利（前2）、省级工法（前2）1项以上或获市级专利优秀奖1项以上	500元/月
五级	具有讲师以上专业技术职务。获中级以上非教师系列专业技术职务或二级以上职业（或相当的执业）资格	200元/月

四、绍兴市中等专业学校：构建"一链多径"纵横教师专业发展系统

绍兴市中等专业学校是 1984 年经浙江省人民政府批准成立的公办普通工科类中专，现为国家级重点职业学校、国家中等职业教育改革发展示范学校建设单位、浙江省现代学徒制试点学校等。在 30 多年的办学过程中，学校形成了以中专学历教育为主，集中职教育、中高职衔接、成人学历教育和社会培训于一体的多元化办学格局，以及政府主导、市场引导、行业指导的"三导"办学模式。①

（一）构建跨界整合、纵横结合的教师专业发展系统

近年来，围绕"校园齐心、学生用心、家长放心、企业称心、社会倾心"的"五心级"现代职业教育名校建设目标，学校高度重视教师专业发展的顶层设计，专门制定了"教师发展规划"，作为学校"十三五"发展规划的三个重大子规划之一，成为教师专业发展的行动纲领。在国家中职教育改革发展示范校建设期间，学校将教师专业成长作为改革核心，围绕提高教师专业教学能力、实训指导能力等综合素质的目的，在多方文化融通渗透中构建了"中、高、企三元鳌

---

① 《学校概况》，见绍兴市中等专业学校官网（http://sxzz.cnxxxzxxgk）(2019-6-2)[2019-7-19]。

合，训、学、研三位一体"的教师专业发展高端模式，体现为中职、高校、企业三环相扣，训、学、研层层递进，实现了师训基地从共通到共建、教学资源从共享到定制、导师结对从一师到三师的三个转变。① 以此为基础，针对青年教师专业能力不足、中老年教师专业发展内动力不足、教师队伍年轻化发展等问题，以促进发展、优化教师结构为主线，以深入推进"五会"（会奉献、会育人、会学习、会创新、会生活）幸福教师培育工程为抓手，学校不断探索并构建了"一链多径"纵横教师专业发展系统，显著提高了教师队伍的专业化水平（如图8-4所示）。

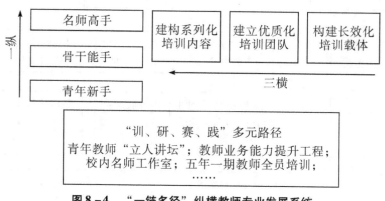

图8-4 "一链多径"纵横教师专业发展系统

（二）构建"一纵三横"青年教师专业发展模式

随着近年来学校办学规模的扩张，教师队伍迅速壮大并成长起来，但越来越年轻化的问题凸显出来。2018年，该校有专任教师246人，② 其中，35周岁以下的教师129人，占专任教师总数的

---

① 吴家宏:《中、高、企三元鳌合　训、学、研三位一体：绍兴市中等专业学校开启教师专业发展高端模式》，载《职业》2015年第3期，第27-29页。
② 《绍兴市中等专业学校教育质量2018年度报告》，见绍兴市中等专业学校官网（http://www.sxzz.cnxxzcxwgk/content_41427）(2019-6-2)[2019-7-19]。

52.44%。① 可见，青年教师已成为决定学校发展质量的重要因素。为此，学校以《中等职业学校教师专业标准》为指导纲领，在学校"一链多径"纵横教师专业发展框架下，构建了专门针对青年教师的"一纵三横"专业发展模式，从根本上实现了校本培训内容从碎片化到系列化、校本培训活动从散乱化到系统化、校本培训机制从短平快到长效化的转变，切实提高了青年教师的专业发展水平（如图8-5所示）。

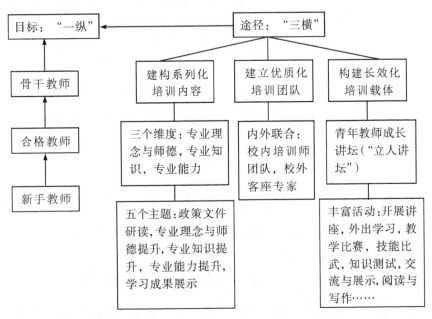

图8-5　"一纵三横"青年教师专业发展模式②

如图8-5所示，"一纵"是指青年教师从"新手教师→合格教师→骨干教师"，"三横"是指"建构系列化培训内容、建立优质化培训

---

① 祁黎：《中职学校青年教师"一纵三横"校本培训的实践创新：以绍兴市中等专业学校为例》，载《职教论坛》2018年第7期，第90页。

② 祁黎：《中职学校青年教师"一纵三横"校本培训的实践创新：以绍兴市中等专业学校为例》，载《职教论坛》2018年第7期，第91-92页。

团队、构建长效化培训载体"。在培训内容上，基于专业理念与师德、专业知识和专业能力三个维度，学校确定了政策文件的研读、专业理念与师德的提升等五大主题；在培训团队上，面向校内外，严格遴选培训师，打造了一支专兼有机结合、教育经验丰富、教研能力强、工作能力突出的卓越团队；在培训载体上，打造青年教师成长讲坛，开展讲座或外出学习、青年教师业务比赛、阅读与写作等丰富多彩的活动。例如，2017年，学校开展"立人讲坛"活动8次，其中，主题报告类5次，实践活动类3次，组织青年教师风采展示活动，包括科研作品展示、课堂展示、说课展示、演讲展示等，从不同角度展示了青年教师的风采。①

五、浙江工商职业技术学院：打造兼职教师专业发展特色模式

浙江工商职业技术学院前身是1914年的宁波公立甲种商业学校，1999年，由中专升格为公办高职，由浙江省人民政府主管。学校坚持"质量立校、服务兴校、管理促校、特色强校"的办学思想和"教师为基、学生为本"的办学理念，不断传承和发扬百年商贸教育和宁波商帮的优良传统，形成了"传承宁波商帮精神，培育现代商帮人才""工商并重"的办学特色，被誉为"宁波高帮文化的摇篮"。②

学校是全国高职高专人才培养工作水平评估优秀学校、省示范性高职院校、省优质高职院校建设单位。现有智能电子学院（汽车服务学院）、现代模具学院等9个二级学院、28个专业、3个科研平台、4个独立科研机构、1个宁波市产业特色学院和1个宁波市试点特色学院等。以产学研合作教育为突破口，学校大力进行改革创新，如与

---

① 《绍兴市中等专业学校教育质量2017年度报告》，绍兴市中等专业学校2017年，第10-11页。
② 《学校简介》，见浙江工商职业技术学院官网（https://www.zjbti.net.cn/1744/list.htm）(2019-7-2)[2019-7-17]。

龙头企业和骨干企业的"点对点"合作、与行业协会（学会）的"点对线"合作、与宁海等地的"县（市）校合作"等，形成了独具地方特色的产教融合模式。以宁海产学研基地为例，其采取的"总部—基地"县校合作模式创新性地将人才培养、教师发展、技术服务等融合进产学研合作的各个环节，实现了多方共赢，被誉为"中国高职教育的'宁海模式'"和"成为专家学者解读高职院校县校合作模式的范本"。①

以提升教师教学能力、促进职业生涯可持续发展为目的，学校以制度建设和经费投入为保障，引培并举，建立了基于职业发展的分层次、结构化的教师专业发展体系，以及以下企业挂职锻炼、为企业提供技术服务为主体的"双师"培养制度，打造了一支水平较高、素质较强、专兼结合的专业化教师队伍，尤其是在兼职教师专业发展上极富特色，成为推动学校实现新跨越的重要举措。目前，学校有教师643人，其中，专任教师398人，占61.90%。专任教师队伍中，"双师"素质教师占比80.1%，高级职称教师占42.96%，硕士以上学位教师占78.64%，兼职教师60%以上具有高级职称。

（一）建立教师专业发展激励机制

学校成立了教师教学发展中心，专责教师专业发展。一方面，不断完善以人为本、以绩效为导向、着重人才培育和素质提升的"分层次、结构化"教师专业发展系列制度与办法，如《关于加强"双师型"教师队伍建设的实施意见》《专业带头人选拔培养和管理办法》《青年教师助教制度实施办法》《"名师培育工程"实施办法》等，全面实施专业带头人、青年骨干教师、高层次人才培育、实践能力提升、教育教学能力提升等工程，实施专业教师技能化和兼职教师专业化发展，实现由双证书向双能力、双素质转变，体现着"三结合"，即学校规划与个人发展相结合、制度管理与政策激励相结合、企业实

---

① 《浙江工商职业技术学院高等职业教育质量年度报告（2019）》，浙江工商职业技术学院2018年，第2页。

践和校内培养相结合。另一方面,着重针对兼职教师发展,专门出台了《兼职教师队伍建设管理暂行办法》《企业客座教师聘任办法》等,大量聘请行业企业专家、高级技术人员、首席工人等担任兼职教师,通过开展教育教学培训等手段推进专业化发展,同时,结合兼职教师专业化发展过程中的新问题与新趋向,及时修订相关文件内容(如图8-6所示)。

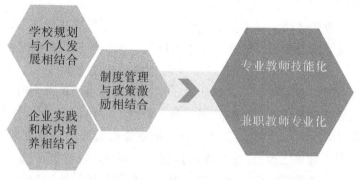

图8-6 "分层次、结构化"教师专业发展模式

(二)以项目为纽带打造兼职教师队伍

《浙江省职业院校2017—2020年教师素质提高计划》明确提出高素质专业化"双师型"教师队伍的目标,要求"推进教师和企业人员双向交流合作,建立教师到企业实践和企业人才到学校兼职任教常态化机制","设立兼职教师特聘岗6000个,其中高职院校1000个"。[①] 依托多种校企合作平台,学校以项目课程教学和项目研发为纽带,建立了由行业企业专家、高级技术人员、管理人员、能工巧匠、首席工人等组成的兼职教师队伍,行业企业专家、高管等为兼职专业带头人。同时,通过举办现代学徒制订单班的形式,每年聘请兼职教师

[①] 《浙江省教育厅关于实施浙江省职业院校教师素质提高计划(2017-2020)的通知》,见浙江职成教网(http://www.zjzcj.com/show.php?id=28664)(2017-6-13)[2019-7-18]。

370人，接近于专任教师数。为促进兼职教师的专业化发展，学校通过开设职业教育教学法培训班、组织专兼职教师集体备课和团队研究等方式，加强对兼职教师的岗前师德素养、教学方法与技巧的培养，教学科研能力的培养等，实现了专业教师技能化、兼职教师专业化的优势互补。

（三）首创"带徒工程"制

针对兼职教师大多不擅长理论教学、对职业教育认识不够、教学方法与技能薄弱和不了解高职学生特征等原因，学校积极借鉴"现代学徒制"理念，2007年，聘任了4名市级及以上首席工人、技术能手，组成兼职教师队伍，专门从事技术技能特长生的培养与开发、生产一线最新技术讲授、技能竞赛指导、创新创业培训等工作。继而在2009年，出台了《"首席工人、技术能手带徒工程"实施方案》，正式启动了"带徒工程"，主要做法体现在：第一，聘请13名宁波市首席工人、技术能手担任特聘教授；第二，采用师徒结队的形式，每位"师傅"最多有6个"徒弟"；第三，通过在企业环境中完成真实项目（任务）、竞赛、考证、专利设计等途径，开展个性化人才培养；[①]第四，学校、"师傅""徒弟"签订培养协议，约定各自的职责，如"师傅"为"徒弟"制定个性化培养方案，为其提供不少于2个月的企业实习实训机会，学校设立"企业学习日（月、周）"，建立企业学分认定制度及其与课程学分之间的互换机制。[②] 8年间，已邀请600多位首席工人、技术能手，培养了2000多名学生"徒弟"。[③] 实践表明，这一特色模式的实施不仅仅培养了一批优秀的、广受社会欢迎的

[①] 《浙江工商职业技术学院高等职业教育质量年度报告（2012）》，浙江工商职业技术学院2011年，第16页。

[②] 《浙江工商职业技术学院高等职业教育质量年度报告（2014）》，浙江工商职业技术学院2013年，第26–27页。

[③] 姚敏明、王丽英：《浙江工商职业技术学院：引培并举 打造专兼结合高素质教师队伍》，见中国高职高专教育网（https://www.tech.net.cn/web/articleview.aspx?id=20170929095845965&cata_id=N049）(2017–9–29)[2019–7–18]。

学生"徒弟",更显著提升了兼职教师专业素质与教育教学能力,赋予了全校教师专业发展以新的力量。

六、广东轻工职业技术学院:首创高职教师资格认定制与"263"计划

广东轻工职业技术学院是 1999 年经教育部批准成立的全日制高职学校,前身是 1933 年成立的广东省立第一职业学校,至今已有 87 年的职业教育办学史。学校是国家示范性高职院校、国家"双高计划"建设单位、全国第一批教育信息化试点单位、教育部现代学徒制试点单位,获评全国高职院校社会服务贡献 50 强、学生管理 50 强、教学管理 50 强、教学资源 50 强、实习管理 50 强、"全国高职院校思政工作创新优秀示范案例"50 强,在社会服务、学生管理、教学改革等方面创造了多个全国高职院校建设的典型模式,示范和带动作用显著。

近年来,学校以高层次领军人才建设为重心,以中青年人才成长为核心,在全国首创了高职教师资格认定制度与"263"计划,教师专业发展成效显著,尤其是高层次人才数量和质量在广东全省高职院校名列前茅,成为学校高质量发展的坚实保障。全校现有专任教师 870 人,兼职教师 635 名,生师比为 16.96。具有高级职称的教师占 42.41%,硕士以上学位的教师占 80.69%;"双师"素质比例达 61.03%,其中,"双师型"骨干教师(含专业带头人)共 321 名,每个专业至少有 4~6 名"双师型"骨干教师。面向行业企业,聘请了一批实践经验丰富与技术水平高的专家、高级经理人、能工巧匠等组建了兼职教师资源库,企业兼职教师和学校专职教师比为 1:1,其中,60%以上的兼职教师具有中级以上职称或技师以上专业技能(如图 8-7 所示)。

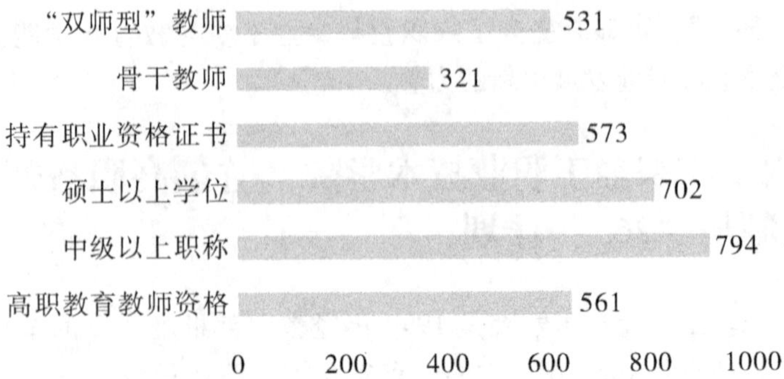

```
"双师型"教师 ▬▬▬▬▬▬▬▬ 531
     骨干教师 ▬▬▬▬▬ 321
持有职业资格证书 ▬▬▬▬▬▬▬▬▬ 573
  硕士以上学位 ▬▬▬▬▬▬▬▬▬▬▬ 702
  中级以上职称 ▬▬▬▬▬▬▬▬▬▬▬▬▬ 794
高职教育教师资格 ▬▬▬▬▬▬▬▬▬ 561
              0   200  400  600  800  1000
```

图 8-7 专任教师资格、职称、学位与"双师"情况(单位:人)

(一)首创高职教师资格认证制度

在高职教师胜任力、核心能力等研究的基础上,学校制定了《"高职教育教师资格"认定实施与管理办法》,创新性地提出了"高职教育教师资格"的四个基本条件:第一,具有高校教师资格证;第二,有两年企业一线工作经历;第三,具备一定水平的本专业实践操作能力;第四,通过高职教育教学能力测试。为将这四个条件落到实处,学校将"高职教育教师资格"与"双师"素质认定、任课资质、职称评聘挂钩,建立了"高职教育教师资格"证书制度的优胜劣汰机制,大幅提升了教师的专业教学能力。截至 2018 年,学校已有 561 名专业课教师通过"高职教育教师资格"认证。

(二)首创"263"教师专业发展计划

围绕建设"国内一流、国际知名"高职院校的发展目标,学校创新性提出并实施了"263 计划",即建设两个平台,实施六大计划,打造三项工程,以高层次领军人才建设为重心,以中青年人才成长为核心,聚焦教师"专业维度、教学维度、个人维度和组织维度"四个维度,践行"全周期、全方位、全流程"教师专业发展。其中,"两个平台"为教师信息化管理平台、教师发展中心。"六大计划"为"'师德诚信银行'计划""领军拔尖计划""骨干攀登计划""'双师'强基计划""专兼职互助计划""'青蓝'计划"。2018年,用于支持教师参加培训、进修、国内外访学等各类继续教育的培训经费达6000元/人以上,国外留学和培训的师资比例达12%。"三项工程"包括了"'双师'结构教学团队"培育工程、"技术服务与科研团队"培育工程、"创新创业能力提升"培育工程,打造了一批校企融合的优秀专业团队。2018年,学校已挂牌建设33个工作室,包括校友劳模(大师)工作室5个、名师工作室13个和团队工作室15个,开展创建"黄大年式教师团队"活动,认定3个教师团队为"黄大年式教师团队"(如图8-8所示)。

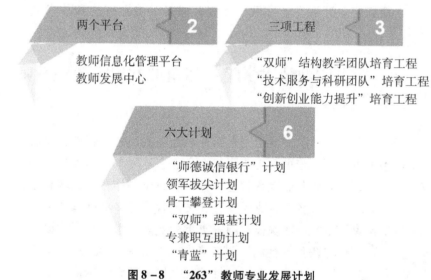

图8-8 "263"教师专业发展计划

(三)构建校企交替型教师专业发展模式

围绕"263"计划,学校以产教融合为手段,建立了教师"3+2"校企交替工作制和5年一周期的全员轮训制度。教师"3+2"校企交替工作制度,一是制定《教师专业实践管理办法》,全面推行《教师专业实践活动手册》管理;二是明确教师专业实践方向和内容,其中,在校内参与生产实训基地建设、深挖校企合作资源,在校外鼓励其到企业生产服务一线顶岗，驻企业从事技术改造、新工艺和新产品研发，为企业或社区提供技术服务；三是采取激励约束、目标管理、过程监控、绩效考核等多种措施，确保制度的落实与成效的取得。依据按照教育部等六部委《职业学校教师专业实践规定》和国务院《关于国家职业教育改革实施方案的通知》的有关要求，学校积极落实教师 5 年一周期全员轮训计划，无企业经历新进教师安排下企业实践 6 个月。为支持和推动教师积极参加专业实践，一方面给专业实践教师提供实践工作量补贴，另一方面把专业实践经历作为教师职称评审、岗位聘用的必要条件。近年来，学校先后派出 2000 余人次的专任教师到企业开展专业实践，提高了教师的专业理论和技术应用能力。

七、宁夏职业技术学院：与企业共建示范性教师专业发展基地

宁夏职业技术学院隶属于宁夏回族自治区人民政府管理，先后由宁夏广播电视大学、宁夏重工业职工大学、宁夏轻工业学校等 7 所学校合建而成，集现代职业教育和远程开放教育于一体，承担着高职教育、中职教育、远程教育、成人教育、技工教育等多种办学任务，是宁夏首所国家示范性高职院校、国家首批职业院校数字校园建设实验校、教育部首批"现代学徒制"试点单位（宁夏高职唯一）、国家优质高职院校立项建设单位、宁夏首批"互联网＋教育"示范校以及宁夏唯一具有获批留学生教育资质的高职学校。①

在多年的办学实践中，学校立足宁夏经济社会发展全局需求、产业结构转型升级方向以及"一带一路""军事强国"等重大战略，紧抓需求，主动变革，坚持以教学为中心、创新驱动发展，在人才培养、专业建设、社会服务、办学基础能力等方面均取得了长远进步。

---

① 《学院简介》，见宁夏职业技术学院官网（http://www.nxtc.edu.cn/xygk/xyjj.htm）（2019-6-25）[2019-6-28]。

其中,在教师专业发展上,学校面临着高职院校的共性问题,如教师动手能力不强、教师实践教学薄弱、骨干特色专业"双师型"教师短缺等。同时,也面临着自身的独特问题,即由于学校由7所学校合建而成,每所学校的办学历史、地位、教师素质情况差异较大,尤其是并入的3所独立设置的成人高校和2所中职学校,结构性矛盾较为突出,教师队伍整体素质亟待提升。聚焦以上关键问题,学校通过内培外引等方式扩充教师队伍,同时进行了卓见成效的教师专业发展研究与实践,形成了自身特色,如《中国教育报》报道的《校内是导师校外是师傅——宁夏职校教师实现从讲台到车间地头的跨越》等,美誉度与社会影响力不断提高,主要体现在以下若干方面。

(一) 多元方式落实教师专业发展的关键地位

学校将教师专业发展作为整个教师队伍建设系统工程的核心工作,强调数量扩张与质量提高相结合、结构调整与梯次布局相结合、引进人才与自我培养相结合的基本原则,促进教师发展。2014—2018年,教职工总数从441人增至549人,高级职称专任教师占比从46.09%提高到53.64%,"双师"素质专任教师占比从54.49%提高到62.42%,职称等结构持续得到优化(如图8-9所示)。

与此同时,学校深入推进名师计划、"双师"计划、骨干计划、硕博计划、导师制、"工匠型"教师培养计划,以及国培项目、出国研修等。例如,近年来,学校引进和聘用了一批行业知名专家作为专业带头人,如宁夏中草药研究领域首席专家冷晓红、动物饲养及草料专家许斌、花卉专家任杰等,实行由校内外专家共同负责的"双带头人"教学团队建设,引领并促进了重点专业及专业群的教师发展,形成了一批"领头雁"型教学团队。至2017年,建成6支宁夏优秀教学团队、9支校级优秀教学团队等。①

---

① 《宁夏职业技术学院高等职业教育质量年度报告(2018)》,宁夏职业技术学院2017年,第24-25页。

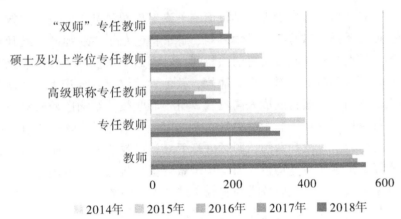

图 8-9　2014—2018 年教师队伍结构情况（单位：人）

数据来源：2011—2019 年宁夏职业技术学院质量年度报告。

（二）深入推进教师企业实践工作

2017 年，学校制订了《宁夏职业技术学院教师企业实践管理（暂行）办法》，落实有计划性的教师下企业实践锻炼制度，鼓励教师积极参加各类教育教学培训、与企业合作开展课题研究等，并实施学校与企业管理人员双向挂职锻炼、健全绩效考核制度等，提高教师专业实践能力。例如，为培养工匠精神，学校提出并落实了"工匠型"教师培养计划，选派教师到企业进行为期 3 个月至 6 个月的锻炼培训，支持鼓励 200 余名教师到各合作企业进行"实岗、实责"的全职实践活动，提高实践教学能力。[①] 依托学校的现代学徒制试点、教师企业实践等重点工作，学校继续实施校企合作深化工程，重点加强了与华中数控公司、舍弗勒宁夏公司、宁垦电商公司等知名大企业的合作，并在全区、全市高职教育领域率先建立了 10 家示范性教师企业实践基地，积极探索以产教融合为抓手的教师专业发展路径。从具体做法上看，一是基地以探索"双师型"教师培育培训新模式为目标，

[①] 《宁夏职业技术学院高等职业教育质量年度报告（2019）》，宁夏职业技术学院 2018 年，第 41 页。

担负着提升教师理论、技能与经验的培养培训任务；二是基地实施协同创新发展和产教深度融合的"工匠型"教师培育计划；三是采取"院（系）+企业"建设模式，双方紧密合作、分工有序、优势互补，即由院（系）作为牵头单位和基地主题，吸纳企业参加，企业负责提供教师实践所需的岗位与指导师傅（老师）等；四是在每期不低于2个月的培养时间里，主要开展职业教育基本理论培训和专业技能培训，依据《宁夏职业技术学院教师企业实践基地培训课程标准》设定贴近教学与生产实际的培训内容。

八、长沙航天学校：与高校共建校本特色教师行动研究基地

长沙航天学校前身是创于1978年的湘西技工学校，在42年的职业教育办学历程中相继经历了长沙航天技校、湖南航天教育集团、长沙航天工业学校等名称的变化。2006年，学校由中国航天科工集团湖南航天管理局管理正式移交长沙市人民政府管理，更名为"长沙航天学校"，加挂"长沙航天工业学校"牌子，开展职业教育、中小学教育、成人教育及非学历培训等。[1]

近年来，学校坚持走办学规模与内涵建设可持续发展的道路，以智能制造、现代服务类专业群为引领，深入推进校企合作、产教融合，形成了"一体两翼、产教融合"的不能学格局，[2] 打造了鲜明的航空航天办学特色，成为湖南省示范性（特色）中职学校、长沙市卓越职业学校，以及湖南省现代服务类、智能制造类中职学校的龙头。在特色发展中，学校高度重视教师专业发展，通过全面实施"名师工程""青蓝工程"、精细化管理等方式，打造了一支师德高尚、技能精

---

[1]《长沙航天学校章程》，见长沙市教育局官网（http://jyj.changsha.gov.cnxgljz-tzl_1/szxxzc/201612/t20161205_2108238.html）（2016-12-5）[2019-5-29]。
[2]《湖南师范大学在航天学校设立教师行动研究基地》，见湖南师范大学官网（http://www.hunnu.edu.cninfo1026/4407.htm）（2018-11-24）[2019-5-13]。

湛、锐意进取的教师队伍，现有教职工 189 人，包括研究生学历 13 人，高级职称 38 人，"双师型"教师比例占 88.09%。其中，该校最富有特色的做法是与湖南师范大学合作共建了"中职教师行动研究基地"，湖南师范大学成为首批且唯一的中职教师示范性教育实践基地，成为学校教师专业发展的重大平台。主要做法体现在：第一，遵循"合作、共享、互补、反思、成长"的基本原则，注重理论和实践相结合；第二，以"高、精、特"的教师专业发展为核心手段，助力"教师有特技、学生有特长、学校有特色"[①]的学校发展目标的实现；第三，针对课堂教学设计和教师职业能力提升等核心问题，开展听课、评课、课程建设、备课等一系列校本教科研活动，如每个教职工根据岗位需求，制定了自身职业能力提升三年行动规划，与湖南师大教师共研专业建设、教学设计、问题改进策略等；第四，以送培、校本培训为重点，[②] 全年选送教师参加各级各类培训，并开发多样化校本培训。

九、无锡职业技术学院："四化"推进教师专业发展

无锡职业技术学院前身是 1959 年原国家农机部创办的无锡农业机械制造学校，1999 年经教育部批准升格为普通高等专科学校，隶属江苏省教育厅管理，至今已有 60 余年的办学历史，从 2012 年开始举办 4 年制高职本科，培养本科技术技能人才。学校是国家示范性高职院校、国家"双高计划"建设单位、江苏省高水平高职院校建设单位、全国职业院校"教学资源 50 强""服务贡献 50 强""国际影响力 50 强""实习管理 50 强"等。[③]

---

① 《湖南师范大学在航天学校设立教师行动研究基地》，见湖南师范大学官网（http://www.hunnu.edu.cn/info/1026/4407.htm）(2018-11-24)[2019-5-13]。

② 庞焕美等：《少年工匠拿奖到"手软"，这所中职校为啥越来越牛》，见《长沙晚报》2019 年 6 月 26 日，第 A10 版。

③ 《无锡职业技术学院高等职业教育质量年度报告（2019）》，无锡职业技术学院 2018 年，第 1 页。

以培养具有国际视野、具有较强实践能力和创新精神的应用技术技能型人才为己任,学校大力实施"质量立校、人才强校、特色名校、开放兴校、文化厚校"综合战略。在教师专业发展上,坚持人才强校战略,勇于开拓创新,塑造"四化"(终身化、信息化、产业化、国际化)特色。2018年,学校专任教师总数583人,其中,高级职称占42.37%,具有硕士及以上学位的教师达85.42%,"双师"素质专任教师占83.02%;有国家教学名师2名、江苏省教学名师3人,享受国务院政府特殊津贴专家1人,国家级教学团队3个,各类省级教学团队4个,各类省级科技创新团队4个,江苏省六大人才高峰培养对象1人,江苏省"333高层次人才培养工程"培养对象12人,江苏省"青蓝工程"项目培养对象24人,特聘大国工匠、省级技能大师10余人在学校成立技能大师工作室。[①]

学校教育的主要特色体现在以下三个方面。

(一)"信息化+终身化"推进教师专业发展

针对不同层次、不同类型教师专业发展的需求,学校创建了教师发展学院,以高质量的服务意识推动教师专业发展,成为教师发展的"服务区""加油站",促进了教师从被动发展到自觉发展的转变,主要目标体现在三个方面:一是健全终身化、信息化相结合的产教融合型教师专业发展制度,如制订了《无锡职业技术学院教职工出国(境)进修管理办法》《无锡职业技术学院企业兼职教师管理办法》《科技创新团队建设计划实施办法》《"教授、博士培养工程"实施意见》等;二是加大建设教师特色培训课程的力度,开发一批具有学校特色的校本培训项目,如与华东师范大学合办"职业技术教育博士核心课程研修班",2018年开展了"双师"培训、现代教育技术培训、

---

① 《无锡职业技术学院高等职业教育质量年度报告(2019)》,无锡职业技术学院2018年,第18-19页。

企业实践等培训工作，60.5%的教师参加了国（境）外进修和交流；① 三是实施技术技能大师、专业带头人、骨干教师、青年教师、教科研团队等各级各类人才培养计划，打造高水平专业教学团队。与此同时，学校以全国高校教师网络培训中心为依托，整合优质资源建设了"教师在线学习中心"，设置了同步直播课程、在线点播课程、网络讲座、校本培训课程等模块，开设了新教师培训、教师综合素质与教学能力提升、课堂教学方法等课程，通过将信息技术融入教师专业发展，促进了教师自主学习。

（二）校企协同促进教师专业发展

为推进产教深度融合，培养更高素质的技术技能型人才，学校以校企合作为手段，不断加强产教融合型教师发展的力度。一是依托全国机械行业智能制造职教集团、江苏省汽车职业教育集团、江苏省传感网应用工程技术研发中心、智能制造工程中心等平台，引导教师走进企业、到企业挂职锻炼或在教学车间轮岗，成为企业访问工程师、教学车间技术人员，打造科技创新团队，提高对产业发展最新趋势的跟踪能力与研发能力。二是拓展行业企业兼职教师队伍，将兼职教授分为专业骨干教授、能工巧匠（以技师为主）教师和一般兼职教师三个层次。三是实施了产业教授制度，开辟了校企协同推进教师专业发展的新路径。产业教授主要来源于科技企业家、技术能手或主管、能工巧匠等，如聘请了"大国工匠"顾秋亮、享受国务院特殊津贴的高工居钰生、江苏和亿智能科技有限公司董事长郭永贵等。② 作为联结学校与社会、学校与企业的纽带，产业教授以项目为载体进行深度参与教育教学改革、教师队伍建设、研发载体的共建等，形成企业专家与教师双向流动、双栖发展的局面，如组织青年教师开展技术练兵、

---

① 《无锡职业技术学院高等职业教育质量年度报告（2019）》，无锡职业技术学院 2018 年，第 20 页。
② 《无锡职业技术学院高等职业教育质量年度报告（2019）》，无锡职业技术学院 2018 年，第 19 页。

开展新技术专题讲座、指导教师开展项目等。

（三）打造国际化教师专业发展平台

近年来，学校与东南亚教育部长组织（Southeast Asian Ministers of Education Organization，SEAMEO）加强了理解、交流与合作，提升职业教育教师的培训水平。其下辖的专业机构——开放学习区域中心（SEAMEO Regional Open Learning Centre）和职业技术教育与培训区域中心（SEAMEO Regional Centre for Vocational and Technical Education and Training）分别与学校签订了教师发展的合作备忘录。在此基础上，2017年11月，它们合作成立了"中国—东盟教师培训发展中心"，成为建立教师发展的伙伴关系和促进教师专业可持续发展的国际化高端平台。该中心的主要宗旨之一就是充分发挥学校优势，整合"一带一路"优质教育教学资源，开展学校与东盟各国高校间教师的互动交流与合作，提升教师专业发展水平。培训主题涵盖职教文化育人体系建设、教学管理和运行、产教融合、专业与课程建设、教育国际化、现代学徒制、创新创业教育等；培训形式主要包括国际研讨会、专题报告、现场教学、实践考察等；培训项目不局限于在中国举办，也可在其他国家进行，实现多边多向交流。主要措施体现在：第一，"引进来"和"送出去"相结合，构建国际化"双师型"培训团队，如有计划、有重点地选派专业教师出国访学、研修，接触最新学术动态、技术发展等，形成开放式思维和国际视野；第二，借助校企合作平台改革传统培训模式，如聘请行业专家加盟培训师团队，在合作企业中学习和探索技术的应用及革新，改变传统教师培训重学术、轻实践、着重课堂讲授的问题；第三，建立健全有效促进教师发展的激励机制及评价机制，如稳步投入，加强师培项目的经费管理，对不同层次教师所达到的培训要求进行规范，给予合理评估，加强培训过程的质量跟踪检查和监督，切实维护教师参加培训的权益。

十、陕西工业职业技术学院：实施名师引领的梯队化教师队伍专业发展

陕西工业职业技术学院是 1999 年由国家级重点中专——咸阳机器制造学校升格、经教育部批准成立的高职院校，2010 年与陕西纺织服装职业技术学院合建，着重于装备制造类、纺织服装类技术技能型人才培养。在追求卓越的 70 余年的办学历史中，学校坚持"质量立校、人才强校、特色名校、文化荣校"，是国家示范性高职院校、国家"双高计划"建设单位、国家信息化建设试点学校、国家教学诊断与改进试点院校、国家现代学徒制试点学校、国家职业教育师资培育培训基地附设单位、教育部"混合式教学试点"单位、全国高职院校服务贡献 50 强、教学资源 50 强、教学管理 50 强、学生管理 50 强、实习管理 50 强等。[①] 以"引领、传承、创新、共享"为理念，学校采取"多层次引进、全方位培养、科学化管理"的举措，切实推进了名师引领的梯队化教师队伍专业发展（如图 8-10 所示）。

教师分层培育机制	教师职业能力提升机制	教师专业发展动力机制
·在高级职称中培养教学名师 ·在中级职称中培养教学能手 ·在初级职称中培养教坛新秀	·名师为引领 ·以骨干教师为支撑 ·以中青年新进博士等高层次人才为补充	·以"四项计划"为抓手 ·培养与引进并重 ·能力提升与学历提升并举 ·教学水平与学术水平提高并进 ·个人发展与梯队建设并重

图 8-10 梯队化教师队伍专业发展模式

---

① 《学院简介》，见陕西工业职业技术学院官网（http://www.sxpi.edu.cn/xxgk/xyjj.htm）(2019-4-24)[2019-5-13]。

2018年,学校有教师1080人,其中,高级职称535人,占49.54%;研究生学位教师651人,占60.28%。专任教师总数995人,其中,85.4%为"双师"素质教师;高水平教师队伍建设质量过硬,其中有国家"万人计划"教学名师1名、国家级教学名师1名、国家级教学团队1个、全国职业教育先进个人2人、全国优秀教师3人、全国教书育人楷模1人、全国师德标兵1人、黄炎培职业教育杰出教师2人、国家督学1人。①

学校教育主要做法体现在以下四大方面。

(一)树立梯队化教师队伍专业发展目标

学校从教师规模、教师结构、发展水平、师德以及保障等方面着手,提出了梯队化教师队伍专业发展的目标体系:第一,坚持个人与团队发展相结合的原则,即教师个人发展与教师梯队建设并重;第二,依据教师层次,落实"四大计划",即专业带头人培养计划、骨干教师培育计划、"双师"素质提升计划和兼职教师团队建设计划;第三,注重分层次、递进式教师的培育与发展,即在初级职称教师队伍中培养教坛新秀、在中级职称教师队伍中培养教学能手、在高级职称教师队伍中培养教学名师,同时,以名师为引领、骨干教师为支撑、中青年新进博士等高层次人才为补充,着力提升教师专业发展能力。

(二)构建梯队化教师队伍专业发展制度

为加强制度保障,学校制定并实施了《教师出国(境)研修管理办法》《教师专项工作室管理办法(试行)》《名师工作室建设管理办法(试行)》等制度,并先后修订、起草了20多项关于高层次人才、骨干教师、名师、青年教师等不同层次、不同类型教师培训与发展办法、规定等,如《骨干教师培养对象遴选及培养实施办法》《青年教

---

① 《陕西工业职业技术学院高等职业教育质量年度报告(2019)》,陕西工业职业技术学院2018年,第106–107页。

师培训工作实施办法》《高层次人才管理办法》等，构建了分层分类化的教师培养机制，"双师型"教师、"双专业"带头人、"双骨干"教师培育机制，以及专业教师评聘制度。

（三）着力打造梯队化教学名师队伍

为加强教学名师培育，充分发挥名师对整体教师队伍发展的示范带头与引领作用，依据《陕西省教育厅关于实施"陕西高校教学名师引领计划"的意见》《关于做好 2016 年"陕西高校教学名师引领计划"有关工作的通知》等文件要求，学校以提高人才培养质量为核心，建立了教授授课制度，同时从培养、选拔、应用各环节着手，以名师工作室为抓手，打造了教学效果好、教学水平高、学术造诣深的教学名师梯队，为教师发展做出了突出贡献。

一方面，加强名师工作室的建设与管理。学院出台了《名师工作室建设管理办法》，明确了名师工作室的功能、定位、组成、职责、运行、考评等，并进一步建立了校企协同创新工作基地，创新教师与企业专家互动与合作的机制。另一方面，加强专项工作室的建设管理。针对教学名师、技术能手等高层次人才，学校制定并出台了《教师专项工作室建设管理办法》，鼓励与引导教师通过赴企业学习最新技术成果，紧跟行业企业发展前沿，与企业合作研发与转化技术成果等方式，将学校教学与企业生产结合，切实提高教育教学能力、实践应用能力和科研与技术服务能力。

与此同时，坚持培引并重、学历与能力提升并举、教学与学术水平提高并进，充分发挥名师的示范引领和"传帮带"作用：一是实施优秀人才引领计划、名师分层培育计划、工程实践轮训计划和师德师风建设计划；二是有计划地落实五年一周期的教师常态化企业实践轮训制度，提升整体素质；三是以教学名师工作室为核心载体，将其打造成跨界、集智的高端平台和青年教师成长基地，通过团队建设、专业引领、成果推广、技术服务等出精品、新品，促进整体发展水平提高；四是建立教学名师、专业带头人和骨干教师可持续发展的动态管理制度，不断完善梯队的结构建设；五是依托职教集团、校企协同育人联盟,通过柔性引进等方式扩增兼职教师队伍,并加强培训,鼓励支持联合申报教研项目、实施教育教学改革;六是以名师工作室、专项工作室为抓手,不断完善以老带新的青年教师培养机制。

(四) 推进教师专业发展的国际化

以教师发展中心为载体,学校不断推进教师发展的国际化。依托该中心,近年来,学校创建了与国际标准接轨的新进教师岗前培训和岗位培训机制,为教师提供专业发展的国际化资源和环境。例如,实施国际化素质培养"百人计划",开展"双语课"教师培养;与"一带一路"沿线国家大中型企业合作,拓宽教师工程实践能力培养渠道;鼓励和支持优秀教师出国研修。至2018年,445名教师曾赴美、德、日、澳等国(境)外研修学习,[①] 占教师总数的41.2%;与新西兰怀卡托理工学院共建"中国—新西兰职教师资培训基地",开展国际化教师培训、国际优质教育资源共享;借助世界职业教育院校联盟 (World Federation of Colleges and Polytechnics, WFCP) 平台,邀请国内外知名学者、行业高水平人才举办学术前沿专题讲座、短期专业培训课程,提升教师的国际化视野;通过国际研学、行业联培、校内打磨的建设方式,打造高水平、结构化的国家级职业教育教师教学创新团队。

[①] 《陕西工业职业技术学院高等职业教育质量年度报告(2019)》,陕西工业职业技术学院2018年,第1页。

参考文献

英文

[1] ARGLES M. South Kensington to Robbins: an account of English technical and scientific education since 1851 [M]. London: Longmans, 1964.

[2] CARLTON D, GENT W, SCAMMELLS B. The administration of technical colleges [M]. Manchester: Manchester University Press, 1971.

[3] CHESTER S J. Development of federal legislation for vocational education [M]. Chicago: American Technical Society, 1962.

[4] COHEN A M. The American community college [M]. San Francisco: Jossey-Bass Publishers, 1996.

[5] DIENER T. Growth of American invention: a documentary history of the junior college and community college movement [M]. New York: Greenwood Press, 1986.

[6] GUTEK G L. Education in the United States: a historical perspective [M]. Upper Saddle River: Prentice-Hall, 1986.

[7] HAWKINS L S, PROSSER C A, WRIGHT J C. Development of vocational education [M]. Chicago: American Technical Society, 1951.

[8] HOFFMAN A M, HOFFMAN O B. A history of vocational education [Z]. ERIC. Document reproduction service No. ED 132 283, 1976.

[9] HOWARD R D G. The history and growth of vocational education in America [M]. Needham Heights: Allyn & Bacon, 1999.

[10] KIESER A. Organizational, institutional and societal evolution: medieval craft guilds and the genesis of formal organizations [J]. Administrative Science Quarterly, 1989 (4).

[11] KNOLL J H. The German education system [M]. Cologne:

German Dumont Press, 1967.

［12］ LUCAS N. One step forward, two step back? The professionalization of further education teachers in England ［J］. Research in Post-Compulsory Education, 2013, 18 (4).

［13］ QUIGLEY P. Vocational education in a Democracy (revised edition) ［M］. Chicago: American Technical Society, 1950.

［14］ SANDERSON M. The universities and British industry: 1850 - 1970 ［M］. London: Routledge and Kegan Paul Ltd., 1972.

［15］ SCOOT J S. Overview of career and technical education ［M］. Orland Park: American Technical Publisher, Inc., 2008.

［16］ SHORT P M, RENEJART J S. School participant empowerment scale ［J］. Educational and Psychological Measurement, 1992, 54.

［17］ SPRAGUE J. Teacher empowerment under "ideal" school-site autonomy ［J］. Education evaluation and policy analysis, 1992 (14).

［18］ VENABLES E. The young worker at college: a study of a local tech ［M］. London: Faber and Faber, 1967.

［19］ WRIGHT L B. The cultural life of the American colonies ［M］. New York: Harper and Row Pub. Inc., 1957.

中文

［1］ HARTON. 日本职业教育的现状和改革 ［J］. 良琪, 摘译. 中国职业技术教育, 1998 (9).

［2］ 安冬平, 张晓丹. 日本经验历史追踪下的我国职教师资培养路径创新建构 ［J］. 教育与职业, 2019 (4).

［3］ 保罗·朗格朗. 关于终身教育 ［M］// 吴遵民. 现代国际终身教育论. 上海: 上海教育出版社, 1999.

［4］ 彼得·圣吉. 第五项修炼: 学习型组织的艺术与实务 ［M］. 郭进隆, 译. 上海: 上海三联书店, 1998.

［5］ 不列颠百科全书编委会. 不列颠百科全书: 第1卷 ［M］. 北京: 中国大百科全书出版社, 1999.

［6］ 操太圣, 卢乃桂. 伙伴协作与教师赋权: 教师专业发展新视

角［M］．北京：教育科学出版社，2007．

［7］长沙市教育局．长沙航天学校章程［EB/OL］．（2016-12-5）［2019-5-29］．http://jyj.changsha.gov.cn/xglj/ztzl_1/szxxzc/201612/t20161205_2108238.html．

［8］陈丁玮．高职教师专业化发展的困境及有效对策［J］．教育与职业，2017（4）．

［9］陈向明．实践性知识：教师专业发展的知识基础［J］．北京大学教育评论，2003（1）．

［10］陈衍，劳倩颖，祝叶丹．职业教育教师专业化发展的国际变革［J］．现代教育管理，2020（7）．

［11］崔允漷，王少非．教师专业发展即专业实践的改善［J］．教育研究，2014（9）．

［12］代晓冬．发展性评价：高职教师专业发展的催化剂［J］．咸宁学院学报，2011（2）．

［13］德州市人民政府．德州市人民政府关于印发《推进职业教育创新发展试验区建设 打造职业教育创新发展高地的实施方案》的通知［EB/OL］．（2020-7-3）［2020-11-10］．http://wap.dezhou.gov.cn/n43516910/n43517487/c56493840/content.html．

［14］邓涛．教师专业合作的理论与实践研究［D］．长春：东北师范大学，2018．

［15］丁钢．同济互助：教学创新的内在动力［J］．课程与教学（台湾），2003（2）．

［16］董文娟．澳大利亚职业教育与培训的终身教育理念意蕴［J］．职教通讯，2017（31）．

［17］杜静，王晓芳．论基于社会互动理论的教师合作［J］．教育研究，2016（11）．

［18］樊大跃．英国职业技术教育的又一重要机构［J］．中国职业技术教育，2010（13）．

［19］樊玉成．引领职业院校教师专业发展"三师合一"的校本研修指向［J］．中国职业技术教育，2020（9）．

[20] 菲利普·葛洛曼,菲利克斯·劳耐尔.国际视野下的职业教育师资培养[M].石伟平,译.北京:外语教育与研究出版社,2011.

[21] 佛朝晖.职业学校教师企业实践,看国外怎么做[EB/OL].(2017-6-30)[2019-7-5].http://edu.people.com.cn/n1/2017/0630/c1053-29374573.html.

[22] 高书国.中国教育现代化六大趋势[J].人民教育,2020(8).

[23] 高芸.高等学校青年教师培养的理论与实践[M].北京:中国地质大学出版社,2008.

[24] 宫向阳.新时期我国高校教师激励机制研究[D].苏州:苏州大学,2004.

[25] 古光甫,邹吉权."双高计划"背景下高职院校教师队伍分类管理培育研究[J].教育与职业,2020(16).

[26] 顾卫杰.需求层次理论下的高职教师激励管理探究[J].教育与职业,2015(5).

[27] 广东技术师范大学.广东技术师范大学2019届毕业生就业质量年度报告[R].广东技术师范大学,2019.

[28] 广西师范大学职业技术师范学院.学院简介[EB/OL].(2019-6-6)[2019-7-12].http://www.zsxy.gxnu.edu.cn/2205/list.htm.

[29] 郭晓君.时代诉求与现实桎梏:高职院校教师岗前培训面临的双层境地[J].职业技术教育,2020(13).

[30] 国家统计局编.中国统计年鉴2018[Z].北京:中国统计出版社,2018.

[31] 国立教育研究所.日本近代教育百年史:第10卷[M].东京:文唱堂,1974.

[32] 韩凤芹.日本提升职业教育地位的实践[EB/OL].(2017-12-15)[2020-09-06].https://www.sohu.com/a/210786215_99901520.

[33] 韩俊兰.新中国70年高校教师队伍建设政策的变迁、成就与启示[EB/OL].(2019-11-13)[2019-11-28].https://new.qq.com/rain/a/20191113A06BDT.

[34] 何如璋. 使东述略 [M] // 罗森, 等, 著. 早期日本游记五种. 湖南人民出版社, 1983.

[35] 何阅雄, 蒋云良, 马志和, 等. 教学型高校青年教师教学能力"三阶段四协同"发展模式的探索 [J]. 高等工程教育研究, 2013 (6).

[36] 贺国庆, 朱文富, 等. 外国职业教育通史 [M]. 北京: 人民教育出版社, 2014.

[37] 贺美娜, 何雪莲. 基于支架理论的高职青年教师专业发展研究 [J]. 柳州职业技术学院学报, 2020, 20 (3).

[38] 贺星岳, 曹大辉, 程有娥, 等. "双高计划"建设背景下高职院校教师专业发展的逻辑及推进策略 [J]. 现代教育管理, 2019 (9).

[39] 贺祖斌. 教师教育: 从自为走向自觉 [M]. 桂林: 广西师范大学出版社, 2009.

[40] 胡洁雯, 李文梅. 赋权增能: 教师专业发展的新视角 [J]. 中国矿业大学学报 (社会科学版), 2011 (2).

[41] 胡中锋, 曾土花. 社会互依性理论视角下的教师合作文化 [J]. 当代教育论坛, 2012 (3).

[42] 湖北工业大学. 湖北工业大学教育硕士研究生培养方案 [R]. 湖北工业大学, 2020.

[43] 湖北工业大学职业技术师范学院. 机械设计制造及其自动化 (师资) [EB/OL]. (2020-7-1) [2020-7-20]. https://zsy.hbut.edu.cn/info/1021/1028.htm.

[44] 湖北工业大学职业技术师范学院. 学校简介 [EB/OL]. (2010-4-10) [2019-1-2]. https://zsy.hbut.edu.cn/xygk/xyjj.htm.

[45] 湖南师范大学. 湖南师范大学在航天学校设立教师行动研究基地 [EB/OL]. (2018-11-24) [2019-5-13]. http://www.hunnu.edu.cn/info/1026/4407.htm.

[46] IKV机器人. 新工业革命冲击全球劳动力市场分析 [EB/OL]. (2016-07-27) [2019-05-18]. https://www.sohu.com/a/107867661_393482.

[47] 吉林工程技术师范学院. 吉林工程技术师范学院 2014 年度本科教学质量报告 [R]. 吉林工程技术师范学院, 2015.

[48] 吉林工程技术师范学院. 吉林工程技术师范学院 2018 - 2019 学年本科教学质量报告 [R]. 吉林工程技术师范学院, 2019.

[49] 江苏省教育厅. 省教育厅关于认真做好 2019 年全省高等学校教师岗前培训工作的通知 [EB/OL]. (2019 - 3 - 13) [2020 - 7 - 1]. http://jyt.jiangsu.gov.cn/art/2019/3/13/art_58320_8273752.html.

[50] 江西科技师范大学. 学校简介 [EB/OL]. (2019 - 5 - 12) [2019 - 12 - 1]. http://www.jxstnu.edu.cn/news - show - 1.html.

[51] 江西科技师范大学法学院. 江西科技师范大学审核评估学习手册 [EB/OL]. (2018 - 9 - 25) [2020 - 4 - 8]. http://fxy.jxstnu.edu.cn/index.php? s = news&c = show&id = 801.

[52] 康晓伟. 西方教师赋权增能研究的内涵及其发展探究 [J]. 比较教育研究, 2010 (12).

[53] 孔春梅, 杜建. 国外职业生涯发展理论综述 [J]. 内蒙古财经学院学报, 2011 (3).

[54] 柯森. 港澳台教育改革与发展: 异同及其解读 (2000 - 2010) [M]. 广州: 广东高等教育出版社, 2010.

[55] 赖锦隆. 赋权增能: 地方高校教师转型发展的重要选择 [J]. 三明学院学报, 2015 (5).

[56] 劳伦斯·阿瑟·克雷明. 学校的变革 [M]. 单中惠, 马晓斌, 译. 上海: 上海教育出版社, 1994.

[57] 李国成. "产教融合"背景下高职院校青年教师专业发展研究 [J]. 南昌教育学院学报, 2016 (1).

[58] 李海艳. 学习型组织理论的五项修炼对教师合作的启示 [J]. 淮北煤炭师范学院学报(哲学社会科学版), 2010 (3).

[59] 李丽, 等. 广东高职院校布局结构调整优化研究 [M]. 广州: 广东高等教育出版社, 2016.

[60] 李蔺田. 中国职业技术教育简史 [M]. 北京: 北京师范大学出版社, 1994.

[61] 李茜, 李高祥. 信息化环境下中职教师专业发展现状调查研究 [J]. 中国职业技术教育, 2018 (3).

[62] 李士娟, 代建军. 教师专业学习社群研究: 背景、内涵与价值意蕴 [J]. 教育理论与实践, 2016 (22).

[63] 李双, 彭敏. 国际职业教育知识图谱研究: 基于 SSCI 数据库 (2009-2018 年) 的计量分析 [J]. 西南大学学报 (社会科学版), 2018 (6).

[64] 李素敏. 美国赠地学院发展研究 [M]. 保定: 河北大学出版社, 2004.

[65] 李文静, 马秀峰. 新世纪以来我国职业教育教师专业发展研究透视: 基于 CNKI 的文献计量分析 [J]. 职教论坛, 2020 (3).

[66] 李文英. 高级技术人才的摇篮: 长冈技术科学大学 [J]. 教育与职业, 2008 (6).

[67] 李霄鹏, 吴忠魁. 德国职业教育师资专业化发展 [J]. 比较教育研究, 2011 (1).

[68] 李银敏, 李晖. 我国中职学校教师专业发展研究的十年回顾 [J]. 潍坊工程职业学院学报, 2017, 30 (6).

[69] 李政. 高职院校教师专业发展的三维模型及其应用 [J]. 中国高教研究, 2020 (2).

[70] 李忠华. "三教" 改革的三个核心问题 [EB/OL] [2020-4-8]. http://www.jmi.edu.cn/ac/af/c928a44207/page.htm.

[71] 梁珺淇. 具有企业工作经历的高职教师职业适应及其影响因素研究 [D]. 上海: 华东师范大学, 2020.

[72] 琳达·克拉克, 克里斯托弗·温奇. 职业教育: 国际策略、发展与制度 [M]. 翟海魂, 译. 北京: 外语教学与研究出版社, 2011.

[73] 刘晖. 高等教育发展的 "中国模式" [M]. 中国社会科学出版社, 2013.

[74] 刘捷. 专业化: 挑战 21 世纪的教师 [M]. 北京: 教育科学出版社, 2002.

[75] 刘晶晶, 和震. "双高计划" 高职院校深化产教融合的

维度及内涵研究［J］．教育发展研究，2020，40（17）．

［76］刘尚儒，邵长兰．对职业技术教育学硕士研究生课程设置的分析及思考［J］．天津职业技术师范大学学报，2018（4）．

［77］刘奕涛．德国提升"中国能力"的教育策略：动因、举措与启示［J］．比较教育研究，2019（9）．

［78］刘盈盈，徐国庆．立陶宛职业教育教师专业发展的路径与特色［J］．教育探索，2018（6）．

［79］鲁昕：70 年，中国职业教育发展的历史轨迹［EB/OL］（2019 - 12 - 22）［2020 - 3 - 20］．https://baijiahao.baidu.com/s? id = 1653546860389325878&wfr = spider&for = pc．

［80］罗生全．周莹华．跨学科共同体提升教师专业发展效能的价值、经验及策略体系［J］．湖南师范大学教育科学学报，2020（3）．

［81］骆威．"壬子癸丑"学制与民国初年高等教育立法评述［J］．西安电子科技大学学报（社会科学版），2013（5）．

［82］马克思，恩格斯．马克思恩格斯全集：第 3 卷［M］．北京：人民出版社，1956．

［83］孟普庆．德国职业教育发达史［M］．南京：国立中央大学新声社推广部，1931．

［84］缪佩君．从职业生涯理论看教师的成长［J］．福建论坛（人文社会科学版），2007（S1）．

［85］南京市教育局．关于认定南京市职业教育优秀教学团队的通知［EB/OL］．（2018 - 10 - 23）［2020 - 7 - 7］．http://edu.nanjing.gov.cn/njsjyj/201810/t20181023_604056.html．

［86］宁夏职业技术学院．宁夏职业技术学院高等职业教育质量年度报告（2018）［R］．宁夏职业技术学院，2017：24 - 25．

［87］宁夏职业技术学院．学院简介［EB/OL］．（2019 - 6 - 25）［2019 - 6 - 28］．http://www.nxtc.edu.cn/xygk/xyjj.htm．

［88］潘懋元，王伟廉．高等教育学［M］．福州：福建教育出版社，2007．

［89］潘懋元，夏颖，胡金木．教师发展与教师教育：潘懋元先

生［J］．当代教师教育，2018（1）．

［90］庞焕美，等．少年工匠拿奖到"手软"，这所中职校为啥越来越牛［N］．长沙晚报，2019-06-26，A10版．

［91］蒲文静．现代学徒制下我国中职教师专业发展研究［D］．成都：四川师范大学，2019．

［92］祁黎．中职学校青年教师"一纵三横"校本培训的实践创新：以绍兴市中等专业学校为例［J］．职教论坛，2018（7）．

［93］钱乘旦，等．日落斜阳：20世纪英国［M］．上海：华东师范大学出版社，1999．

［94］强健，梅强．高校教师隐性知识共享的主要影响因素研究［J］．科技管理研究，2020（4）．

［95］青岛职业技术学院．关于做好山东省职业院校教师素质提高计划2018年国培、省培项目申报工作的通知［EB/OL］．（2018-6-11）［2020-7-6］．http：//www.pxxy.qtc.edu.cn/info/1033/1846.html.

［96］邱开金．教师专业成长要过哪些"坎儿"［N］．中国教育报，2017-10-10，10版．

［97］璩鑫圭，唐良炎．中国近代教育史资料汇编·学制演变［G］．上海：上海教育出版社，1991．

［98］任达．新政革命与日本：中国（1898-1912）［M］．李仲贤，译．江苏人民出版社，1998．

［99］日本国立教育研究所．日本教育的现代化［M］．张渭城，徐禾夫，等，译．北京：教育科学出版社，1980．

［100］阮春林．清末《奏定学堂章程》颁行前后师范教育探究［J］．广东社会科学，2012（4）．

［101］陕西工业职业技术学院．陕西工业职业技术学院高等职业教育质量年度报告（2019）［R］．陕西工业职业技术学院，2018．

［102］陕西工业职业技术学院．学院简介［EB/OL］．（2019-4-24）［2019-5-13］．http：//www.sxpi.edu.cn/xxgk/xyjj.htm.

［103］上海交通大学．开中国师范教育之先河［EB/OL］．（2019-10-6）［2018-3-20］．https：//sjtuhistory.sjtu.edu.cn/info/1011/

1454. htm.

[104] 绍兴市中等专业学校. 绍兴市中等专业学校教育质量 2017 年度报告 [R]. 绍兴市中等专业学校, 2017.

[105] 绍兴市中等专业学校. 绍兴市中等专业学校教育质量 2018 年度报告 [EB/OL]. (2019 - 6 - 2) [2019 - 7 - 19]. http://www.sxzz.cn/xxzc/xwgk/content_41427.

[106] 绍兴市中等专业学校. 学校概况 [EB/OL]. (2019 - 6 - 2) [2019 - 7 - 19]. http://sxzz.cn/xxxz/xxgk.

[107] 舒新城. 中国近代教育史资料·中册 [M]. 北京: 人民教育出版社, 1981.

[108] 孙祖复, 金锵. 德国职业技术教育史 [M]. 杭州: 浙江教育出版社, 2000.

[109] 汤霓. 英、美、德三国职业教育师资培养的比较研究 [D]. 武汉华中师范大学, 2016.

[110] 唐慧, 谢莉花. 我国职教教师培养专业设置的历史、现状与发展 [J]. 职业技术教育, 2018 (19).

[111] 唐瑷彬, 石伟平. 教育信息化 2.0 时代的职业院校教师专业发展路径研究 [J]. 中国职业技术教育, 2020 (21).

[112] 唐智彬, 石伟平. 职业教育教师专业发展的校企联合支持模式初探 [J]. 教育与职业, 2009 (2).

[113] 天津职业技术师范大学. "双证书制"简介 [EB/OL]. (2018 - 3 - 08) [2019 - 7 - 4]. http://zb.tute.edu.cn/info/1116/4880.htm.

[114] 天津职业技术师范大学. 天津职业技术师范大学 2016 - 2017 学年本科教学质量报告 [R]. 天津职业技术师范大学, 2017.

[115] 天津职业技术师范大学. 天津职业技术师范大学 2017 - 2018 学年本科教学质量报告 [R]. 天津职业技术师范大学, 2018.

[116] 天津职业技术师范大学. 学校简介 [EB/OL]. (2018 - 4 - 15) [2019 - 7 - 6]. http://www.tute.edu.cn/xxgk/xxjj.htm.

[117] 天津职业技术师范大学研究生处. 专业介绍 [EB/OL].

(2017-3-16)[2020-4-2]. https://yjsh. tute. edu. cn/student_ come/zyjs. htm.

[118] 天津职业技术师范大学. 中国培养职教师资的摇篮：天津职业技术师范大学简介[EB/OL]. (2018-4-25)[2019-12-1]. https://www. tute. edu. cn/xxgk/xxjj. htm.

[119] 汪晓明. 赋权增能：教师专业自主权实现的保障[J]. 教育探索，2009（6）.

[120] 王桂. 日本教育史[M]. 长春：吉林教育出版社，1987.

[121] 王丽云，潘慧玲. 教师彰权益能的概念与实施策略[J]. 教育研究集刊，2000（44）.

[122] 王哲. 抗日战争时期职业教育发展综述[J]. 吉林工程技术师范学院学报，2018（2）.

[123] 王振刚，孙翠香. 跨学科博士层次"双师型"职教师资培养机制研究：以天津职业技术师范大学"特需项目"为例[J]. 职教论坛，2016（23）.

[124] 文部省. 产业教育百年史[M]. 东京：行政株式会社，1986.

[125] 无锡基础教育. 中华人民共和国教师法[EB/OL]. (2005-5-25)[2019-11-27]. http://jjc3. wxjy. com. cn/content. aspx? id=18.

[126] 无锡职业技术学院. 无锡职业技术学院高等职业教育质量年度报告（2019）[R]. 无锡职业技术学院，2018.

[127] 吴洪成，苏国安. 一部现代学制的艰难问世：《壬戌学制》的制定过程[J]. 南阳师范学院学报（社会科学版），2014（5）.

[128] 吴华彪. 建国前中国高等职业教育发展历程回顾[J]. 江苏技术师范学院学报（职教通讯），2009（4）.

[129] 吴家宏. 中、高、企三元螯合 训、学、研三位一体：绍兴市中等专业学校开启教师专业发展高端模式[J]. 职业，2015（3）.

[130] 吴全全. 职业教育"双师型"教师基本问题研究：基于跨界视域的诠释[M]. 北京：清华大学出版社，2011.

[131] 吴胜秋，李婷. 教师专业发展研究动态与展望[J]. 教育

导刊,2018 (6).

[132] 吴文华. 抗日战争时期西南大后方职业教育成就综述 [J]. 中国职业技术教育,2008 (17).

[133] 吴杨伟."双高计划"背景下高职"双师"队伍建设的定位、问题与路径研究 [J]. 职教论坛,2020,36 (8).

[134] 夏谦启. 技师学院教师专业发展困境与提升策略 [J]. 中国培训,2019 (11).

[135] 小詹姆斯·唐纳利,詹姆斯·吉布森,约翰·伊凡赛雅奇. 管理学基础:职能·行为·模型 [M]. 李柱流,等,译. 北京:中国人民大学出版社,1982.

[136] 谢明明. 校地协同践习:高师院校青年教师教育者专业发展路径的新探索 [J]. 高教论坛,2020 (2).

[137] 徐华. 搭建教师专业成长"立交桥" [N]. 中国教育报,2018-1-2,10版.

[138] 徐辉,郑继伟. 英国教育史 [M]. 长春:吉林人民出版社,1993.

[139] 徐金华. 新形势下高职院校师资队伍培养的基本方向与多维路径 [J]. 教育与职业,2020 (18).

[140] 许丽丽. 建国后我国中等职业教育发展研究 [D]. 长春:东北师范大学,2009.

[141] 许鑫. 高职创新创业行业指导教师队伍"四位一体"建设探究 [J]. 教育与职业,2020 (18).

[142] 闫慧杰. 基于西方化会互动理论的教师合作研究 [D]. 开封:河南大学,2015.

[143] 扬州工业职业技术学院. 扬州工业职业技术学院高等职业教育质量年度报告 (2014) [R]. 扬州工业职业技术学院,2013.

[144] 扬州工业职业技术学院. 扬州工业职业技术学院高等职业教育质量年度报告 (2015) [R]. 扬州工业职业技术学院,2014.

[145] 扬州工业职业技术学院. 扬州工业职业技术学院高等职业教育质量年度报告 (2016) [R]. 扬州工业职业技术学院,2015.

[146] 扬州工业职业技术学院. 扬州工业职业技术学院高等职业教育质量年度报告 (2019) [R]. 扬州工业职业技术学院, 2018.

[147] 扬州工业职业技术学院. 扬州工业职业技术学院简介 (EB/OL). (2020-12-2) [2020-12-20]. http://www.ypi.edu.cn/_s88/2009/1029/c2258a44956/page.psp.

[148] 杨军. 论生态学视角下高校青年教师专业发展的问题与推进策略 [J]. 教育教学论坛, 2020 (5).

[149] 杨润贤, 李建荣. 论产教融合背景下高水平骨干专业建设中的教师专业发展 [J]. 教育与职业, 2019 (24).

[150] 杨秀玉. 教师发展阶段论综述 [J]. 外国教育研究, 1999 (6).

[151] 姚敏明, 王丽英. 浙江工商职业技术学院: 引培并举 打造专兼结合高素质教师队伍 [EB/OL]. (2017-9-29) [2019-7-18]. https://www.tech.net.cn/web/articleview.aspx?id=20170929095845965&cata_id=N049.

[152] 叶澜, 白益民, 等. 教师角色与教师发展新探 [M]. 北京: 教育科学出版社, 2001.

[153] 叶澜. 教师角色与教师发展新探 [M]. 北京: 教育科学出版社, 2001.

[154] 叶澜. 新世纪教师专业素养初探 [J]. 教育研究与试验, 1998 (1).

[155] 叶立群. 职业技术教育学 [M]. 福建: 福建教育出版社, 1995.

[156] 袁博. 民国初年壬子癸丑学制下的水利教育 (1912-1922) [J]. 重庆第二师范学院学报, 2015 (2).

[157] 袁静. 行动学习视野下的高职院校青年教师专业发展 [J]. 太原城市职业技术学院学报, 2020 (2).

[158] 袁莉. 主体间性理论的高职教师合作文化构建研究 [J]. 湖北函授大学学报, 2016 (14).

[159] 张海燕. 新时期中职教师专业发展存在的问题与对策研究 [D]. 南昌: 江西科技师范大学, 2018.

［160］曾文婕，黄甫全. 美国教师"赋权增能"的动因、涵义、策略及启示［J］. 课程·教材·教法，2006（12）.

［161］曾土花，胡中锋. 教师合作文化视角下的教师专业引领［J］. 当代教育科学，2013（3）.

［162］张敏. 教师合作学习［M］. 杭州：浙江大学出版社，2013.

［163］张千帆，李晓艳，刘妞. 教师团队合作行为的影响因素研究［J］. 高等工程教育研究，2016（1）.

［164］张社字. 建国后我国职业教育发展动力的历史分析［J］. 教育与职业，2007（11）.

［165］张太原. 学以致用与学以求知：20 世纪 30 年代的职业教育与大学教育之争［J］. 人文杂志，2016（1）.

［166］张晓玲，罗秋兰."双师型"教师认证标准研究［J］. 中国职业技术教育，2019（27）.

［167］赵丽玲. 从成人学习动机和障碍观点探讨高职教师专业发展［D］. 台湾：国立彰化师范大学，2011.

［168］赵亮，王文顺，张维. 近十年来国际职业教育研究的轨迹、热点和趋势：基于 SSCI 数据库（2008 - 2018 年）的文献计量分析［J］. 中国职业技术教育，2019（9）.

［169］浙江工商职业技术学院. 学校简介［EB/OL］.（2019 - 7 - 2）［2019 - 7 - 17］. https://www.zjbti.net.cn/1744/list.htm.

［170］浙江工贸职业技术学院. 学校简介［EB/OL］.（2018 - 9 - 8）［2019 - 7 - 12］. http://www.zjitc.net/xxgk/xxjj.htm.

［171］浙江工贸职业技术学院. 浙江工贸职业技术学院高等职业教育质量年度报告（2016）［R］. 浙江工贸职业技术学院，2015.

［172］浙江工贸职业技术学院. 浙江工贸职业技术学院高等职业教育质量年度报告（2017）［R］. 浙江工贸职业技术学院，2016.

［173］浙江工贸职业技术学院. 浙江工贸职业技术学院高等职业教育质量年度报告（2018）［R］. 浙江工贸职业技术学院，2017.

［174］浙江工贸职业技术学院. 浙江工贸职业技术学院高等职业教育质量年度报告（2019）［R］. 浙江工贸职业技术学院，2018.

[175] 浙江工贸职业技术学院. 浙江工商职业技术学院高等职业教育质量年度报告（2012）[R]. 浙江工商职业技术学院, 2011.

[176] 浙江工贸职业技术学院. 浙江工商职业技术学院高等职业教育质量年度报告（2014）[R]. 浙江工商职业技术学院, 2013.

[177] 浙江工贸职业技术学院. 浙江工商职业技术学院高等职业教育质量年度报告（2019）[R]. 浙江工商职业技术学院, 2018.

[178] 浙江省教育厅. 浙江省教育厅关于加强和改进全日制高等学校教师资格认定工作的意见[EB/OL].（2013-10-28）[2020-5-21]. http://jyt.zj.gov.cn/art/2013/10/28/art_1532982_27487286.html.

[179] 浙江省教育厅. 浙江省教育厅关于实施浙江省职业院校教师素质提高计划（2017-2020）的通知[EB/OL].（2017-6-13）[2017-12-1]. http://www.zjzcj.com/show.php?id=28664.

[180] 致理科技大学教学发展中心. 致理科技大学教学卓越计划创意教学补助要点[EB/OL].（2016-3-10）[2017-1-14]. http://bk100.chihlee.edu.tw/files/11-1035-1660-1.php?Lang=zh-tw.

[181] 中华人民共和国中央人民政府. 中共中央关于全面深化改革若干重大问题的决定[EB/OL].（2013-11-15）[2017-9-25]. http://www.gov.cn/jrzg/2013-11/15/content_2528179.htm.

[182] 中华人民共和国中央人民政府. 国务院关于大力推进职业教育改革与发展的决定[EB/OL].（2002-8-24）[2019-12-11]. http://www.gov.cn/gongbao/content/2002/content_61755.htm.

[183] 中华人民共和国中央人民政府. 国务院关于加快发展现代职业教育的决定[EB/OL].（2014-06-22）[2018-1-4]. http://www.gov.cn/zhengce/content/2014-06/22/content_8901.htm.

[184] 中华人民共和国教育部. 国务院关于印发国家职业教育改革实施方案的通知[EB/OL].（2019-4-04）[2020-2-12]. http://www.moe.gov.cn/jyb_xxgk/moe_1777/moe_1778/201904/t20190404_376701.html.

[185] 中华人民共和国教育部. 教育部 财政部关于实施职业院校教师素质提高计划（2017-2020年）的意见[EB/OL].（2016-11-15）[2017-4-27]. http://www.moe.gov.cn/srcsite/A10/s7011/

201611/t20161115_288823. html.

[186] 中华人民共和国教育部. 教育部 中国教科文卫体工会全国委员会关于重新修订和印发《中小学教师职业道德规范》的通知 [EB/OL]. (2008 – 9 – 1) [2018 – 4 – 30]. http://www.moe.gov.cn/jyb_xxgk/gk_gbgg/moe_0/moe_1964/moe_2462/tnull_39978.html.

[187] 中华人民共和国教育部. 国家教委关于加强中等职业学校教师队伍建设的意见 [EB/OL]. (2005 – 6 – 9) [2018 – 1 – 21]. http://old.moe.gov.cn/publicfiles/business/htmlfiles/moe/moe_724/200506/8946.html.

[188] 中华人民共和国教育部. 面向21世纪教育振兴行动计划 [EB/OL]. (1998 – 12 – 24) [2019 – 12 – 1]. http://www.moe.gov.cn/jyb_sjzl/moe_177/tnull_2487.html.

[189] 中华人民共和国教育部. 教育部等七部门关于进一步加强职业教育工作的若干意见 [EB/OL]. (2004 – 9 – 14) [2019 – 10 – 15]. http://www.moe.gov.cn/srcsite/A07/moe_737/s3876_qt/200409/t20040914_181883.html.

[190] 中华人民共和国教育部. 教育部关于建立健全中小学师德建设长效机制的意见 [EB/OL]. (2013 – 9 – 9) [2018 – 12 – 21]. http://www.jszg.edu.cn/portal/policy_regulation/whole_policy?id=6776.

[191] 中华人民共和国教育部. 教育部关于全面提高高等职业教育教学质量的若干意见. [EB/OL]. (2006 – 11 – 16) [2019 – 2 – 19]. http://old.moe.gov.cn/publicfiles/business/htmlfiles/moe/moe_737/201001/xxgk_79649.html.

[192] 中华人民共和国教育部. 教育部关于印发《高等职业教育创新发展行动计划（2015 – 2018年）》的通知 [EB/OL]. (2015 – 11 – 2) [2016 – 5 – 17]. http://www.moe.gov.cn/srcsite/A07/moe_737/s3876_cxfz/201511/t20151102_216985.html.

[193] 中华人民共和国教育部. 教育部关于印发《中等职业学校教师专业标准（试行）的通知》[EB/OL]. (2013 – 9 – 24) [2019 – 5 – 15]. http://old.moe.gov.cn/publicfiles/business/htmlfiles/moe/

s6991/201309/xxgk_157939. html.

[194] 中华人民共和国教育部. 中华人民共和国教师法 [EB/OL]. (1993-10-31) [2018-10-21]. http://www. moe. gov. cn/s78/A02/zfs_left/s5911/moe_619/tnull_1314. html.

[195] 中华人民共和国教育部. 关于印发《高等学校教师职业道德规范》的通知 [EB/OL]. (2012-5-28) [2019-2-3]. http://www. jszg. edu. cn/portal/policy_regulation/whole_policy? id =591.

[196] 中华人民共和国教育部. 教育部等六部门关于印发《现代职业教育体系建设规划（2014-2020年）》的通知 [EB/OL]. (2014-6-16). http://old. moe. gov. cn/publicfiles/business/htmlfiles/moe/s8159/201406/170737. html.

[197] 中华人民共和国教育部. 中华人民共合作职业教育法 [EB/OL]. (2006-12-5) [2019-11-26]. http://www. moe. gov. cn/s78/A02/zfs_left/s5911/moe_619/tnull_1312. html.

[198] 中华人民共和国中央人民政府. 国务院关于印发国家职业教育改革实施方案的通知 [EB/OL]. (2019-1-24). http://www. gov. cn/zhengce/content/2019-02/13/content_5365341. htm.

[199] 钟任琴. 教师专业全能之研究：理论建构与实证分析 [M]. 台北：五南图书出版有限公司，2000.

[200] 钟真宜. 终身学习理念下的芬兰职业教育发展路径及启示 [J]. 职业教育研究，2020 (9).

[201] 周德昌. 南洲讲学开新派：教育改革家康有为简论 [J]. 华南师范大学学报（社会科学版），1987 (2).

[202] 周昊昊，张棉好. 信息技术支持下中职教师专业发展研究 [J]. 职教通讯，2017 (34).

[203] 周红莉. 当前台湾地区职业教育教师专业发展的做法与借鉴 [J]. 广东轻工职业技术学院学报，2017 (3).

[204] 周洪宇. 教师教育论 [M]. 北京：北京师范大学出版社，2010.

[205] 周景坤. 高校教师专业成长阶段研究 [J]. 教育评论，

2015（3）.

［206］周淑卿. 课程发展与教师专业［M］. 北京：九州出版社，2006.

［207］周文佳. 民国初年"壬子癸丑学制"述评［J］. 河北师范大学学报（教育科学版），2011（11）.

［208］朱晓东. 论教师专业发展的理论模型建构［J］. 教育研究，2014（6）.

［209］庄西真. 构建新型职教教师培养培训体系［EB/OL］. (2018-11-20)［2019-2-4］. https://www.tech.net.cn/web/articleview.aspx?id=20181120091107410&cata_id=N007.